입학사정관이 공개하는
학생부종합전형

제대로
학종 준비법

류영철 지음

씨마스

　　학생부종합전형(이하 학종)이 대학교 입시 전형의 한 축으로 확실히 자리를 잡아가고 있습니다. 특히, SKY와 서울의 중상위권 대학교, 카이스트와 포스텍 등이 중심이 되어 학종이 양적·질적으로 확장되어 가고 있습니다. 이런 이유에서인지 심지어는 학종이 '대세'라고까지 말하기도 합니다. 그러나 정확히 말해서 학종의 본질은 '고등학교 교육과정의 활성화와 내실화'에 근본적인 의미가 있다고 할 수 있습니다.

　　「사피엔스」저자 '유발 하라리'는 4차 산업혁명이 도래되면 지금 있는 많은 직업들이 80% 이상 사라지고 다른 직업으로 대체될 것으로 예측하고 있습니다. 이러한 시대를 맞이하여 교육적으로는 이를 대비한 '창의융합형 인재'를 선발하는 것이 더욱 중요한 시대적 과제가 되고 있습니다.

　　학종은 이러한 '창의융합형 인재'를 선발하기 위한 대학교 입시 전형 중 최적의 전형이라고 할 수 있습니다. 하지만 이러한 학종이 평가의 공정성 시비와 준비 개념의 모호함과 복잡성으로 인해 여전히 논란의 한 가운데에 있다는 것은 참으로 안타까운 일이라고 생각합니다.

　　4차 산업혁명 시대에 다시 정시 위주의 점수와 등급을 바탕으로 한 줄 세우기 식으로 회귀하는 것은 흡사 과거의 증기기관 시대로 역행하는 것과 같다고 할 수 있습니다. 교육이 시대의 변화를 제대로 따라가지 못하면 미래의 급격한 변화에 적절히 대처하기 어렵습니다.

　　입시 제도의 혁신을 논한다면 오히려 학종의 내실화, 수능의 절대평가화 또는 자격고사화, 한국형 바칼로레아(논술형) 도입 검토, 고교학점제로의 전환, 대학교 입학의 평준화를 통한 대학교 서열 완화, 대학교 졸업 제도로의 패러다임 전환, 지방 (거점)국립대의 네트워크 구축 및 지원 강화 등이 보다 더 미래 지향적이라고 할 수 있습니다.

정치가 유권자의 표를 의식하여 교육의 미래를 함부로 예단하는 일은 앞으로는 근절되었으면 하는 바람입니다. 이슈가 되는 논의의 문제를 객관적으로 담론화하여 의제화 하는 것은 일견 타당한 일이나 단순하게 정치 공학적 이득만을 생각해서 국가의 미래를 담보 잡아 교육의 발전을 더디게 하고 발목을 잡는 일은 없었으면 하는 게 제 개인적인 생각입니다.

학종에 대해 입시 관계자, 고등학교 진로·진학 선생님, 학원의 컨설턴트, 합격한 학생과 합격시킨 학부모 등 그 누구도 합격과 불합격의 이유를 종합적으로 체계적으로 명쾌하게 설명해 주지 못하고 있습니다. 왜냐하면 모두들 단편적인 경험으로 파생된 내용만 알고 있기 때문입니다.

필자는 교육학 박사로서, 학종 평가를 메타-인지적 관점에서 종합적으로 판단하는 이론을 바탕으로 입학사정관과 대교협 상담전문위원으로 근무하면서 다방면의 진로·진학 평가와 상담을 해왔습니다. 이러한 이론적 토대와 오랜 시간 쌓은 실제적 경험을 바탕으로 학종 서류 평가의 주요 요소인 학교생활기록부와 자기소개서의 평가 방법에 대한 정보를 널리 알리고 공유하고자 합니다.

학종 합격 준비를 위한 삼위일체는 '학생-교사-학부모의 정성된 마음'이라고 생각합니다. 흔히 학종의 평가 방식을 '정성 평가'라고 합니다. 저는 그 정성 평가가 질적인 평가라는 일반적인 의미를 넘어 '학생-교사-학부모의 간곡한 정성'이 더해져 이루어지는 평가라는 의미에서의 '정성 평가'라고 새롭게 재해석한 개념적 정의를 내리고자 합니다.

모쪼록, 이 책이 학종 준비에 불안감을 갖고 있는 학생과 학부모뿐만 아니라 현장에서 입시 지도에 힘을 쏟고 계시는 여러 관계자 분들에게 힘이 되었으면 하는 바람입니다.

저자 씀

이 책의 구성

1부
총괄 편

학생부종합전형과 서류 평가 부분으로 학종의 의미와 특징, 서류 평가 8단계 과정, 평가 5개 영역 및 세부 평가 요소, 입학사정관의 역할 등을 대입 전체적 관점에서 종합적으로 기술하고, 이와 관련하여 학종을 구체적으로 설명하고 있습니다.

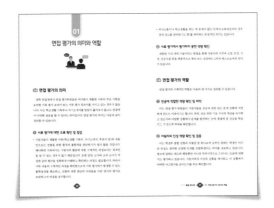

2부
대학 편

주요 대학별 서류 평가 비교 분석 부분으로, 서울과 수도권의 주요 대학별 서류 평가 항목, 학생부 평가 방법, 자기소개서 평가 방법들을 비교적 구체적으로 기술하여 독자에게 도움을 주고자 했습니다.

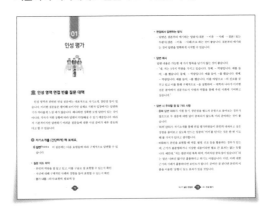

학생부와 서류 평가 부분을 중심으로 2017년에 바뀐 학생부 기재 사항 안내, 학생부의 세부 항목별로 핵심 평가 포인트를 구체적으로 기술했습니다.

자기소개서와 서류 평가 부분을 중심으로 자기소개서의 의미, 자기소개서 작성법 및 유의 사항, 자기소개서 문항별 구체적 작성 방법 및 사례를 기술했고, 마지막으로 20개의 체크리스트 등을 기술했습니다.

학종과 관련하여 25개의 대표 질문을 뽑아서 그 질문에 구체적으로 답변하는 형태로 서술했습니다.

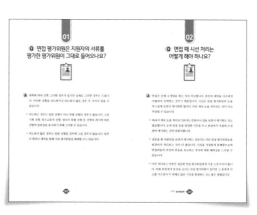

차례

제1부 총괄 편

학생부종합전형과 서류 평가

01 누가 평가에 더 유리할까? ············· 12

02 대학 입시란?_대학 입시 전형 개괄 ············· 15

03 학생부종합전형의 의미와 특징 ············· 20

04 학생부종합전형으로 인한 변화와 비판 ············· 29

05 핵심 '축'을 기준으로 한 서류 평가(횡단 평가) 방법 ········ 33

06 학생부종합전형의 평가 절차 ············· 37

07 서류 평가 및 영역별 세부 평가 요소 ············· 41

　　[PLUS TIP] 자기 주도성과 전공 적합성은 어떤 차이가 있는가? 52

08 입학사정관의 역할 ············· 53

09 학생부종합전형의 특별한 4가지 종류 ············· 62

제2부 대학 편

주요 대학별 학생부종합전형과 서류 평가

01 주요 대학별 서류 평가 항목 비교 ············· 74

　❶ 서울대학교 ············· 74

　❷ 서강대학교 ············· 77

　❸ 이화여자대학교 ············· 78

　❹ 중앙대학교 ············· 82

　❺ 경희대학교 ············· 83

　❻ 건국대학교 ············· 85

　❼ 한양대학교 ············· 87

02 주요 대학별 학생부 평가 항목 핵심 POINT ············· 89

　❶ 서울대학교 ············· 89

　❷ 연세대학교 ············· 91

❸ 고려대학교 ·· 93

❹ 성균관대학교 ·· 96

❺ 서강대학교 ··· 98

❻ 한양대학교 ··· 100

❼ 이화여자대학교 ·· 102

❽ 중앙대학교 ··· 103

❾ 경희대학교 ··· 104

❿ 한국외국어대학교 ·· 105

⓫ 시립대학교, 동국대학교, 국민대학교, 홍익대학교 ············· 106

⓬ 건국대학교 ··· 109

⓭ 숙명여자대학교 ·· 110

⓮ 숭실대학교 ··· 111

⓯ 광운대학교 ··· 112

⓰ 서울과학기술대학교 ··· 113

⓱ 단국대학교, 상명대학교, 서울여자대학교, 성신여자대학교 ··· 114

⓲ 가톨릭대학교 ··· 116

⓳ 가천대학교 ··· 117

⓴ 경기대학교 ··· 118

㉑ 아주대학교, 인천대학교, 한양대학교(에리카) ·················· 119

㉒ 경북대학교, 경상대학교, 부경대학교 ····························· 120

03 서울 및 수도권 대학별 자기소개서 평가 핵심 POINT ········ 121

❶ 서울대학교, 연세대학교, 고려대학교 ···························· 121

❷ 성균관대학교, 서강대학교 ·· 123

❸ 이화여자대학교, 중앙대학교, 경희대학교 ······················ 124

❹ 서울시립대학교, 건국대학교, 동국대학교, 국민대학교 ········ 125

❺ 숙명여자대학교, 숭실대학교, 광운대학교 ······················ 126

❻ 서울과학기술대학교, 단국대학교 ································· 127

❼ 상명대학교, 서울여자대학교 ······································· 128

❽ 가천대학교, 가톨릭대학교 ·· 129

❾ 경기대학교, 인천대학교, 한국산업기술대학교 ················ 130

차례

제3부 학생부 편

학교생활기록부와 서류 평가

01 학교생활기록부의 이해 ·················· 134
  ❶ 학교생활기록부의 정의 및 종류 ·············· 134
  ❷ 학교생활기록부의 평가 방식 ··············· 134
  ❸ 2017년도 학교생활기록부 기록 변경 사항 안내 ············· 135
  ❹ (최신 개정) 학교생활기록부 신뢰도 제고 방안 안내 및 분석 · 136
02 인적 사항 평가 POINT ················· 141
03 학적 사항 평가 POINT ················· 145
04 출결 상황 평가 POINT ················· 150
05 수상 시 평가 POINT ·················· 153
06 자격증 평가 POINT ··················· 158
07 진로 희망 평가 POINT ················· 163
08 창의적 체험 활동 중 '자율 활동' 평가 POINT ·········· 169
09 창의적 체험 활동 중 '동아리 활동' 평가 POINT ········· 175
  [PLUS TIP] 정규 동아리 VS 자율 동아리 ········· 181
10 창의적 체험 활동 중 '봉사활동' 평가 POINT ·············· 182
11 창의적 체험 활동 중 '진로 활동' 평가 POINT ············ 189
12 교과 학습 발달 상황(성적) 평가 POINT ·········· 194
13 교과 학습 발달 상황(세특) 평가 POINT ·········· 198
14 독서 활동 상황 평가 POINT ··············· 204
15 행동 특성 및 종합 의견 평가 POINT ············ 210
16 연구보고서(R&E) 평가 및 준비 방법 ········· 216

제4부 자기소개서 편

자기소개서와 서류 평가

[PLUS TIP] (최신 개정) 자기소개서 작성 방안 안내 및 분석 ····· 224

01 자기소개서의 의미 및 개요 ················· 226
　　[PLUS TIP] 자기소개서 평가의 핵심 '진정성' ················· 230

02 자기소개서의 단계별 작성법 ················· 231
　　[PLUS TIP] 자기소개서 작성을 위한 3단계 준비 절차 ·········· 239

03 자기소개서 1번 문항 솔루션 + 사례 분석 ·········· 240
　　[PLUS TIP] 자기소개서의 실수 유형 ················· 253

04 자기소개서 2번 문항 솔루션 + 사례 분석 ·········· 255
　　[PLUS TIP] 자기소개서 최악의 형태 6가지 ················· 269

05 자기소개서 3번 문항 솔루션 + 사례 분석 ·········· 271
　　[PLUS TIP] 자기소개서 작성과 관련해 생각해 볼 문제 5가지 ··· 282

06 자기소개서 4번 문항 솔루션 + 사례 분석 ·········· 284
　　[PLUS TIP] 자기소개서 수정 사례 ················· 297

07 자기소개서의 마무리 및 퇴고 ················· 298
　　[PLUS TIP] 대학에서 자기소개서를 평가하는 방법(예시) ······· 309

08 자기소개서 작성 체크리스트 최종 점검(+/−) ·········· 310
　　[PLUS TIP] 자기소개서의 감점 사항 정리 ················· 317
　　[PLUS TIP] 담백한 자기소개서 쓰는 방법 14가지 ·············· 318

09 자기소개서 유사도 검증 관련 Q&A ················· 321

제5부 질의응답 편 ················· 325

대입 전형 관련 Q&A 25선

부록　01 주요 대학별 인재상 및 동점자 우선순위 ················· 348
　　　02 주요 대학별 서류 평가 요소 및 평가 항목별 중요 사항 ·········· 351
　　　03 주요 대학 슬로건 ················· 355

자신을 믿어라.
자신의 능력을 신뢰하라.
겸손하되 합리적인 자신감 없이는
성공할 수도 행복할 수도 없다.

— 노먼 빈센트 필 —

제1부

총괄 편

학생부종합전형과
서류 평가

누가 평가에 더 유리할까?

❶ [전공 적합성]: 전공(좁게) VS 계열(넓게)

| ①
화학 경시대회 수상 2회
화학 동아리 활동 2년
화학 관련 책 10권 | VS | ②
과학 경시대회 수상 2회
과학 동아리 활동 2년
과학 관련 책 10권 |

- 내신 성적과 다른 모든 내용 조건이 똑같다는 전제 하에서 본다면 ①**번 학생**이 상대적으로 더 유리하다고 할 수 있습니다.

- 전공 적합성은 대학의 평가 기준에 따라, 학과의 필요 역량에 따라 평가 범위를 달리할 수 있습니다. 또한, 평가 기준 범위 내에서도 입학사정관의 종류(교수, 전임)와 입학사정관의 개별적인 정성평가 기준에 따라서도 다를 수 있습니다. 이렇게 본다면 전공 적합성 평가는 결국 넓게(계열)도 볼 수 있고, 좁게(전공)도 볼 수 있습니다. 그렇지만 원칙적으로 전공 적합성은 지원한 모집 단위에 가장 적합한 것이 맞습니다. 전공 적합성을 좁게(전공) 보면 거기에 딱 들어맞는 학생들의 범위가 적기 때문에 지원자와 평가 대상 인원이 줄어들 수밖에 없습니다. 그래서 많은 대학들은 이러한 한계 때문에 전공 적합성의 범위를 대부분 넓게 보는 경향이 있습니다.

❷ [농어촌전형]: '무늬만' 농어촌 VS '진짜' 농어촌

- 내신 성적과 다른 모든 평가 내용 조건이 똑같다는 전제 하에서 본다면 ②
  번 학생이 상대적으로 더 유리하다고 할 수 있습니다.

- 표면적인 자격 요건으로만 본다면 두 학생 모두 농어촌전형에 지원이 가능
  합니다. 하지만 평가에서는 ②번 학생이 더 높은 점수를 받을 수 있습니다.
  그 이유는 대학에 따라 특별 전형인 경우 평가 요소 중 '전형 적합성'이란
  항목이 있는데, 전형 적합성에는 정말 그 해당 전형에 적합한 지원자인지에
  대한 세부적인 평가 요소를 비교하여 점수화 할 수 있기 때문입니다.

- 경기도 남양주시 와부읍에 사는 학생은 무늬만 농촌에 해당됩니다. 왜냐하
  면 남양주시 와부읍은 순수 농업종사인구비율이 5%밖에 되지 않을 뿐만
  아니라 거주지 근처에 있는 덕소역에서 30분 정도면 서울 잠실역에 도착할
  수 있기 때문입니다.

- 반대로, 전북 고창군 신림면에 사는 학생은 진짜 농촌에 해당됩니다. 왜냐
  하면 순수 농업종사인구비율이 90% 이상이기 때문입니다. 따라서 농어촌
  전형에 지원하려면 본인 거주지의 순수 농업종사인구비율이 어느 정도인
  지를 파악하여 일반전형과 농어촌전형 중 어디가 유리한지를 구체적으로
  분석한 후에 지원하시기 바랍니다.

❸ [자격증 유무(국사학과 지원)]: 한국사능력2급 VS 없음

| ① 한국사 1등급 자격증 있음 (한국사능력검정 2급) | VS | ② 한국사 1등급 자격증 없음 |

- 내신 성적과 다른 모든 평가 내용 조건이 같다는 전제 하에서 본다면 ①**번 학생**이 상대적으로 더 유리하다고 할 수 있습니다.

  교과 성적을 중요시한다는 조건으로만 보면 두 학생 모두 한국사가 1등급이기 때문에 우열을 가릴 수 없지만 ①번 학생은 한국사능력검정 2급 자격증이 있어 플러스 알파(α)의 효과를 누릴 수 있습니다.

- 한국사능력검정시험은 국가 기관인 국사편찬위원회가 주관합니다. 또한 한국사능력검정시험의 출제 유형은 역사 지식의 이해, 연대기의 파악, 역사 상황 및 쟁점의 인식, 역사 자료의 분석 및 해석, 역사 탐구의 설계 및 수행, 결론 도출 및 평가인 6개 부분으로 구성되어 단순한 암기가 아니라 이해, 응용을 통한 고차원적 사고력과 문제 해결 역량을 키우는 시험입니다.

- 이러한 고차원적 사고력과 문제해결 역량 등은 국사학과나 역사학과에서 필요한 역량입니다. 그리고 무엇보다도 중요한 것은 해당 학과 교수님이 한국사능력검정시험 출제위원일 수 있습니다. 본인이 출제한 시험에서 좋은 점수로 자격증을 취득한 학생과 자격증이 없는 학생을 같은 조건에서 평가한다면 당연히 자격증을 취득한 학생이 유리할 수밖에 없습니다.

02

대학 입시란? _대학 입시 전형 개괄

❶ 대학 입시의 전형 요소

대학 입시의 전형 요소는 크게 4가지로 나눌 수 있습니다.

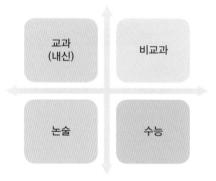

- 교과는 흔히 말하는 내신 성적으로 상대 평가 9등급제입니다. 전공을 중시하는 학생부종합전형에서는 인문계는 국어, 수학, 영어, 사회 교과를, 자연계는 국어, 수학, 영어, 과학 교과를 주로 봅니다. 그러나 인문계열 중에서 경상계열(경제, 경영, 무역, 회계 등)은 특별하게 수학을 중요시합니다.
- 비교과는 교과를 제외한 수상, 창체(창의적 체험 활동), 독서 등을 의미합니다. 교과와 비교과를 동시에 평가하는 것이 학생부종합전형입니다.
- 논술은 인문계는 통합 교과, 자연계는 수학, 과학 교과를 기반으로 치루는

경향이 많으며, 대부분 대학에서 채택하고 있는 수능 최저가 매우 중요한 변수로 작용합니다.

- 수능은 9등급 상대 평가로 진행되지만 영어와 한국사는 9등급 절대 평가로 진행됩니다.

❷ 시기별 구분_수시와 정시

대학 입시는 수시와 정시로 구분됩니다.

① **수시** 수시는 학생부교과전형, 학생부종합전형, 논술전형, 실기전형, 적성 전형, 특기자전형(예체능, 어학, 수학 및 과학 등)이 있습니다.

- 학생부교과전형은 내신 위주의 전형으로 위의 그림과 같이 4개의 유형으로 구분할 수 있습니다.

- 학생부교과전형에서 학생부 반영 교과는 대학별로 차이가 있으므로 요강을 참고해야 합니다. 예를 들어 일부 대학은 면접 또는 비교과 서류(출결, 봉사 활동)를 같이 평가하기도 합니다.
- 학생부교과전형은 대부분 대학에서 수능 최저를 두고 있습니다. 따라서 수능 최저를 맞춘다는 가정 하에 합격이 가능한 주요 대학 학생부 성적대는 서울권 인문계가 1.5 내외, 자연계가 1.9 내외입니다. 그리고 수도권 주요 대학과 지방 국립대(거점)의 경우는 인문계가 2~2.5등급 내외, 자연계가 2.5~3등급 내외입니다. 반면에, 학생부종합전형은 인문계가 1~3등급 내외, 자연계가 1~3.5등급 내외입니다. 다만, 상황에 따라 다를 수 있으니 어디까지나 참고만 하시기 바랍니다.
- 학생부교과전형은 수능 최저와 높은 내신 등급으로 인해 학생부종합전형이나 다른 전형에 비해 경쟁률이 상대적으로 낮습니다.

• 학생부종합전형은 교과와 비교과를 모두 중요시합니다. 필요한 서류는 학생부, 자기소개서, 추천서를 활용하고, 단계별 전형을 실시하는 대학이 많습니다. 일반적으로 1단계 서류 평가, 2단계 면접 평가를 주로 실시합니다.

• 논술전형은 경쟁률이 매우 높습니다. 특히, 한양대학교나 인하대학교처럼 수능 최저가 없는 경우는 경쟁률이 더 높습니다.
- 논술전형은 대부분 고2 2학기 이후에 준비하는 경향이 있습니다. 따라서 지원자들의 논술 준비 기간이 상대적으로 길지 않습니다. 다만, 대부분 수능 최저가 있어 실질 경쟁률은 높지 않으며, 실제 시험일에는 결시생이 많습니다.
- 수능 최저를 맞춘다는 전제 하에 서울권에서 합격이 가능한 학생부 성적은 인문계가 3.5등급 내외, 자연계는 4등급 내외의 합격자가 있습니다.
- 논술전형은 평가 요소로 내신과 논술을 보는데 실질적으로 논술 비중이 큽니다. 논술이 60%, 내신이 40%라고 하더라도 실질적 비율로 보면 논술이 80%, 내신이 20%일 수 있습니다. 자세한 것은 각 대학교의 입학처에 확인이 필요합니다.

- 적성전형은 미니 수능의 성격이 강합니다. 출제 영역은 대부분 국어, 영어, 수학으로 SPEED TEST 형태로 치러집니다. 서울권 대학으로는 서경대, 삼육대, 한성대가 있습니다. 특이점은 고려대 세종, 홍익대 세종은 수능 최저가 있다는 것입니다.

- 특기자전형은 실기가 중요하며, 특기를 증명할 수 있는 공인된 증빙 자료의 활용이 가능합니다.
  - 2019학년도에는 30개 대학으로 확대되고 정원도 더 늘어났는데, 특히 소프트웨어(SW) 특기자전형이 대폭 확대되었습니다.
  - 2019학년도부터 예체능 특기자전형, 특히 체육 특기자전형은 선발 과정의 객관성 강화. 학칙에 근거한 부정 입학자 처리 규정이 강화되었습니다.

- 실기전형은 주로 예체능 계열에서 전공 실기를 주요 평가 요소로 활용합니다.
  - 실기로 적게는 40%, 많게는 100%를 반영하는데, 대체로 실기 70%, 교과 30%를 반영하는 것이 일반적입니다.
  - 다만, 미술학과나 체육의 일부 학과의 경우에는 다른 예체능 계열에 비해 교과의 반영 비율이 상대적으로 높은 경우가 많습니다.

- 2019학년도부터는 의학 계열 선발 시 인·적성 검사 반영이 가능합니다.

② **정시** 정시는 수능 시험을 통해 얻은 수능 점수(등급)를 가지고 입시를 준비하는 전형으로 당연히 수능이 제일 중요합니다.

③ **수시와 정시의 차이** 수시와 정시는 전형 시기, 전형 요소, 지원 횟수, 선발 비율 등이 다릅니다.
- 전형 시기: 수시는 9월에 원서를 접수하여 11월까지 진행되고, 정시는 수능 이후에 모집을 시작해 보통 2월까지 진행됩니다.

- 전형 요소: 수시가 내신 외에 면접이나 논술 등의 비중이 큰데 반해, 정시는 수능 성적이 절대적입니다.
- 선발 비율: 정시보다 수시에서 더 많은 학생들을 선발하고 있습니다. 정시와 수시 선발 비율은 학교마다 차이가 있기 때문에 자세한 부분은 학교마다 확인하시는 것이 좋습니다.
- 지원 횟수: 수시는 최대 6회를 지원할 수 있습니다(단, 특수 대학이나 예외 대학[1]은 횟수에 상관없이 지원이 가능). 반면, 정시는 최대 3개의 학교에만 지원(단, 전문대는 관계없이 지원이 가능)이 가능합니다. 주의할 것은 수시에서 합격을 하게 된다면 정시 지원이 금지된다는 것입니다.

---

1) 육군 · 공군 · 해군 · 국군간호사관학교 / 경찰대학 / 카이스트, 유니스트, 지스트, 디지스트 / 산업대학(청운대, 호원대) / 전문대 / 한국예술종합학교 / 한국전통문화대학교 / 한국폴리텍대학교 / 한국방송통신대학교 / 한국농수산대학 등

03
학생부종합전형의 의미와 특징

❶ 학생부종합전형 제도의 변천

입학사정관전형		
교과 & 비교과	비교과 활동 강조	입시 교사 중심

비교과		
교과 & 교과 연계 활동	교과 (연계) 활동 강조	모든 교사 참여

입학사정관전형	항목	학생부종합전형
채용사정관	평가 중심 축	교수 및 채용사정관
전업주부 유리	학부모	전업 – 맞벌이 균형 지향
행종(행동 특성 및 종합 의견)	평가 중심 사항	세특(세부 능력 및 특기사항)
포트폴리오 활용	전형 자료	전형 자료 간소화 (포트폴리오 폐지)
일부 지역만 학생부 내용 풍부	기타 특징	• 전환, 위촉 사정관 증가 • 학교 이외의 스펙 제시된 자기소개서/추천서 0점 처리

• 과거의 입학사정관전형은 교과와 비교과를 함께 평가했지만 비교과 활동

이 강조된 측면이 있습니다. 비교과를 강조한 이유는 일부 지역을 제외하면 학생부에서 볼 것이 많지 않았기 때문입니다.

- 비교과 활동은 교내외 수상, 창체, 독서 등이 해당되는데 주로 방과 후나 주말에 시간을 내어 활동을 해야 했습니다. 또한 정해진 활동이나 프로그램이 없는데 새로 개척을 해야 하니 검색이나 주간에 활동지 방문이 가능한 전업주부인 학부모가 맞벌이 부부인 학부모보다 상대적으로 유리했습니다.

- 비교과 활동의 결과물은 보통 포트폴리오를 많이 활용했으며, 이에 대한 심사는 진로·진학 상담 교사나, 진학 담당 3학년 담임 교사가 중심이 되어 실시했습니다. 이 때문에 담임 교사가 적어주는 '행종(행동 특성 종합 의견)'이 중요한 평가 사항이었습니다.

- 비교과 활동 평가의 중심은 채용(전임)사정관이었습니다. 일부 교수들이 교수사정관으로 참가하였지만 평가의 보조 역할 성격이 강했습니다.

• 입학사정관전형과 달리 학생부종합전형은 교과가 중심입니다. 교과 수업을 통해 제기되는 호기심과 관심을 교과 연계 활동으로 연결시키는 것이 특징이라 할 수 있습니다. 이 때문에 활동의 상당 부분이 학교 내부로 들어왔고, 전업주부인 학부모와 맞벌이 부부인 학부모 간의 유불리가 다소간 좁혀졌습니다.

- 학생부종합전형에서는 전형 자료로 쓰이던 포트폴리오도 많은 대학들이 폐지했습니다. 또, 사교육이 유발된다고 판단되는 자격증이나 대회에서의 성적은 자기소개서나 추천서에서 점수가 기재되면 0점 처리되는 것으로 변경되었습니다.

- 입학사정관제에서 중요한 평가 사항이었던 '행종'이 '세특'(세부 능력 및 특기 사항)으로 바뀌었습니다. 즉, 담임 교사가 아닌 모든 교사가 참여하여 학생의 '세특'을 작성해 주는 특징을 보이고 있습니다. 이런 이유로 인해 '세특'이 '학생부종합전형'에선 상대적으로 더 중요하게 인식되고 있습니다.

- '세특'이 강조되니 교실에서의 수업 혁신이 일어나고 있습니다. 즉, 학생

중심의 수업에 대한 철학과 이에 따른 교수·학습 방법의 변화가 일어나고 있습니다. 물론, 여전히 담임 교사가 작성하는 '행종'도 중요한 평가 요소입니다.

– 평가의 중심축도 채용사정관보다는 전환사정관이나 교수 중심의 위촉사정관 체제로 변화되고 있습니다. 여전히 채용사정관이 있지만 양적으로 더는 늘어나지 않는 추세입니다.

❷ 학생부종합전형 신(新) 5계명

학생부종합전형 5계명을 살펴보겠습니다.

학생부종합전형 신 5계명
1. 핵심은 전공 내신이다.
2. 세특은 중요하다
3. 자소서는 의미 부여이다.
4. 진로 일관성은 어려운 일이다.
5. 면접이 중요해지고 있다.

- 첫 번째는 **전공 내신 성적**입니다. 전공 내신 성적이 좋지 않으면 비교과 활동이 아무리 화려하더라도 합격하기 쉽지 않습니다. 결국 대학은 공부하는 곳입니다. 활동만을 위한 곳이 아닙니다. 예컨대, 봉사 시간이 500시간 이상이 된다고 해서 사회복지학과에 합격하는 것이 아닙니다. 봉사 활동이 학업보다 우선시되면 대학에서는 학생이 대학에서 공부하는 것보다는 수녀원이나 봉사기관에서 봉사만을 업으로 하는 것이 더 낫다고 판단할 수 있습니다.

- 두 번째는 **'세특'**입니다. '세특'은 모든 교사가 관찰하고 평가하며 그 내용을 구체적으로 작성해야 합니다. 따라서 고3만이 아닌 고1, 2, 3학년 모든 교사의 연계가 필요합니다. '세특'이 잘 드러나도록 적히기 위해서는 학생

이 존재감을 드러내야 합니다. 자기 PR을 위한 홍보도 필요합니다. 구체적인 전략을 잘 세워야 합니다. 방법적 사례를 든다면 앞에 앉기, 적극적으로 질문하고 발표하기, 수업뿐만 아니라 수업 후 질문하고 상담하기 등이 있습니다.

- 세 번째는 **자기소개서**입니다. 자기소개서는 학생 본인이 가장 강점이 있다고 생각하는 내용을 찾아 '의미를 부여하는 것'입니다. 무엇을 토대로 의미 부여를 하냐면 바로 '학생부'입니다. 학생부에 단 한 단어, 단 한 줄이라도 적혀 있다면 의미 부여를 통해 구체화 하는 것이 가능합니다. 이러한 의미 부여를 혹자는 '얼짱 각도로 셀카를 찍는 것'이라고도 하더군요. 이는 본인이 가장 자신 있는 신체 부위를 가장 자신 있는 포즈(컨셉)로 찍는 것이 자기소개서 작성과 유사하다는 의미입니다.

- 네 번째는 **진로에 대한 일관성**입니다. 진로를 1학년부터 3학년까지 일관되게 진로 희망에 적고 활동하기는 쉽지 않습니다. 1학년 때는 진로 정체성이 확립되어 있지 않으므로 막연히 관심 사항이 진로 희망이 됩니다. 경험과 체험을 통해 좀 더 생각과 관심 분야가 넓어지고 다양해지면 '진로 변경의 유혹'이 시작됩니다. 그러나 이러한 유혹은 분명한 이유가 존재해야 합니다. 이유가 구체적이고 설득력이 있으면 평가에 나쁜 영향을 미치지 않지만 그렇지 않으면 학습이나 활동에서의 연결성이 아무래도 부족해집니다.

- 다섯 번째는 **면접**입니다. 학생부는 학교 간 편차가 많이 줄어들고 있습니다. 자기소개서도 개인 간 변별력을 찾기가 쉽지 않아졌습니다. 내신의 절대 평가화, 수능의 절대 평가화, 자격 고사화 얘기도 종종 나오고 있습니다. 그렇다고 논술을 늘리기도 어렵습니다. 오히려 폐지 얘기가 나오는 상황이니까요. 이러한 이유 때문에 대학은 우수 인재 선발을 위해 면접을 강화할 가능성이 높아지고 있습니다. 면접에 대한 대비가 더 필요해지는 이유입니다.

❸ 학생부교과전형 VS 학생부종합전형

학생부교과전형	항목	학생부종합전형
정량	주요 평가 방법	정성
90% 이상	내신 반영	지원 전공 관련
출결, 봉사 정도	비교과 반영	모두 반영
일부	면접 유무	대부분 실시
대부분 있음	수능 최저	일부(의대, 간호대 등) 있음

　학생부종합전형이 정성 평가가 주된 평가 방법이라면 학생부교과전형은 성적을 바탕으로 한 정량 평가가 주된 평가 방법입니다.

● 내신의 반영 측면에서 보면, 학생부종합전형은 주로 지원 전공과 관련된 교과목 위주로 보는 데 반해 학생부교과전형은 전 과목을 보는 대학도 많이 있습니다.

● 비교과의 반영 측면에서 보면, 학생부종합전형은 모든 항목을 반영하는 반면, 학생부교과전형은 출결이나 봉사 정도만 반영합니다.

● 면접 유무 측면에서 보면, 학생부종합전형은 일부 대학을 제외하고 거의 대부분의 대학이 실시하는 데 반해 학생부교과전형은 일부 대학에서만 보충하는 성격으로 실시하고 있습니다.

● 수능 최저 측면에서 보면, 학생부종합전형은 의대, 간호대 등 일부 전공에만 있는 반면에 학생부교과전형은 거의 모든 전공에서 실시하고 있습니다.

❹ 학생부종합전형에서 학생부 기록과 관리의 의미

학생
교과 + 비교과 활동

교사
관찰 + 기록 + 평가

학생부

학생부 관리 시, 학생은 교과 성적 + 비교과 활동인 창체(자율, 동아리, 봉사, 진로) + 독서 활동 + 다양한 교내 활동을 자기 주도적으로 계획, 실천하는 것이 중요합니다. 그 이유는 교사는 학생들의 활동 내용을 관찰, 평가하고 그 내용을 구체적으로 기록하며, 교육 과정-수업-평가의 일체화를 지향하고 있기 때문입니다. 이러한 관찰이 교과 담당 교사에게는 '세특'으로 기록되고, 담임 교사에게는 '행종'으로 기록됩니다.

⑤ 진로가 출발점이자 방향성

고입 자기주도학습전형 + 대입 학생부종합전형의 전제는 진로의 방향성 설정입니다. 이러한 방향성 설정을 위해 도움이 되는 것이 진로 검사입니다. 진로 검사는 한국 가이던스 등 민간에서 하는 것도 있지만 국가가 운영하는 진로 정보망 커리어넷과 고용노동부 워크넷을 이용하는 것이 비용 면이나 관리적인 측면에서 유리합니다.

커리어넷에서는 진로 흥미, 진로 적성, 진로 가치관, 진로 성숙도 검사 등을 이용할 수 있으며, 워크넷에서는 진로 적성, 고교 계열 흥미, 대학 전공 흥미 등을 검사할 수 있습니다. 두 기관의 검사를 필요에 따라 병행하여 활용하는 것이 더 바람직합니다.

❻ 학생부종합전형의 평가 단계

대다수 대학에서 실시하는 학생부종합전형 평가는 단계별 전형으로, 1단계 서류 평가와 2단계 면접 평가를 통해 최종 합격자를 선발합니다.

● **1단계 서류 평가:** 학생부, 자기소개서, 추천서 등을 통해 2~5배수를 선발하는데 각 서류별로 연관성을 바탕으로 평가합니다. 대학에 따라 학교 소개 자료인 학교 프로파일을 활용하기도 합니다. 학교 프로파일에는 교육 과정, 교육 프로그램 등을 살펴볼 수 있습니다. 또한 대학에 따라서는 여전히 활동 보충 자료를 별도로 받기도 합니다.

● **2단계 면접 평가:** 2단계에서는 면접 평가를 통해 서류 평가 점수와 면접 평가 점수를 합산하여 최종 합격자를 선발합니다. 면접 평가는 학교에 따라 인성 면접, 서류 확인 면접, 심층 구술 면접, 집단 토론 면접, 다중 미니 면접 등을 실시합니다.

❼ 비교과 활동의 비교

플러스(+) 요인	마이너스(−) 요인
자율 동아리 활동 장기 봉사활동 소논문(R&E) 작성 전공 자격증	올림피아드 어학 자격증 해외 봉사 캠프

비교과 활동에서 일반적으로 플러스되는 요인으로는 자율 동아리를 만들고 활동하는 것, 꾸준한 봉사 활동, 전공 관련 연구 보고서(R&E) 작성, 전공 관련 자격증 취득, 수상 등이 있습니다. 반대로 마이너스 되는 요인으로는

1회성으로 갔다오는 해외 봉사 캠프, 해비타드 활동 등이 있습니다. 올림피아드와 어학 자격증은 자체로는 마이너스 요소가 아니나 자기소개서에 점수로서 기록되면 0점 처리가 되는 요소라는 것을 반드시 알고 있어야 합니다.

⑧ 입학사정관의 평가 내용 및 관점

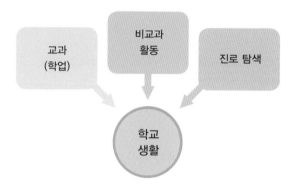

입학사정관은 지원자의 학교 생활을 바탕으로 정량(양)과 정성(질)을 균형 있게 평가합니다. 즉, 성적과 다양한 방면의 활동, 열정, 잠재력 등이 평가 대상입니다.

성적은 학년별 성적 추이, 전공 과목의 심화 이수 및 성적, 전공 외 과목의 성적, 예체능 과목의 성적, 과목 간의 균형 성장을 통해 성실성과 인성을 파악합니다. 비교과 활동은 봉사활동의 진정성(인성, 공동체의식, 의사소통 능력, 사회성 등), 동아리 활동에서의 열정 등을 통해 잠재력과 발전 가능성을 타진합니다.

이와 같은 평가의 전제는 진로 탐색을 통한 정체성 확립, 명확한 목표 의식과 방향성의 설정 및 그에 따른 실천 그리고 실천을 통한 피드백과 선순환입니다.

⑨ 대학교 인재상을 통한 평가 기준 도출

대학교 인재상을 통해 일반적으로 평가 기준이 도출됩니다. 예를 들어 모 대학 인재상을 통해 평가 기준 도출 사례를 들어 보면, 다음과 같습니다.

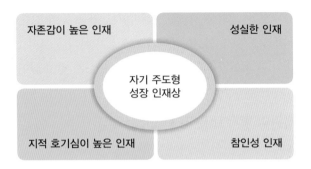

- 자존감이 높은 인재는 자신을 존중하고 꿈을 위해 노력하는 학생이다.

  ⇨ **전공 적합성**

- 성실한 인재는 학교 생활에 충실하며 자기 주도적으로 학습하는 학생이다.

  ⇨ **자기 주도성**

- 지적 호기심이 높은 인재는 문제를 인식, 발견하고 이를 해결하기 위해 많은 노력과 열정을 기울이며, 이러한 과정에서 배우고 성장하는 학생이다.

  ⇨ **발전 가능성**

- 참인성 인재는 배려, 나눔을 기본 소양으로 갖추고 공동체 속에서 타인을 존중하고 화합과 협력을 위해 노력하고 실천하는 학생이다.

  ⇨ **인성 역량**

학생부종합전형으로 인한 변화와 비판

❶ 수능, 교과전형 VS 학생부종합전형

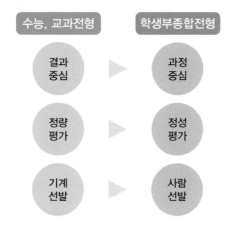

- 수능, 교과전형은 결과 중심이고, 정량 평가 위주이며 기계가 등수를 매겨 선발하는 방식입니다. 반면에 학생부종합전형은 과정 중심이며, 정성 평가이고 입학사정관이라는 직책을 가진 사람이 선발하는 방식으로 차이를 보이고 있습니다.

- 수능, 내신의 정량 평가는 단일 요소인 성적으로만 평가하는 데 반해, 학종의 정성 평가는 성적뿐만 아니라 기타 다양한 요소인 소질, 적성, 인성, 환경 등을 모두 고려하여 평가합니다.

- 수능, 교과 전형은 굳이 고교 연계가 필요하지 않았으나 학생부종합전형은 고교 연계 강화 및 중학교의 자유 학기제 활동 지원을 위한 프로그램의 기획, 운영 등이 필요합니다.

  참고로 학생부종합전형의 도입은 고교 교육의 정상화가 목적이었습니다. 왜곡된 고교 교육을 정상화시키고 활성화시키기 위해 도입되었습니다. 그래서 정부 지원 사업 이름도 과거에는 '고교 교육 정상화 기여 대학 지원 사업'이었습니다.

- 학생부종합전형은 개별 학생의 꿈의 성장과 자아 효능감(특정의 개인이 특정 상황에서 특정의 일을 얼마나 잘할 수 있는지에 관한 스스로의 믿음과 관련된 개념)을 기반으로 운영됩니다. 교사의 평가권은 '세특', '행종'으로 신장되고 있습니다. 교과와 교과 연계 활동으로서의 전공에 대한 몰입으로 다양한 활동과 경험이 축적되고 있습니다.

② 학생부종합전형으로 인한 고교 변화

수능 중심 전형	학생부종합전형
수업 소극적(학원 등)	수업 적극적(학교)
도구 과목(출제) 위주	전과목 위주
교과 평가권 영향 적음	교사 평가권 영향 큼
배치표(서열) 중요	1 : 1 맞춤형 상담 중요

- 학생부종합전형으로 인해 고교에 많은 변화가 생겼습니다. '세특'의 강조로 인해 수업 분위기와 교수 학습 방법 개선 등으로 수업에 적극적인 학생들이 많이 증가했습니다. 성적에 반영되는 주요 과목 외에도 인성과 성실성을 중요시하는 평가 요소 덕분에 전 과목에서의 균형적인 수업과 평가가 가능해졌습니다.

- '세특'은 모든 교과 교사가, '행종'은 담임 교사가 작성할 수 있습니다. 교사가 직접 관찰하고 그 내용을 기록하고 그 기록이 대입 선발에서 직접적으로 영향을 미치기 때문에 교사의 평가권이 신장되었습니다. 개별적인 특징을

구체적으로 적어주기 위해서는 1:1 맞춤형 상담의 중요성도 커졌습니다.

❸ 학생부종합전형으로 인한 대학의 변화

학생부교과, 논술, 수능전형	학생부종합전형
공무원(교사) 시험 위주	취업, 창업 적극적
자퇴, 휴학, 반수율 높음	충성도 높음
리더 적음 / 학점 하향	리더 많음 / 학점 상승
전공 방황 높음	전공 방황 적음

- 학생부종합전형으로 인해 대학에서도 많은 변화가 생겼습니다. 취업, 창업에 적극적인 학생들이 증가하여 각 대학의 취업지원센터에서도 활기가 돕니다.
- 학생부종합전형으로 입학한 학생은 상대적으로 다른 전형에 비해 자퇴, 휴학, 반수하는 비율이 적습니다. 자퇴, 휴학, 반수생이 많으면 대학은 편입 등으로 할 일이 많아집니다. 그러나 학생부종합전형은 학생의 충성도가 높기 때문에 대학에서는 학생부종합전형을 선호합니다.
- 학생부종합전형의 평가 요소 특성상 리더가 많습니다. 전공의 방황도 상대적으로 적습니다. 전공에 대한 몰입은 학점이 상승 곡선 추이로 변화되는 계기가 됩니다. 여러 가지 이유로 학생부종합전형은 대학에서 매력 덩어리입니다.

❹ '학종파' VS '수능파'의 상호 비판 비교

학생부종합전형 관점(수능 비판)
- 학종만이 교육을 정상화시킨다!
- 수능이 공정하나?(단, 하루에 결판)
- EBS 문제 풀이가 정상적 학교 교육인가?
- 진로도 모르고 대학을 왜 가지?

수학능력시험전형 관점(학종 비판)
- 수능이면 충분하다!
- 교육이 아닌 단지 스펙이다.
- 너무 복잡하다.
- 너무 귀찮다.
- 할게 너무 많다.(슈퍼맨 선발?)

학종파와 수능파는 서로를 비판합니다. 수능파는 학생부종합전형을 다음과 같이 비판합니다.

① 학생부종합전형의 비교과 활동은 단지 대학에 가기 위한 스펙에 불과하다.
② 대학마다 평가 요소나 전형 등이 너무 복잡하다.
③ 공부하기도 바쁜데 비교과 활동까지 하려니 귀찮은 일이다.
④ 마음먹고 준비하려면 너무 할 게 많다. 슈퍼맨을 선발하는 것이냐?

수능파는 학종전형을 위와 같이 비판하면서 수능이면 대학 입학을 하는데에 아무런 문제가 없다고 합니다.

반대로, 학종파는 수학능력시험전형을 다음과 같이 비판합니다.

① 단, 하루에 모든 것이 결정되는 수능이 공정하지 않다.
② 수능은 EBS 교재 연계로 인해 고교 교육 과정을 망가뜨리고 선생님의 역할을 제한시켜 버린다.
③ 수능으로 들어온 학생은 진로 정체성이 상대적으로 부족하다.

위의 ③번 진로 정체성 부족은 수능전형의 경우 대학의 간판을 보고 들어가는 학생이 전공을 보고 들어가는 학생보다 월등히 많기 때문입니다. 그래서 그런지 대학에 들어가서 본인의 진로 때문에 방황하는 시간과 비용의 낭비가 많이 발생합니다.

핵심 '축'을 기준으로 한 서류 평가 (횡단 평가) 방법

① '세특'을 우선 축으로 서류 평가하기

　　현재 가장 각광 받고 있는 서류 평가 방법입니다. 특히 한양대에서 이 방법을 주로 사용합니다. 이 방법은 '세특'에 주요하게 기술되어 있는 내용을 중심축으로 하여 횡단적으로 평가하는 방법입니다.

　　'수상 경력–창체 활동–교과 성적–자격증–독서 활동'을 연결해서 비교하여 평가합니다. 다만, 한양대는 서류 평가에서 독서를 제외하고 평가합니다. 왜냐하면 한양대는 면접이 없기 때문에 독서 활동에 대한 신뢰도가 상대적으로 적기 때문입니다.

　　이러한 평가는 **교과 교사 평가 관점을 주된 기준으로 하는 평가 방식**이라고 할 수 있습니다.

② '진로 희망'을 우선 축으로 서류 평가하기

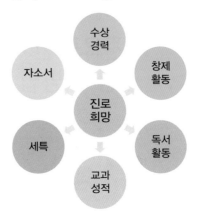

　　이 방법은 진로 희망의 변화와 최종 진로 희망 내용을 중심축으로 하여 횡단적으로 평가하는 방법입니다. 예컨대, 최종 진로 희망이 생명공학 연구원이라면 '학생부에서 그에 맞는 과학 교과의 성적과 변화 추이-생명공학 관련 독서 활동-과학 경시 대회 수상-과학 동아리-'세특'에서 과학 교과의 구체화된 교과 활동 내역-자기소개서에서의 1번과 2번의 기술 내용' 등을 같이 비교하면서 초점화하여 평가하는 방법입니다.

　　이러한 평가는 **학생의 진로 희망 관점에서 평가하는 방식**이라고 할 수 있습니다.

③ '자기소개서'를 우선 축으로 평가하기

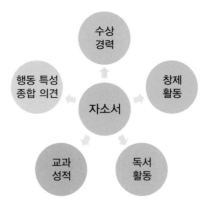

이 방법은 자기소개서에서 강점이라고 강조하며 구체적으로 진술한 내용을 중심축으로 하여 횡단적으로 평가하는 방법입니다. 예컨대, 자기소개서에 리더십이 매우 우수하다고 기록했다면 '학생부에서 그에 맞는 리더십 관련 봉사 수상 실적-창체 자율 활동에서의 리더십 관련 내용 확인-리더십 관련 독서 활동-동아리장 확인-'행종'에서 담임 교사의 리더십에 대한 평가 코멘트 내용' 등을 우선적으로 같이 비교하면서 초점화 하여 평가하는 방법입니다.

이러한 평가는 **학생의 학생부 기록과 활동에 대한 의미 부여 관점에서 평가하는 방식**이라고 할 수 있습니다.

❹ '행종'을 우선 축으로 평가하기

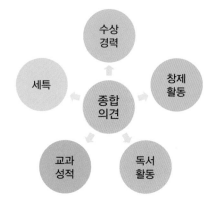

이 방법은 담임 교사가 작성하는 행종(행동 특성 및 종합 의견)에 구체적으로 강점과 특성으로 기술된 내용을 중심축으로 하여 횡단적으로 평가하는 방법입니다. 예컨대, 종합 의견에 또래 상담 등 공감 능력이 뛰어나고, 심리학에 대한 관심이 많으며, 교과 성적이 우수하고, 다양한 활동을 전개했다고 기록됐다면 '학생부에서 그에 맞는 또래 상담 내용 확인-심리나 상담 관련 동아리 활동 내용 확인-심리학 관련 독서 활동-사회 교과 과목 선생님 등의 '세특'에서의 기술 내용 확인-교과 성적에서의 사회 교과 성적과 성적 추이' 등을 우선적으로 같이 비교하면서 초점화 하여 평가하는 방법입니다.

이러한 평가는 **담임 교사 관점에서 평가하는 방식**이라고 할 수 있습니다.

⑤ '내신'을 우선 축으로 평가하기

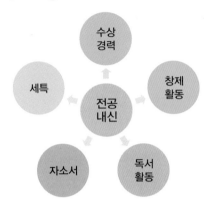

이 방법은 전공 관련 내신 성적을 중심축으로 하여 횡단적으로 평가하는 방법입니다. 인문 계열은 국어, 영어, 수학, 사회 과목을 주로 보고, 자연 계열은 국어, 영어, 수학, 과학 과목을 주로 본다고 할 수 있습니다. 예컨대, 경제학과를 지원했다고 한다면, 국어, 영어, 수학, 사회를 보면서 특히, 수학 성적을 눈여겨 볼 확률이 높을 수 있습니다. 아무래도 인문 계열에서 경제학은 수학(통계 등)적인 지식과 내용이 밀접한 관련이 있기 때문입니다.

'수학(사회) 성적과 추이-경제 관련 동아리 활동 내용 확인-경제 관련 독서 활동-사회 교과 과목 선생님 등의 '세특'에서의 기술 내용 확인-사회 경시대회 수상 내역-자기소개서의 1번, 2번, 4번 항목' 등을 우선적으로 같이 비교하면서 초점화 하여 평가하는 방법입니다.

이러한 평가는 정량적인 평가로 **교과 성적 관점에서 평가하는 방식**이라고 할 수 있습니다.

학생부종합전형의 평가 절차

① 전체 5단계 평가 절차(다수 다단계 평가)

| 사전 단계 | 1단계 서류 평가 | 2단계 면접 평가 | 3단계 최종 심의 | 최종 합격 발표 |

- 다수 다단계 평가를 하는 이유는 공정성과 신뢰성 확보 목적입니다. 사전 단계에서는 평가자와 수험생과의 관계를 고려한 교내 회피 및 제척 시스템 가동, 사교육 유발 요소 필터링, 전형 설계를 확정합니다.
- 서류 평가는 서류 검토, 지원 자격 심사(요강에 따른 결격, 자격 미달), 유사도 표절 검색(대교협, 학교 자체), 서류 평가(블라인드), 서류 재평가(재심), 서류 실사 확인(일부 대학: 건대, 가대, 단대 등 - 방문, 전화 메일 등), 서류 평가 최종 판단(심의, 결정) 순으로 이루어집니다.
- 면접 평가는 면접 사전 교육, 서류 합격자 서류 정리, 인성 및 심층 면접, 면접 실사(일부 대학교-건대), 면접평가심의위원회(심의, 감사, 결정)가 열립니다.
- 최종 심의는 서류 평가와 면접 평가 심의 종합 입학사정관 심의위원회를 통해 진행되며, 최종 합격 발표는 입학사정위원회(심의, 감사, 결정) 심의 후 발표 + 유사도 사후 검증이 실시됩니다.

❷ 서류 평가 절차

[온라인(ON-LINE) 서류 평가 8단계 프로세스]

단계		내용
1단계	모의 평가	매년 7~8월에 전임 입학사정관들(교수나 교수 사정관은 제외되는 경향이 있음)이 중심이 되어 전년도 합격자 서류를 바탕으로 수차례 모의 평가를 실시합니다.
2단계	평가 기준 재설정 및 확정	모의평가와 다음 학년도 교육부 및 한국대학교교육협의회(이하, 대교협)의 규정과 지침, 각 대학교의 정책 방향에 맞게 평가 기준을 재설정하고 내부 회의(입학전형위원회)를 통해 최종 평가 기준을 확정합니다.
3단계	서류 접수 및 회피, 제척	매년 9월에 원서, 학생부, 자기소개서, 추천서 등을 접수하고 서류와 파일을 정리하여 시스템화합니다. 또한 평가자들에 대한 회피와 제척을 실시합니다. *회피와 제척: 대학교에 지원한 학생과 직접 또는 간접적으로 관련 있는 평가자는 스스로 제외(회피)하거나 제외되는 것(제척)
4단계	평가자 배정	모집 단위별로 지원자 당 평가위원 2~3인(「입학사정관 + 교수」 또는 「입학사정관 + 입학사정관」) 또는 「교수(사정관)+교수(위촉 사정관)」)을 배정합니다.
5단계	본 평가 실시	온라인 서류 평가 시스템을 이용하여 평가 요소별 평가를 실시합니다. 모니터를 2개 준비하여 한 쪽에는 학생부, 다른 한 쪽에는 자기소개서(또는 교사 / 종교계 추천서)를 띄워놓고 평가를 진행합니다.
6단계	유사도 검색	대교협이나 대학교 자체 지침 등에 의거하여 자기소개서, 추천서 등에 대해 표절이나 짜깁기 등의 유사도를 검색하고 지침 기준에 따라 처리합니다.
7단계	재평가	재평가 기준에 해당되는 지원자에 대해 대학교 내 재평가 처리 지침에 따라 재평가를 실시하고 성적을 다시 산정합니다.
8단계	인원 선발	단계별(2~3단계) 또는 일괄 합산 방식으로 선발합니다. 단계별은 대학교별로 1단계 배수에 맞게 인원을 조정하여 2~5배수를 선발합니다. 일괄 합산은 실제 뽑을 인원만큼을 선발합니다.

❸ 서류 평가 화면 설명

① 온라인 서류 종합 평가 시스템의 구성

온라인 서류 종합 평가 시스템은 연세대학교가 모 입시 회사를 통해 설계하고 구안한 내용을 바탕으로 상당수의 대학에서 기본 포맷으로 활용하거나 대학에 맞게 일부를 수정하여 사용하고 있습니다. 그래서 많은 대학의 서류 평가 종합 시스템의 기본 항목과 구조가 비슷합니다.

서류 종합 평가 시스템의 메인 화면은 크게 '1. 평가 대상자 목록, 2. 전형 자료(학생부, 자기소개서, 추천서, 학교 프로파일 등), 3. 평가 Sheet'로 구분될 수 있습니다.

② 평가 대상자 목록 화면

평가 대상자 목록은 입학사정관이 모집 단위별로 평가한 수험자의 성명과 평가 요소에 대한 점수가 전체적으로 보여지며, 평가한 수험자와 평가할 수험자의 상태는 활성화와 비활성화 상태로 구분이 됩니다.

③ 전형 자료(학생부, 자기소개서, 추천서, 학교 프로파일 등) 화면

지원자에 관한 모든 자료를 한눈에 파악할 수 있을 뿐만 아니라 동일한 학교에서 몇 명이 지원했는지도 알 수 있습니다. 이러한 동일 학교 지원자를 대상으로 그 내용을 비교 평가하기도 합니다.

- 학생부(교과) 항목을 클릭하면 과목별 내신 등급이 표시됩니다. 해당 과목을 클릭하면 학년별 원점수와 평균 점수, 평균 편차, 학생 수 등에 관한 정보를 한눈에 파악할 수 있고, 이러한 내용은 성적 추이를 파악할 수 있도록 그래프로도 제공됩니다.
- 학생부(비교과) 항목을 클릭하면 비교과 활동에 관한 내용을 확인할 수 있습니다. 봉사 시간 및 실적, 독서 활동, 수상 내역, 창체 활동 등을 볼 수 있습니다. 각 대학별로 학업 역량, 자기 주도성 및 도전 정신, 전공 적합성, 인성, 발전 가능성(잠재력)이라는 평가 요소에 따라 전형 평가를 실시합니다.

④ 평가 Sheet(서류 평가 시스템 화면은 각 대학별로 차이를 보임)

- 평가 Sheet에는 평가 항목별로 7점 또는 5점 척도에 맞게 각 공란에 체크를 통해 점수를 기재하고, 서류상 의심스러운 부분이 있으면 서류 내용 검증이나 면접 시 확인할 수 있게 '면접 시 확인 사항' 또는 '메모'란에 해당 내용을 체크합니다. 그리고 나서 추후 서류 평가 결과에 대한 내용 전달을 통해 면접자는 표기된 내용을 질의하고 그 결과를 평가에 반영합니다. 또한 대학에 따라서는 서류 평가 시스템 화면을 통해 자기소개서 유사도 검색을 하고 있습니다.

- 자기소개서 유사도 검색 결과 별도의 공간에 최대 유사도가 표시됩니다. 하단 왼쪽은 자기소개서 원문 내용이고 오른쪽은 유사도 시스템에 걸린다는 내용이 표시됩니다. 사용 편의를 위해 유사도 검색 시스템에 맞게 위험 수준은 빨간색, 의심 수준은 노란색, 유의 수준은 파란색으로 표시됩니다.

- 유사도 검색은 입학사정관 전형이 도입된 과거 5년간 인터넷 포털 사이트의 내용을 그대로 옮겨 적거나 학교나 학원, 교회 선배나 동기의 자기소개서를 그대로 사용하는 경우, 교사가 다른 학생의 내용을 그대로 붙여넣기한 경우 등 폭넓고 광범위한 사례를 모두 검색하여 표시합니다.

서류 평가 및 영역별 세부 평가 요소

① 5개의 서류 평가 영역[2]

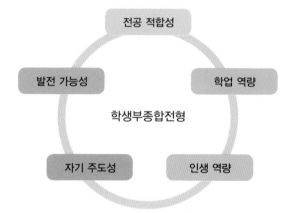

- **학업 역량**은 주로 정량적 평가가 이뤄집니다. 학업 역량을 확인하기 위해서 자기소개서 1번, 추천서 1번, 학생부 8번 등을 주로 봅니다. 대학에 따라 고교별 '국가학업성취도 비율'(**예** 전국 상위/하위 100개교)을 통해 그 학교에 소속된 학생들의 성취 비율을 바탕으로 가산점과 감점을 줄 수 있습니다.

---

2) 대학에 따라 자기 주도성을 전공 적합성이나 인성 역량으로 포함시키는 경우가 있습니다. 이럴 경우 5개 영역이 아니라 4개 영역이 됩니다. 또한 전형 적합성은 대학에 따라 별도 평가 영역으로 보지 않는 경우도 있습니다.

또한 전공별로 주요 과목의 성적 추이(⑩ 1.5등급 상승/ 2등급 하락)를 통해 가산점과 감점을 줄 수 있습니다.

- **전공 적합성**은 정성 평가 위주로 이뤄집니다. 전공 적합성을 확인하기 위해서 자기소개서 2번, 추천서 1번, 학생부 4, 6, 7, 8, 9번 등을 주로 봅니다. 대학에 따라 전공 관련 수상 실적을 정량적(⑩ 7개 이상)으로 평가하여 가산점을 줄 수 있습니다. 또한 독서 활동을 한 책 목록을 보고 다른 지원자에 비해 현저히 적을 경우(⑩ 전체 1권) 감점을 줄 수 있습니다.

- **인성 역량**은 정성 평가 위주로 이뤄집니다. 인성 역량을 확인하기 위해서 자기소개서 3번, 추천서 2번, 학생부 3, 4, 7, 10번 등을 주로 볼 수 있습니다. 대학에 따라 무단(미인정) 사항(지각, 결과, 결석)에 대해서 감점을 줄 수 있고, 봉사 시간이 다른 학생에 비해 현저히 많을 경우(⑩ 200시간 이상)나 봉사상이 일정 개수(⑩ 3개 이상)를 충족하면 가산점을 줄 수도 있습니다. 또한 '학폭' 사항이 있으면 입학전형위원회를 소집하고 그 심의 결과에 의해 감점을 받을 수 있습니다. 성실성을 평가하기 위해 주요 과목이 아닌 기타 과목 성적이 8등급이나 9등급일 경우 감점을 할 수 있습니다. 같은 맥락으로 예체능 과목 성적이 미흡이나 D 또는 E일 경우 감점을 받을 수 있습니다.

- **자기 주도성**은 정성 평가 위주로 이뤄집니다. 자기 주도성을 확인하기 위해서 자기소개서 1, 2번, 추천서 1번, 학생부 4, 5, 7, 8, 10번 등을 주로 봅니다. 대학에 따라 리더십 사상에 대해 가산점을 줄 수 있습니다. 예컨대, 전교 회장이나 부회장을 했거나 학급 반장이나 부반장을 2회 이상 했거나, 2학년 때 동아리 장을 했거나, 기숙사 장 등을 했을 경우에 그럴 수 있습니다.

- **발전 가능성**은 총합 평가 성격이라고 할 수 있습니다. 발전 가능성을 확인하기 위해서 자기소개서 4번, 추천서 1, 3번, 학생부 4, 7, 8, 9, 10번 등을 주로 볼 수 있습니다. 대학에 따라 전공 교과 성적이 일정 등급(예 1.5등급 이상)을 충족했을 경우 가산점을 줄 수 있습니다.

• **전형 적합성**은 정부의 권고 또는 지침에 의해 실시하는 대학이 있습니다. 전형 적합성은 정량적 평가가 주로 이뤄집니다. 전형 적합성을 주로 확인하는 전형은 농어촌전형과 특성화고교 졸업자전형 등이 있습니다.

대학에 따라 **농어촌전형**에서는 해당 지역의 실질적인 농어촌 인구 비율에 따라 배점을 하거나 가산점 또는 감점을 할 수 있습니다. 또한 **특성화고교졸업자전형**에서는 전문 교과 30단위 미만자는 감점을 할 수 있습니다. 대학에 따라 다를 수 있으니 모집 요강을 반드시 확인하시기 바랍니다.

구분 / 학생부	학업 역량	전공 적합성	발전 가능성	인성 역량	자기 주도성
인적 사항	–	–	●	●	●
학적 사항	▲	–	▲	–	–
출결 상황	–	▲(교대)	●	●	●
수상 경력	▲	◎	●	●	●
자격증 및 인증 취득	–	●	▲	–	◎
진로 희망 사항	–	◎	▲	–	●
창의적 체험 활동(자율)	–	▲	●	●	●
창의적 체험 활동(동아리)	–	◎	●	▲	◎
창의적 체험 활동(봉사)	–	▲	▲	◎	▲
창의적 체험 활동(진로)	–	◎	▲	–	●
교과 성적	◎	▲	●	▲	–
세특	◎	◎	●	▲	●
독서 활동 상황	–	●	▲	–	◎
행동 특성 및 종합 의견	▲	●	◎	◎	●

◎ 관련성 매우 높음 / ● 관련성 높음 / ▲ 관련성 보통 / – 해당 없음

① **학업 역량 영역:** 정성 평가보다 정량 평가하는 경향이 강한 영역입니다. 자기소개서(자기소개서) 1번과 밀접한 관련이 있습니다. 학교생활기록부에서는 '8. 교과학습 발달 상황'에서 교과 성적과 '세특'과 관련성이 높고, 학적 사항, 수상 경력, '행종'과도 관련성이 있습니다.

② **전공 적합성 영역:** 주로 정성 평가를 실시합니다. 자기소개서 2번과 밀접한 관련이 있습니다. 학교생활기록부에서는 '4. 수상 경력, 6. 진로 희망 사항, 7. 창의적 체험 활동 상황, 동아리 및 진로 활동, 8. 교과 학습 발달 상황'에서의 세특과 관련성이 매우 높습니다. 또한 '5. 자격증 및 인증 취득 상황, 9. 독서 활동 상황, 10. 행동 특성 및 종합 의견'과도 관련성이 높습니다.

③ **발전 가능성 영역:** 종합 평가의 성격이 강한 영역입니다. 즉 다른 영역에서 평가를 했지만 정량이나 정성적인 측면에서 평가하기 어려운 미세한 부분을 참고하여 전체적으로 평가하는 영역이라고 할 수 있습니다. 자기소개서 1, 2, 4번과 밀접한 관련이 있습니다. 학교생활기록부에서는 '10. 행동 특성 및 종합 의견'과 관련성이 매우 높습니다.

④ **인성 영역:** 주로 정성 평가를 합니다. 자기소개서 3번과 밀접한 관련이 있습니다. 학교생활기록부에서는 '7. 창의적 체험 활동의 봉사 활동, 10. 행동 특성 및 종합 의견'과 관련성이 매우 높습니다.

⑤ **자기 주도성 영역:** 주로 정성 평가를 실시합니다. 자기소개서 1, 2, 4번과 밀접한 관련이 있습니다. 학교생활기록부에서는 '5. 자격증 및 인증 취득 상황, 7. 창의적 체험 활동의 동아리 활동, 9. 독서 활동 상황'과 관련성이 높습니다.

❷ 서류 평가표

5개 평가 영역 서류 평가 점수의 만점을 100점으로 하고, 한 영역 당 20점이 만점이라고 가정했을 경우 (예시)

배점 \ 영역	①	②	③	④	⑤	비고
전공 적합성				√		
학업 역량			√			
인성 역량				√		
자기 주도성				√		
발전 가능성				√		
합계	76점					

예시된 지원자의 경우 전공 적합성이 16점 + 학업 역량이 12점 + 인성 역량이 16점 + 자기 주도성이 16점 + 발전 가능성이 16점으로 모두 합쳐서 76점을 획득합니다.

❸ 5개 평가 영역별 세부 평가 요소

학업 역량	전공 적합성	발전 가능성	인성	자기 주도성
학업 성취도	적성과 소질	역경 극복	성실성	진로 탐색 노력
학업 태도와 학업 의지	지적 호기심	글로벌 소양	나눔, 배려 실천	도전 정신
주도적 학습 능력	탐구 능력	민주 시민성	갈등 관리 능력	창의성
학습 계획력	전공에 대한 관심과 이해도	세계 시민성	팀워크와 협력	문제 해결 능력
성적 유지력	전공 관련 교과목 이수	몰입도	리더십	경험의 다양성
조절 관리력	전공 관련 활동 노력	경험의 확장성	도덕성과 품성	자아 효능감
융복합 능력	–	조직의 구성	대인관계와 의사소통 능력	자아 성취감
–	–	자신감	생명 사랑	자기 안정감
–	–	메타 인지	효와 예절	–

① 학업 역량 영역

학업 역량은 학업 성취도, 학업 태도와 학업 의지, 주도적 학습 능력, 학습 계획력, 성적 유지력, 조절 관리력 등으로 구분할 수 있습니다.

학업 역량은 학업적 성취도, 즉 성적과 지적 성취 즉, 지적 호기심 충족을 위한 탐구심, 학업적 성취와 지적 성취를 지속하기 위한 태도가 융합되어 발현되는 역량입니다. 단순한 성적 결과를 기술하는 것이 아니라

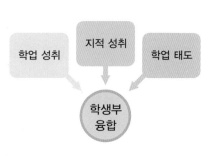

학업적이고 지적 성취를 위한 어려움 극복 방법, 본인만의 학습 방법 등이 구체적으로 기록된다면 좋은 평가를 받을 수 있습니다.

주요 용어 정리

- **학업 성취도:** 교사, 교육 기관, 교육부에서 교육적인 목표를 성취하기 위한 교육의 결과입니다. 학업 성취도는 일반적으로 시험이나 계속 평가(continuous assessment)인 수행 평가, 관찰 등을 통해 측정합니다.
- **(자기) 주도적 학습 능력:** 학습자 스스로가 학습의 참여 여부에서부터 목표 설정 및 학습 목표 달성을 위한 학습 계획의 수립, 교육 프로그램의 선정과 학습 계획에 따른 학습 실행, 교육 평가에 이르기까지 교육의 전 과정을 자발적 의사에 따라 선택·결정하고 조절과 통제를 행하게 되는 학습 형태입니다. 학습자는 이러한 학습의 전 과정을 독자적으로 수행할 수도 있고 타인의 도움을 받아 수행할 수도 있습니다.

② 전공 적합성 영역

　전공 적합성 영역은 적성과 소질, 지적 호기심, 탐구 능력, 전공에 대한 관심 및 이해도, 전공 관련 활동 노력 등으로 구분할 수 있습니다.

　전공 적합성은 진로 탐색을 통한 적성과 소질을 바탕으로 한 진로의 명확성을 전제로 하여 지원 동기가 드러나야 합니다.

　관련 교과에서는 전공 관련 학업적 노력, 지적 호기심, 전공에 대한 관심 등이 구체적으로 드러나야 하고, 관련 활동에서는 전공과 관련된 동아리, 진로 활동 등이 구체적으로 드러나야 합니다. 마지막으로 관련 독서에서는 전공에 맞게 기본적인 도서부터 심화되는 도서까지의 활동 내역이 구체적으로 드러나야 합니다. 이러한 모든 활동은 일회성이 아닌 지속적이고 꾸준한 모습이 바탕이 되어야 합니다.

주요 용어 정리

- **적성(適性):** 개인이 어떠한 일을 하는데 필요한 지식이나 기능을 얼마나 쉽게 익히고, 주어진 일을 얼마나 잘 해결할 수 있는가에 대한 잠재적 능력이나 소질을 말합니다. 적성은 선천적으로 타고나기도 하지만 학습, 훈련, 경험 등을 통하여 개발될 수 있습니다.
- **지적 호기심:** 본인 관심 분야의 존재나 이유에 대해 궁금해 하고, 알려고 하며, 숙고하는 태도나 성향 또는 항상 생동감 있게 주변의 사물에 대해 의문을 갖고 끊임없이 질문을 제기하는 태도나 성향을 말합니다.
- **탐구(探究, inquiry):** 지식을 논리적으로 증명하는 것, 의문이 나는 개념을 밝혀 해소하는 것, 내지는 문제 해결을 목적으로 한 사고 과정이라고 할 수 있습니다. 그리고 이러한 탐구를 할 수 있는 능력을 탐구 능력이라고 할 수 있습니다.

③ 발전 가능성 영역

발전 가능성 영역은 역경 극복, 글로벌(Global) 소양, 민주 시민성, 세계 시민성, 몰입도, 경험의 확장성, 조직의 구성, 자신감 등으로 구분할 수 있습니다.

발전 가능성은 앞선 학업 역량, 전공 적합성, 인성 역량 등에서 평가하지 못한 사각지대나 미세한 부분을 포함하여 종합적으로 평가하는 총합 평가의 성격이 강합니다. 또한 발전 가능성은 타당도 측면에서 보면 '예측(예언) 타당도'의 성격이 강한 영역입니다.

발전 가능성은 현재 파악할 수 있는 학생의 역량을 바탕으로 미래에서의 긍정적 변화와 성장을 기대하는 역량입니다. 따라서 지원자는 본인이 현재 갖춘 역량의 모습들(수상, 창체 활동, 학업, 세특, 독서 등)과 자기 효능감을 구체적 경험을 바탕으로 제시하고 장래의 학업이나 진로 계획을 구체적으로 제시할 필요가 있습니다.

주요 용어 정리

- **글로벌(Global) 소양:** 다양한 언어 사용에 대한 기본적인 잠재력을 바탕으로 글로벌 인적 네트워킹 구축에 관심이 있고 향후 계발할 수 있는 능력을 의미합니다. 또한 다문화 이해력과 감수성 증진 능력이 바탕이 된 것을 의미합니다.
- **세계 시민성:** 모든 살아 있는 것에 대한 생명을 소중히 하고, 자연 환경에 대한 관심과 실천 등 인간의 보편적 철학과 정의에 대해 이해하고 실천하는 마음가짐이라고 할 수 있습니다.
- **민주 시민성:** 자유에 대한 가치와 책임을 인식하고, 평등의 가치를 알며, 주인으로서의 권리와 의무를 적극적으로 실천하고 행동하는 마음가짐이라고 개념적인 정의를 할 수 있습니다.
- **경험의 확장성:** 본인의 관심 분야든 아니든 모든 활동과 경험 속에서 배우고 느끼는 과정을 통해 새로운 활동과 의미의 인식이 늘어나는 것이라고 할 수 있습니다.

④ 인성 역량 영역

인성 역량은 성실성, 나눔·배려·실천, 갈등 관리 능력, 팀워크와 협력, 리더십, 도덕성과 품성, 대인관계와 의사소통 능력, 생명 사랑, 효와 예절 등으로 구분할 수 있습니다.

인성 역량	성실성
	나눔·배려·실천
	갈등 관리 능력
	팀워크와 협력
	리더십
	대인관계의 의사소통 능력

인성 역량은 본인이 가진 환경(지역, 가족, 학교 등)에서의 어려움 극복, 배려, 나눔, 협력, 갈등 관리, 리더십 등이 구체적으로 드러나는 것을 바탕으로 평가하는 영역입니다. 이러한 경험과 활동은 일회성이 아니라 지속적이고 일관된 모습으로 진실과 진정성이 학생부와 자기소개서 글 속에서 잔뜩 묻어나야 합니다. 누구나 공감하는 특별한 환경이나 매우 고통스러운 어려움이 아니라 일상적인 생활과 평범함 속에서 드러나는 작은 사건이나 활동이 본인에게는 커다란 의미가 있을 수 있습니다. 그러한 경험을 통해 새롭게 알고 새롭게 느끼고 그것을 통해 변화하고 성장하는 모습과 활동 내용을 구체화 하는 것이 포인트입니다.

주요 용어 정리

- **나눔·배려·실천:** 나눔이란 본인이 가지고 있는 것중 소중한 것을 아까워하지 않고 기꺼이 나누는 것을 의미하고, 배려는 어려운 환경에 처한 사람을 도와주거나 정성스럽게 보살펴 주는 아름다운 마음을 의미하며, 실천은 이러한 나눔과 배려를 마음을 넘어 직접적으로 행동하는 것을 의미합니다.
- **갈등 관리:** 갈등이란 사전적으로는 개인이나 집단이 가지고 있는 두 가지 이상의 목표나 정서들이 충돌하는 현상을 의미합니다. 학교생활 중에서 욕심, 이기적인 마음, 친구나 부모님 또는 선생님과의 오해로 인해 감정적으로 충돌하는 것을 의미합니다. 이러한 갈등을 슬기롭게 해결하는 것을 갈등 관리 능력이라고 할 수 있습니다.
- **리더십:** 사전적으로 집단의 목표나 내부 구조의 유지를 위하여 성원(成員)이 자발적으로 집단 활동에 참여하여 이를 달성하도록 유도하는 능력을 의미합니다. 학생들은 학교 임원, 학급 임원, 동아리, 봉사 활동, 기숙사 생활 등에서 주로 발휘할 수 있습니다.

⑤ 자기 주도성 영역

자기 주도성 영역은 진로 탐색 노력, 도전 정신, 창의성, 문제 인지 및 해결 능력, 경험의 다양성, 자아 효능감, 자아 성취감 등으로 구분할 수 있습니다.

자기 주도성은 다른 사람 즉, 부모님, 교사 등이 아니라 본인의 각성과 정체성 확립으로 인해 학습과 모든 생활, 경험 속에서 스스로를 믿고 앞으로 나아가는 일련의 모든 모습과 태도입니다.

자기 주도성은 자아 효능감, 자아 성취감, 자아 존중감과 밀접하게 연관되어 있습니다. 자기가 어떤 도전이든지 능히 해낼 수 있다는 믿음, 자기가 성공적인 결과를 만들 수 있다는 마음과 보람, 스스로를 존귀하게 여기는 마음, 주변 사람으로부터의 인정과 칭찬 등이 자기 주도성을 강화시킵니다.

주요 용어 정리

- **창의성:** '새롭고, 독창적이고, 유용한 것을 만들어 내는 능력' 또는 '전통적인 사고 방식을 벗어나서 새로운 관계를 창출하거나, 비일상적인 아이디어를 산출하는 능력' 등 창의성의 개념은 매우 다양합니다.
- **문제 인지 및 해결 능력:** 4차 산업 혁명에서 중요하게 생각되는 개념으로, 어떤 상황에서 이것이 문제인지를 발견하는 능력이 더 중요하다는 의미입니다. 이렇게 문제 발견을 하고 적절하게 해결하는 것이 문제 해결 능력이라고 할 수 있습니다.
- **자아 효능감:** 자신이 어떤 일을 성공적으로 수행할 수 있는 능력이 있다고 믿는 기대와 신념을 뜻하는 심리학 용어입니다.

자기 주도성과 전공 적합성은 어떤 차이가 있는가?

자기 주도성	전공 적합성
동기 및 활동의 주도성, 일관성	전공에 대한 관심과 열정, 학업 적성

자기 주도성은 한마디로 말하면 '경험의 다양성'을 평가하는 항목입니다. 경험의 다양성 속에서 드러나는 열정, 몰입, 집중력이란 단어를 유추할 수 있으면 됩니다. 주로 고등학교 1학년 때 이런 모습이 나타나면 좋습니다.

자기 주도성은 '계열로 넓혀서 실행하는 활동'입니다. 여러 가지 활동을 다양하게 수행하고 그에 대한 기록·모습이 학생부 곳곳에 나타나면 좋습니다. 독서 활동이나 여타 교과나 교과 외 활동에서 교양을 축적하거나 융합의 모습이 나타나도 좋습니다.

전공 적합성은 말 그대로 전공에 대해서 '좁고 깊게 활동한 내용'을 평가하는 항목입니다. 주로 고등학교 2학년 때가 핵심적인 기간입니다. 물론, 전공 관련 교과목의 개설이 여의치 않거나 학교 환경상 전공과 딱 들어맞는 실험을 하거나, 교육 프로그램을 운영하지 못할 수도 있습니다. 그러나 그러한 환경에서도 전공에 적합하도록 최대한 노력하는 모습이 학생부 곳곳에 기록되어 있으면 됩니다.

입학사정관의 역할

❶ 입학사정관(ADMISSION OFFICER)은?

입학사정관의 정체성은 크게 5가지로 나눌 수 있습니다.

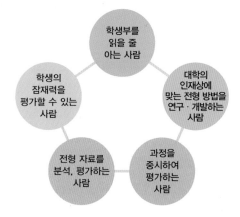

- 첫째, **학생부를 읽을 줄 아는 사람**입니다. 많은 경험과 훈련, 연구를 통해 학생부를 그 누구보다도 정밀하게 읽을 수 있는 사람입니다.
- 둘째, **대학의 인재상에 맞는 전형 방법을 연구 개발하는 사람**입니다. 모든 대학은 나름의 인재상을 가지고 있고. 이러한 인재상에 맞는 지원자를 선발하려고 합니다. 그러기 위해서는 그에 따른 전형을 설계하고 평가 항목과 요소를 구분해야 합니다.

- 셋째, **과정을 중시하여 평가하는 사람**입니다. 수능과 교과 전형은 대표적으로 결과를 중시하는 전형입니다. 반면에 학생부종합전형은 결과가 나오기 위한 과정을 중시하여 구체적인 경험, 변화, 후속 활동 등을 평가합니다.
- 넷째, **전형 자료를 분석, 평가하는 사람**입니다. 전형이 시작되는 9월이 되면 지원자가 제출한 학생부, 자기소개서, 추천서, 학교 프로파일 등 모든 전형 자료를 보고 서류 평가를 합니다.
- 다섯째, **학생의 잠재력을 평가할 수 있는 사람**입니다. 입학사정관은 지원자의 현재 역량뿐만 아니라 잠재력을 보고 전문성을 갖춘 정성 평가를 통해 학교를 빛낼 우수 인재를 선발합니다.

❷ 입학사정관이 중요하게 보는 평가 요소 순위

- 위의 자료를 보면 입학사정관은 **전공 관련 주요 교과 성적**을 가장 우선적으로 평가합니다. 중요도가 5.4로 가장 높습니다. 예컨대 대학에 따라 인문계는 국어, 영어, 수학, 사회를 자연계는 국어, 영어, 수학, 과학을 평가할 수 있습니다.
- **면접 점수**는 5.39로 중요도 2위를 차지했습니다. 서류인 학생부와 자기소개서는 학교의 상향화 등으로 인해 우수 인재를 선발하기 위한 변별력이 낮아졌습니다. 따라서 상대적으로 면접의 실질적 비중이 높아지는 추세입니다.
- **학생부 교과 활동**은 5.16으로 중요도 3위를 차지했습니다. 최근 '세특'의 중요성이 반영되어서 그러한 것으로 보입니다. 교과 활동은 '세특'에 주로 기록되기 때문입니다.
- **학생부 교과 외 활동**은 5.08로 중요도 4위를 차지했습니다. 교과 외 활동은 흔히 말하는 비교과 활동입니다. 교과 연계 활동이라고도 할 수 있습니다.

수상 실적, 창체, 독서 활동 등이 해당됩니다.

- **학생부 전 과목 교과 성적**은 4.85로 중요도 5위입니다. 전 과목 성적은 성실성을 반영한다는 의미가 됩니다. 주요 과목 외 다른 과목에서도 성실하게 수업을 받고 열심히 하는지를 평가합니다.

- **자기소개서 내용**은 4.73으로 중요도 6위입니다. 자기소개서는 학생부에 기재된 내용 중 본인이 의미를 부여하여 작성하는 것입니다. 그 의미 부여된 내용을 학생부에서 중점적으로 확인합니다.

- **교사 추천서 내용**은 4.12로 중요도 7위입니다. 교사 추천서는 학생부에 기록되지 않은 내용 중 교사가 진솔하게 하고 싶은 내용이 들어갑니다. 따라서 교사 추천서는 학생의 강점과 약점을 좀 더 정확히 알 수 있어 선발의 확신과 탈락자로서의 결격에 대한 근거를 확보하는 역할을 합니다.

- **고교 프로파일**은 4.02로 중요도 8위입니다. 고교 프로파일은 문서, 동영상, 파일 등으로 제출됩니다. 고교 프로파일을 통해 학교의 교육 과정, 교과 및 비교과 프로그램, 학교 세부 현황 등을 구체적으로 알 수 있어 평가에 도움이 됩니다.

❸ 입학사정관의 종류

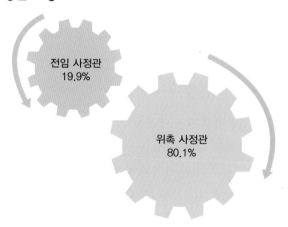

대학 입학사정관 비율을 살펴보면(출처: 국회의원 자료, 2016년 기준), 전체 입학사정관 3,865명 중에서 전임 입학사정관은 767명으로 19.9%를 나타

냈고, 위촉 입학사정관은 3,098명 80.1%로 훨씬 더 많은 것으로 나타났습니다.

전임 사정관은 채용 사정관과 전환 사정관, 교수 사정관으로 구분하고, 위촉 사정관은 교내와 교내외 위촉 사정관으로 구분합니다.

아래에서 각 사정관에 대하여 좀 더 자세히 살펴보겠습니다.

- **채용 사정관:** 대학에서 공개 채용을 통해 선발되는 사람입니다. 채용 사정관은 정규직, 무기 계약직, 비정규직 등으로 신분이 다양합니다. 비정규직은 주로 2년 주기로 다른 대학으로 이직하는 경우가 많습니다.
- **전환 사정관:** 일반 행정직 직원을 교육과 훈련, 연수를 통해 전문 역량을 키워 입학사정관으로 직을 변경한 사람을 의미합니다. 따라서 전환 사정관은 대부분 정규직입니다.
- **교수 사정관:** 학교의 교수 중에서 전임으로 일할 교수 소수를 선발하여 훈련, 교육, 연수를 통해 사정관의 업무를 하는 사람입니다. 주로 젊은 조교수 급이 많습니다. 전임이기는 하나 업무가 상대적으로 제한되어 있거나 주로 관리 업무(예 입학사정관 실장 등)를 맡는 경우가 많습니다.
- **교내 위촉 사정관**은 주로 학내에 있는 교수로 대표적 업무는 서류 평가, 면접 평가 등입니다.
- **교외 위촉 사정관**은 전직 교원이나 사회에서 한 분야의 전문가 등이 주로 위촉됩니다. 주요 업무는 입학 업무의 자문 역할입니다.

④ 입학사정관 채용 조건 및 우대 사항

채용 사정관의 일반적인 채용 조건을 살펴보면, 크게 8가지로 나눌 수 있습니다(학교 여건에 따라 다를 수 있음).

① 고교 교육 기여 대학 지원 사업 수행 및 선진형 대입 전형 제도 연구
② 종합적인 인재 평가가 가능한 평가 준거 및 방법 개발
③ 학생 선발 및 추수 지도(입학생, 재학생)
④ 입학 관련 각종 통계 및 데이터 분석
⑤ 자유 학기(년), 고교 연계 프로그램 기획 및 운영

⑥ 신입생 모집과 관련된 홍보, 설명회, 상담, 고교 연계 사업

⑦ 각종 입학 관련 위원회 및 협의회 참석

⑧ 기타 입시 업무와 관련되어 부여되는 제반 업무(편입, 실기 시험 감독 등)입니다.

채용 사정관의 자격 요건 및 우대 사항에 대해 살펴보겠습니다(학교마다 다를 수 있음).

자격 요건	우대 사항
• 학사 학위 이상 소지자 • 대한민국 국적 소지자(외국인 아닌 자) • 남자의 경우 군필자 또는 면제자 • 운전면허 소지자(운전 가능한 자)	• 석사 학위 이상 소지자 • 입학사정관 경력 1년 이상인 자 • 교육학, 상담학, 통계학 전공자 • 입학사정관 전문 훈련 및 양성 과정 이수자 • 중등 교직 경력자 및 입시 업무 유경험자 • 홍보 및 상담 업무 경력자 • 컴퓨터(한글, 엑셀, 파워포인트 등) 활용 가능자

- 자격 요건을 살펴보면, 예전의 입학사정관 전형에서는 석사 학위 이상을 많이 뽑았지만 요즘은 학사 학위 이상 소지자를 많이 뽑습니다. 그만큼 시스템이 안정되어 있다는 방증이기도 합니다. 한편, 홍보 강화와 충성심을 높이기 위해 모교 졸업생을 뽑는 경우가 많아졌습니다.
- 운전면허 소지자를 뽑는 이유는 입시 홍보, 전국 고교 모니터링 및 정보 수집, 박람회, 설명회, 진로·진학 상담 등을 위해 출장 갈 일이 많기 때문입니다.
- 우대 사항을 살펴보면, 석사 학위 이상자를 우선 뽑습니다. 대학은 입학생 대상 종단 연구, 사교육 영향 평가 연구, 선행 학습 영향 평가 연구 등을 합니다. 이를 위해 연구 역량이 있는 사람을 선호합니다. 그래서 필수 자격 조건이 학사가 아니라 석사 학위 이상 소지자인 대학의 경우도 있습니다.
- 우대 사항으로 경력자를 넣은 것은 어찌 보면 당연한 것입니다.
- 전공자는 교육학, 상담학, 통계학 전공자를 선호합니다. 교육학은 교육 관련 일이기 때문이고, 상담학은 진로·진학 관련 상담을 많이 하기 때문입니다.

통계학은 각종 입시 통계를 추출하고 분석하는 데 유리하기 때문입니다.

- 우대 사항으로 입학사정관 전문 훈련 과정 및 양성 과정 이수자를 넣은 이유는 입학 사정이 많은 훈련과 연수를 통해 전문 역량을 키워야 하기 때문입니다.
- 중등 교직 경력자 및 입시 업무 유경험자도 우대 사항입니다. 중등 교직 경력자는 은퇴한 교원을 말하고 입시 업무 유경험자는 입학팀 등에서 임시직으로 일했던 경험이 도움이 되기 때문입니다.
- 컴퓨터 활용(한글, 엑셀, 파워포인트 등) 가능자도 우대 사항입니다. 모든 업무는 컴퓨터를 활용해서 하는 경우가 많기 때문에 능력이 뛰어난 사람이 유리합니다.

❺ 입학사정관의 4가지 역할

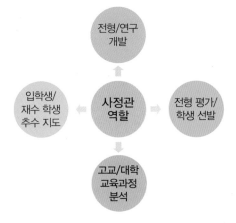

입학사정관의 역할은 4가지로 규정할 수 있습니다.

- 전형/연구 개발은 대학의 인재상에 맞는 우수 인재를 선발하기 위해 전형 관련 다양한 연구, 통계 분석 등을 하고 이를 통해 새롭게 전형을 설계하여 맞춤형 전형을 개발하는 업무입니다.
- 전형 평가/학생 선발은 학생들이 제출한 학생부, 자기소개서, 추천서를 바탕으로 서류 평가를 실시하고, 1단계 합격자를 대상으로 면접 평가를 실시하여 우수 인재를 선발하는 일입니다.

- 고교/대학 교육과정 분석은 각 고교별로 다르게 진행되는 교육 과정에 대해 분석하고 대학 전공별 교육 과정을 분석하여 전형의 수정, 고교 연계 프로그램에 연계하는 데에 활용됩니다.
- 입학생/재학생 추수 지도는 학생들의 학업 역량, 정서 역량 강화 프로그램 지원, 학교 생활 적응 지원 등을 위해 계속적으로 관심을 가지고 관리하는 일입니다.

⑥ 평가 기준 도출의 관점에서의 입학사정관의 역할

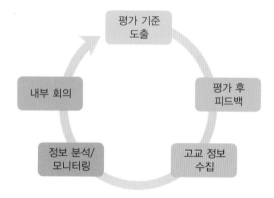

평가 기준 도출을 위해 입학사정관은,

- 첫째, **고교 정보를 수집**합니다. 교육과정, 교육 프로그램, 교사의 현황, 학교의 현황, 경시대회 등 교내 수상 내용 등을 수집합니다.
- 둘째, 수집한 **개별 정보를 분석**합니다. 또한 지속적으로 구역을 나누어서 전국의 학교를 방문합니다. 이를 통해 찾아가는 진로 · 진학 상담 활동이 이루어집니다. 그리고 재능있는 학생을 발굴하고 지속적으로 모니터링 하는 작업도 이루어집니다.
- 셋째, 이를 통해 **전형을 설계하고 개발**합니다. 전형을 통해 학생의 선발에 반영됩니다. 교사에 대한 평가, 추천서에도 반영됩니다.
- 넷째, 내부 입학사정관 심의 회의를 통해 **최적의 평가 기준을 도출**합니다.
- 마지막으로 **평가 후 피드백**이 이루어집니다. 이러한 피드백을 통해 전형의 수정, 전 과정별로 DB 구축이 진행됩니다.

❼ 입학사정관 1인당 서류 심사 학생 수

〈입학사정관 1인당 심사 대상 학생 수〉

서울대 572명		고려대 173명	연세대 223명
서강대 501명	성균관대 493명	한양대 687명	이화여대 292명
중앙대 431명	경희대 465명	외대 292명	시립대 358명

- 입학사정관의 1인당 서류 평가를 하는 심사 대상 학생 수는 국회의원 관련 자료에 따르면 한양대가 687명으로 가장 많았습니다. 서울대도 572명으로 많은 편에 속했고, 서강대도 501명으로 적지 않았습니다.
- 위의 표에 없는 대학을 살펴보면, 건대는 244명, 단국대는 252명, 홍익대는 317명, 숙대는 228명으로 나타났습니다. 생각보다 입학사정관 1인당 서류 심사 학생 수는 많습니다. 따라서 상당한 집중력과 체력을 요구하고 있으며, 빠르고 정확한 판단력이 필요합니다. 1인당 평가 시간은 평균 15분 내외입니다.
- 입학사정관은 평가 관점과 전문성을 통해 '핵심 키워드'를 중심으로 모든 서류를 빠르게 살펴보고 사정합니다.

❽ 전형 시기별 역할 구분

이번에는 전형 시기별로 역할을 구분해 보겠습니다. 보통 9월경에 원서 접수를 진행하기 때문에 전형 기간은 9월부터 입학 업무가 마무리되는 2월 말까지입니다.

전형 전	전형 홍보(상담), 프로그램 운영, 전형 설계 및 계발
전형 중	서류 평가, 면접 평가
전형 후	전형 평가 결과 분석, 추수 지도

- 전형 전에는 전형 홍보를 하거나 자유학기(년)제나 고교 연계 프로그램 운영을 주로 합니다. 또한 기존 전형을 수정하거나 새로운 전형을 개발하기도 합니다.
- 전형 중에는 지원자가 제출한 서류를 바탕으로 서류 평가를 실시하고, 면접 평가를 위해 서류 평가 요약서 등을 작성합니다. 그리고 이를 바탕으로 면접 평가를 합니다. 주로 서류 확인 질문을 많이 합니다.
- 각종 입학 전형위원회에 참여합니다. 다만, 대학의 인재상, 정책, 여건과 환경, 전형의 특성(일반, 특별, 특기자, 약대 등)에 따라 전형의 일부 과정에만 참여할 수 있고 전체 전형에 참여하기도 합니다. 입학사정관 심의위원회 참여도 그렇습니다.
- 전형 후에는 전형 결과를 각 변수에 맞게 분석하고 종단 연구, 선행 학습 영향 평가 연구 등을 합니다. 또한 입학생과 재학생을 대상으로 추수 지도를 합니다.

학생부종합전형의 특별한 4가지 종류

① 학생부융합전형 = 학생부교과전형 + 학생부종합전형

- 학생부융합전형이라는 명칭은 필자가 임의로 붙인 것입니다. 일반적으로 학교생활우수자전형이라는 명칭으로 많이 사용되고 있습니다. 그러나 학교생활우수자전형이라는 명칭이 전형 요소나 내용에 대해 오해를 불러일으키고 애매모호함을 가중시킬 수 있어 학생부융합전형이라는 명칭을 사용했습니다.

- 학생부융합전형은 한 마디로 학생부 교과와 종합을 섞어놓은 '짬뽕(혼합)전형'입니다. 학생부융합전형은 순수한 학생부종합전형이 아니라 기존의 학생부교과전형과 학생부종합전형의 평가 요소를 적절하게 혼합하여 중간 지대(내신이 좋은 것도 아니고 비교과 활동이 많은 것도 아닌 학생층) 학생을 겨냥한 것으로, 대학의 경쟁률(지원율)을 높이고자 마련한 전형입니다.

- 학생부종합전형과 학생부융합전형의 차이점을 살펴보겠습니다.

〈학생부종합전형 VS 학생부융합전형의 차이〉

구분	학생부종합전형	학생부융합전형
평가 방식	정량 평가 〈 정성 평가	정량 평가 〉 정성 평가
자기소개서 역할	평가의 주요소	참고 자료
면접 방식	주로 심층 면접	주로 인성 면접
평균 경쟁률	10 : 1 내외	5 : 1 내외

- **평가 방식:** 학생부종합전형은 정성 평가 비중이 정량 평가보다 큰 반면에 학생부융합전형은 정량 평가 비중이 정성 평가보다 큽니다. 순하게 말하면 교과 성적을 많이 반영한다는 것입니다.
- **자기소개서의 역할:** 학생부종합전형에서는 자기소개서가 평가의 주요소 역할을 하지만, 학생부융합전형에서는 평가의 부가적 요소로 참고하는 수준입니다.
- **면접 방식:** 학생부종합전형이 전공 적합성 위주의 심층 면접임에 반해, 학생부융합전형은 사실 확인 등의 인성 면접 위주입니다.

학생부융합전형의 요소는 다음의 3가지 형태가 대표적입니다.

> ① 교과 + 비교과 서류 (학교생활기록부 또는 자기소개서)
> ② 교과 + 면접 (예 2017학년도 한양대, 동국대, 이화여대)
> ③ 교과 + 비교과 서류(학교생활기록부 또는 자기소개서) + 면접

• 위의 세 가지 형태 모두 교과의 성적 비율이 나머지 비율보다 높은 것이 특징입니다.
  - 「교과 + 비교과」 형태의 경우, 「교과 성적(내신 등급) + 비교과 서류」만을 서류 평가에 반영합니다. 교과 성적은 학생부교과전형에서 활용하는 내신 성적 반영 방법(주로 모집 요강 후반에 별도로 기술되어 있음)을 활용합니다.
  - 비교과 서류 평가를 보면, 학생부융합전형은 주로 정량적인 서류 평가가 이루어집니다.(물론 정성적 평가도 병행하여 진행함)
  - 비교과 서류에 대한 분석적 평가 해당 항목으로는
    ① 출결 사항의 무단(미인정) 결석 및 학교 폭력 여부(감점 가능)
    ② 봉사 시간의 많고 적음(가감 가능)
    ③ 수상 개수(가감 가능)
    ④ 전교 임원이나 학급 임원 여부(가점 가능)
    ⑤ 독서 권수(가감 가능)

⑥ 자격증 유무(가점 가능)

　　⑦ 동아리 활동의 일관성

　　⑧ '세특', '행종' 등이 해당됩니다.

- 학생부융합전형의 교과는 순수 학생부교과전형처럼 내신 등급을 중요시하며, 학생부종합전형과는 달리 내신 외의 나머지 정성적인 항목은 최소화합니다.

- 학생부융합전형에 해당하는 전형으로는 국민대의 학교생활기록부우수자전형(교과 70+서류 30), 건국대의 KU학교장추천전형(교과 60+비교과 40), 경희대의 고교대학연계전형(교과 60+서류 40), 가톨릭대의 학생부우수자전형(교과 70+비교과 30), 아주대의 학교생활우수자전형(교과 80+비교과 20) 등이 있습니다. 세부적인 내용은 해당 대학교의 모집 요강을 참고하시기 바랍니다.

❷ 농어촌전형 – 특별 전형

- 농어촌전형은 특별한 자격 조건을 충족해야 지원할 수 있는 특별 전형 중의 하나입니다. 농어촌전형에 지원할 수 있는 자격 조건은 지방 자치법 제3조에 의한 읍면 지역 또는 도서 벽지, 교육 진흥법 시행 규칙 제2조에 의한 지역의 중고교를 졸업(예정)한 자로서 부모 및 학생 모두 6년간 농어촌에 거주하거나, 학생 본인(부모 상관없음)이 12년간 농어촌 지역에 거주하며 농어촌 초중고교를 졸업(예정)한 자를 기준으로 합니다. 단, 대학교에 따라 위의 모집 요건 중 1개만 선택하거나 2개 모두를 선택하는 등 다를 수 있으니 반드시 해당 대학교의 모집 요강을 참조해야 합니다.

- 농어촌전형의 본래 취지는 순수 농어촌 지역 학생의 대학교 입학률을 높이려는 데 있으며, 대학육협의회의 별도 지침에 따라 각 대학교들은 농산어촌 특별 전형의 취지에 맞게 '전형(취지) 적합성'(명칭은 대학교마다 다를 수 있음)을 평가의 별도 항목으로 신설하여 전체 평가에 적극적으로 반영하고 있습니다.

- '전형 적합성'의 반영은 대학교마다 다르지만 일반적으로 농산어촌의 직업

비율을 보고 평가 영역 중 '전형 적합성 항목'에 점수를 부여하는 형태를 띱니다.

- 배점은 교육부와 유관 통계 기관에서 제공하는 농산어촌 순수 직업 종사 인구 비율을 참고하여 각 대학교의 입학(사정관)평가전형위원회 등에서 별도로 규정한 내부 기준에 따릅니다. 강원도 태백시 등은 『도서 · 벽지법』을 활용한 별도의 배점 기준(대학교마다 다를 수 있음)을 통해 배점할 수 있습니다.

- 농어촌전형 적합성은 농산어촌 순수 직업 종사 인구 비율 자료를 활용하여 단계별로 그 점수를 정량적으로 평가합니다. 따라서 실제로 농림어업에 종사하는 인구가 적은 무늬만(형식만) 농어촌인 지역은 '전형 적합성' 항목에서 적은 점수를 받아 전체 평가에서 불이익을 받을 수 있습니다. 경기도는 남양주시 · 파주시 · 화성시 · 김포시, 충남은 계룡시 · 아산시, 경남은 창원시 · 김해시 · 양산, 광역시는 대구광역시 · 부산광역시 등이 그렇습니다.

  실례를 들어보겠습니다. 경기도 남양주시 와부읍과 퇴계원면 등지는 근처에 전철(덕소역, 퇴계원역 등)이 지나고, 농업에 종사하는 순수한 인구 비율은 5%도 되지 않습니다. 경기도 파주시 교하동과 운정동도 마찬가지입니다. 근처에 전철(경의선 운정역, 3호선 대화역)이 다니고, 농업에 종사하는 순수 인구비율은 4% 미만입니다. 배점을 예로 들면, 5점 척도의 '전형 적합성' 항목에서 파주시 교하동은 1점을 얻지만, 농업 인구 비율이 높은 전북 고창군 신림면은 만점인 5점을 얻을 수 있습니다.

<table>
<tr><th colspan="2">㉾ 파주시 교하동</th><th></th><th></th><th></th><th></th></tr>
<tr><td rowspan="2">영역</td><td>1</td><td>2</td><td>3</td><td>4</td><td>5</td></tr>
<tr><td colspan="5">배점</td></tr>
<tr><td>전형 적합성</td><td>√</td><td></td><td></td><td></td><td></td></tr>
</table>

영역 \ 배점	1	2	3	4	5
전형 적합성	√				

영역 \ 배점	1	2	3	4	5
전형 적합성					√

- 농어촌전형이 특별 전형이라고 해서 반드시 모든 해당 학생이 일반 전형에 비해 유리하다고 볼 수는 없습니다. 특별 전형인 탓에 적은 인원을 선발할 뿐더러 상대적으로 같은 환경의 학생들이 몰리기 때문에 변별력이 더 떨어집니다. 따라서 모집 요강을 참고하여 평가 요소와 전형 비율 등을 꼼꼼히

살펴보고 전형 선택의 유·불리를 판단하여 지원하는 것이 필요합니다. 예를 들어 6월과 9월 모평에서 수능 최저 기준에 도달한 경험이 있다면 수능 최저 기준이 있는 대학교의 농어촌전형에 지원하는 것이 수능 최저 기준이 없는 농어촌전형에 지원하는 것보다 합격 가능성이 높습니다.

- 농어촌전형에서 같은 대학교로 같은 고교 학생들이 몰리면 불리할 수 있습니다. 특히, 모집 단위(전공)가 같으면 입학사정관은 같은 고교별로 평가를 할 수 있습니다. 따라서 수시가 6회 지원이므로 적절하게 안배하여 지역과 대학이 고르게 겹치지 않게 지원하는 것도 하나의 전략입니다.

❸ 특성화고교졸업자(또는 출신자)전형 – 특별 전형

- 특성화고교졸업자(또는 출신자)전형은 특별한 자격 조건을 충족해야 지원할 수 있는 특별 전형 중 하나입니다. 자격 조건은 초중등교육법시행령 제91조 1항에 따른 특성화고교 졸업(예정)자로서 지원 모집 단위별 동일 계열 기준학과 출신자 또는 해당 모집 단위(지원 전공)와 관련된 전문 교과 30단위 이상 이수자에 한합니다. 다만, 대학교에 따라 자격 요건이 다를 수 있으니 반드시 해당 대학교의 모집 요강을 참조해야 합니다.

- 보통 특성화고교의 전공 과목을 일정 시수 이상 이수해야 지원이 가능한데, 동일 계열 지원이 아니면 지원 자격 불일치로 원천 탈락할 수 있습니다. 그러므로 각 대학교의 모집 요강을 준수하고, 확실하지 않으면 입학처(또는 입학관리본부)에 문의하여 정확한 내용을 확인해야 합니다.

- 특성화고교졸업자전형에서는 학생부종합 일반전형과 마찬가지로 전공 적합성, 학업 역량, 인성, 발전 가능성 등을 주요 평가 요소로 평가합니다. 다만, 특성화고교졸업자전형은 대학교에 따라 '전형 적합성'(또는 전형 취지 부합도)이라는 항목이 추가될 수 있습니다.

- 특성화고교졸업자전형의 특별한 평가 영역과 다른 배점(감점, 가산점)에 대해 다음 3가지를 알아보겠습니다.

  - 첫째, '전형 적합성' 항목에서 전문 교과 30단위를 기준으로 감점이 될 수 있습니다. 예를 들어, 전문 교과 30단위 미만자는 '전형 적합성' 항목(5점

척도)에서 원래는 4점을 받아야 하는데 감점을 받아 3점을 받습니다. (대학에 따라 감점이 아닌 결격이 될 수도 있음) 또한, 전문 교과의 학업 성취도 우수 정도에 따라 '전형 적합성' 항목(5점 척도)에서 가산점을 받을 수 있습니다. 예를 들어 전문 교과 학업 성취도(A~E, 5단계 절대 평가)를 환산하여 대학교 내부 평가 기준에 의해 상위 등급(1~2 등급)으로 판정될 경우 원래 받아야 하는 '전형 적합성' 점수가 3점이라면 +1의 가산점을 받아 4점을 받습니다.

예 전형 적합성 감점

영역 / 배점	1	2	3	4	5	비고
전형 적합성			√	←		30단위 미만 감점

예 전형 적합성 가점

영역 / 배점	1	2	3	4	5	비고
전형 적합성			→	√		학업성취도 우수

- 둘째, '발전 가능성' 평가 영역(5점 척도)에도 가감 요소가 있습니다. 계열별로 정해진 학교생활기록부 기준 교과목의 평균 등급이 기준 등급 이하이면 감점을, 이상이면 가산점을 받습니다. 예를 들어 공학 계열의 기준 교과목이 수학, 과학일 경우, 지원자들의 수학, 과학 평균 등급이 3등급이고 본인은 이보다 높은 1등급이라면, 원래 받아야 할 점수 3점에서 +1점의 가산점을 더해 4점을 받습니다.

예 발전 가능성 가산점

영역 / 배점	1	2	3	4	5	비고
발전 가능성			→	√		수학, 과학 평균 1등급

만약, 지원자들의 수학, 과학 과목 평균 등급이 3등급일 때, 본인이 원래 받아야할 점수가 4점인데, 이보다 낮은 5등급이라면 원래 점수에서 -1점이 감점되어 3점이 됩니다.

예) **발전 가능성 감점**

영역＼배점	1	2	3	4	5	비고
발전 가능성			∨	←		수학, 과학 평균 5등급

- 셋째, '전공 적합성' 항목의 평가에서는 자격증이 중요합니다. 따라서 특성화고교졸업자전형에서는 기본적인 학교생활기록부의 내신, 교과 연계 활동(비교과활동) 외에 지원 모집 단위(전공) 관련 '자격증'을 자기소개서 등에서 적극적으로 강조하는 것이 평가에 유리합니다.

• 자기소개서에는 자격증 취득 동기, 과정, 취득 후 본인의 변화를 구체적으로 기술하는 것이 좋습니다. 전공 관련 자격증은 적어도 2개 이상 필요합니다. 대부분의 학생들이 3학년에 임박해서 취득하는 경향이 있는데, 3학년에 올라가서 한꺼번에 2개를 취득하기보다는 1학년 1개, 2학년 1개, 3학년 1개씩으로 학년별로 자격증을 취득하는 것이 정성적으로 더 좋은 평가를 받을 수 있습니다.

❹ 재직자전형 또는 평생교육단과대학(미래융합대학)전형 – 특별 전형

• 재직자전형은 특성화고등학교를 졸업했거나 일반계 고등학교 재학생으로 직업교육 위탁훈련기관에서 1년(대부분 3학년)을 보내고 회사에 취직해서 3년 이상 재직한 자가 지원할 수 있는 특별 전형입니다. 따라서 단순히 일반고를 졸업한 자는 지원할 수 없습니다.

• 재직자 특별 전형의 구체적인 지원 자격 조건은 다음과 같습니다. 단, 대학교에 따라 자격 요건이 일부 다를 수 있으니 반드시 해당 대학교의 모집 요강을 참고해야 합니다.

「고등교육법시행령」 제29조 제2항 제14호에 따라 다음 각 호 중 하나에 해당하는 자로서, 4대 보험 중 1개 이상 가입 산업체에서 근무 경력이 3년(1,080일) 이상인 재직자

1. 특성화고등학교 등을 졸업한 자: 「초·중등교육법 시행령」 제91조 제1항에 따른 특성화고등학교 중 자연 현장 실습 등 체험 위주의 교육을 전문으로 실시하는 고등학교를 제외한 학교(「초·중등교육법 시행령」 제76조의 2 제1호에 따른 일반 고등학교에 설치된 학과 중 특성화고등학교에서 제공하는 것과 같은 교육과정으로 운영되는 학과 포함)를 신 입학하여 졸업한 자
2. 「초·중등교육법 시행령」 제76조의2 제1호에 따른 일반 고등학교에 재학하는 동안 시·도 교육감이 「직업교육훈련 촉진법」에 따른 직업교육훈련기관 중 직업교육훈련 위탁기관으로 선정한 기관에서 1년 이상의 직업교육훈련과정을 이수하고 해당 일반 고등학교를 졸업한 자
3. 「초·중등교육법 시행령」 제90조 제1항 제10호에 따른 산업수요 맞춤형 고등학교를 졸업한 자
4. 「평생교육법」 제31조 제2항에 따른 학력 인정 평생교육시설 중 특성화고등학교에서 제공하는 것과 같은 교육과정을 운영하는 평생교육시설에서 해당 교육과정을 이수한 자
※ 4대 보험 가입 대상 산업체가 아닌 1차 산업 종사자는 국가·지방자치단체가 발급하는 공적증명서 확인을 통해 인정할 수 있음.

- 재직자전형은 전국의 많은 대학교에 개설되어 있습니다. 대학교에 따라 정원 내에 포함되기도 하고 정원 외로 뽑는 대학교도 있지만 정원 외가 일반적입니다. 특징적인 것은 모든 학과가 개설되어 있는 것이 아니라 지원할 수 있는 학과(부) 단위(전공)로 제한되어 있다는 점입니다. 재직자전형은 미달되는 경우가 많습니다. 따라서 3년만 잘 다니면 상대적으로 지명도가 높은 대학교에 들어갈 확률이 그만큼 높다는 장점이 있습니다.
- 재직자전형에서 중요한 것은 다음 3가지입니다.
  - 첫째, '발전 가능성' 평가 영역(5점 척도)에서 가감 요소가 있을 수 있습니다. 계열별로 정해진 학교생활기록부 기준 교과목의 평균 등급(만학도는 '수우미양가' 중 일부 항목)이 기준 등급 이상이거나 이하이면 가산점을

받거나 감점을 받을 수 있습니다. 예를 들어 경상 계열의 기준 교과목이 사회, 수학일 때 지원자의 사회, 수학 과목 평균 등급이 2등급 이상(만학도의 경우 모두 '수')이면 원래 받을 점수가 4점이지만 +1점의 가산점을 받아 5점이 됩니다.

⒠ 발전 가능성 가산점

영역 　　　　　 배점	1	2	3	4	5	비고
발전 가능성				→	✓	사회, 수학 평균 2등급

만약, 평균 등급이 6등급 이하(만학도의 경우 모두 '가')이면 원래 받을 점수가 4점이지만 −1점 감점되어 3점을 받게 됩니다.

⒠ 발전 가능성 감점

영역 　　　　　 배점	1	2	3	4	5	비고
발전 가능성			✓	←		수학, 과학 평균 6등급

- 둘째, 일반계고 위탁 기관 출신은 대학교에서 고교 3학년 성적을 인정하지 않는 경우가 있습니다. 예를 들어 폴리텍대학교에서 우수한 성적을 거두어도 원적 학교(고등학교) 학교생활기록부의 내신 성적이나 등급에 반영되지 않아 전체 평균 등급에 영향을 미치는 못하는 경우가 있습니다. 그럴 경우 1학년과 2학년의 내신 성적과 등급만으로 대학교에 진학해야 합니다. 따라서 위탁 훈련 기관에서 1등을 하고 1등급을 받았다 하더라도 원적 학교의 학교생활기록부 성적에 합산되지 않고 별개로 취급될 수 있으므로 유의해야 합니다.
- 셋째, 야간이나 주말 과정이 개설되지 않은 일반 대학교들은 재직자전형에 대해 다소 부정적인 경향이 있습니다. 전형에 필요한 인프라나 제반 여건, 시설 등이 미비하기 때문입니다.

그런데 이런 대학들은 왜 뽑지도 않을 학생들을 모집할까요?

그 이유는 교육부에서 재직자전형을 대학교를 평가하는 주요 지표 중 하나로 보고 있기 때문입니다. 실제로 전형을 실시하는 대학교는 대부분 야간이나 주말 과정의 인프라를 갖추고 있고, 인프라가 부족하거나 새롭게 갖추려 하는 대학교는 실질적으로 합격생이 거의 없습니다. 따라서 지원하고자 하는 학생은 지원하기 전에 '해당 대학교가 주말이나 야간 과정의 인프라를 충분히 갖추고 있는지', '전년도에 재직자전형 합격생이 있었는지', 그리고 '합격생이 입학생으로 등록하여 학교를 잘 다니고 있는지', '인프라가 아직은 갖춰지지 않았지만 인프라를 새롭게 갖출 의지가 있는지' 등을 반드시 확인해야 합니다. 자칫 수시 기회를 놓치거나 값비싼 전형료만 날릴 가능성이 있기 때문에 각별한 주의가 필요합니다.

• 평생교육단과대학(미래융합대학)전형의 자격 조건은 특성화고 또는 마이스터고 졸업 후 3년 이상 재직자이거나 고교 졸업자 중 만 30세 이상인 자, 고교 졸업 후 1년 이상 재직자로 정해져 있습니다. 평생교육단과대학전형은 기회의 폭이 더 넓어 보이지만 개설된 대학교가 아직은 많지 않고 학과도 제한된 경우가 많습니다. 다만, 앞으로 평생학습시대를 맞이해서 평생교육단과대학(미래융합대학)이 계속적으로 증가할 가능성이 있습니다.

우리 자신을 어떻게 알 수 있는가?
그것은 생각을 통해서가 아니라 행동을 통해서이다.

— 괴테

창조는 점을 새롭게 연결하는 것이다.
즉, 기존의 것들을 새롭게 해석하는 것이다.

— 스티브 잡스

제 2 부

대학 편

주요 대학별
학생부종합전형과
서류 평가

주요 대학별 서류 평가 항목 비교

1 서울대학교

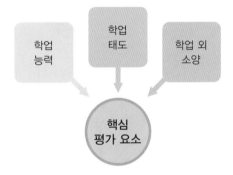

- 서울대는 25명 내외의 전임 입학사정관과 110명 내외의 교수 위촉 입학사정관이 선발 과정에 참여합니다. 각 평가 단계별로 다수의 평가자가 참여하므로 개인의 주관에 따라 평가가 왜곡되는 것을 방지할 수 있습니다.

- 학생 선발에서 가장 중요하게 고려하는 부분이 바로 우수한 학업 능력입니다. 학업 능력은 지적 성취와 연결되며 평가 대상은 학생부, 자기소개서 및 추천서, 학교 소개 자료(프로파일)입니다. 평가는 학생부에서는 교과 성취 수준, 학업 관련 교내 수상, 세특, 창체 등을 평가하며, 자기소개서 및 추천서에서는 학업 관련 내용을 평가합니다. 학교 소개 자료(프로파일)에서는 교과 개설 현황, 교내 수상 현황, 학교 프로그램 개설 현황 등을 참고하여

평가합니다. 특히, 수상 내용을 중시합니다.

- 학업 태도는 지적 호기심, 자기 주도성, 적극성 및 열정과 밀접한 관련이 있습니다. 평가는 학생부에서는 학업 관련 교내 수상, 창체, 세특을 바탕으로 평가하며, 자기소개서 및 추천서에서는 학업 노력, 자기 주도적 학업 태도, 수업 참여도 등을 평가합니다.

- 학업 외 소양은 개인적 특성과 관련이 있습니다. 평가는 학생부에서는 학업 외 교내 수상, 창체, 출결 상황 등을 평가하며, 자기소개서 및 추천서에서는 인성 및 대인 관계 등을 평가합니다.

- 교과 성적은 학생부종합전형에서 기본이자 본질이며 전형을 준비하기 위한 출발점입니다. 비교과가 풍부하고 빛이 나려면 교과 성적이 뿌리를 잡아줘야 합니다.

- 비교과는 수업을 충실하게 이수하는 과정에서 지적인 호기심과 관심이 생겼을 때, 이를 해결하는 연계 활동으로서의 의미가 좋습니다. 이를 위해 독서, 탐구 및 토론, 교내 대회, 동아리 등의 비교과 활동과 경험을 실천하고 강화하는 것이 바람직합니다.

- 서울대 서류 평가는 7단계로 이루어집니다.

  - 1단계: 전임 입학사정관 1팀이 평가서 작성(우수한 자질, 면접 확인 사항, 평가 의견)을 진행합니다.

- 2단계: 전임 입학사정관 2팀이 평가서 참고 없는 독립적인 평가를 진행합니다.

- 3단계: 2단계 결과의 조정 평가로 1단계와 2단계 평가 결과를 비교하고 검토합니다.

- 4단계: 교수 위촉 입학사정관 평가입니다. 단과대학 교수 2인이 평가를 서류 평가 결과를 도출합니다.

- 5단계: 4차 평가위원회 조정 평가로 최종 서류 평가를 하는 단계입니다.

- 6단계: 서류 평가와 면접 평가를 연동하는 단계입니다.

- 7단계: 최종 평가 및 선발의 단계입니다.

> ✤ (해석) 전임 입학사정관보다는 교수 위촉 입학사정관의 영향력이 더 큽니다. 왜나하면 단계가 진행될수록 교수 (위촉) 입학사정관이 참여와 결정, 판단하는 비중이 커지기 때문입니다.

❷ 서강대학교

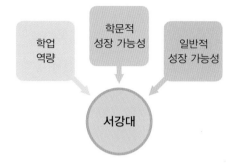

- 학업 역량의 평가 내용은 '수학할 수 있는 역량을 갖추었는가?'라는 관점으로 학업 성취도와 같은 과거 시점에 대한 평가를 진행합니다.
- 학문적 성장 가능성의 평가 내용은 '대학에서 성장할 수 있는가?'라는 관점으로 미래 시점에 대한 평가를 진행합니다.
- 일반적 성장 가능성의 평가 내용은 '사회 구성원으로서 발전 가능성을 가지고 있는가?'라는 관점으로 역시 미래 시점에 대한 평가를 진행합니다.
- 평가를 위한 학생부 주요 평가 영역은 교내 수상 경력, 창의적 체험 활동, 세부능력 및 특기사항, 행동특성 및 종합의견 등인데, 이들을 연계하여 평가합니다.

- 교과는 모든 과목에서의 성실성을 중시합니다. 따라서 전략적으로 주요 과목에 집중하여 다른 과목의 성적이 차이 나게 나쁘게 나온다면 평가에서 좋지 못한 인상을 줄 수 있습니다.
- 보통 비교과는 각 학교가 처한 환경과 여건을 감안하여 평가에 반영하는데, 서강대는 활동과 경험을 통해 배우고 느끼는 것을 통한 변화가 반영되는 것을 중요시하여 평가합니다.

❸ 이화여자대학교

서류 평가는 학업 역량(35%), 활동의 우수성(35%), 발전 가능성(30%)을 평가 영역으로 하여 종합적으로 평가합니다.

다음의 자료는 인문 계열과 자연 계열로 구분하여, 학생부의 창체와 행동 특성 및 종합 의견에서 기재된 일부 내용의 예시를 통해 입학사정관이 평가 요소로서 지원자에게서 보이는 세부 핵심 역량 요소의 종류에 대해 알 수 있는 자료입니다.

① 인문 계열 학교생활기록부 기재 내용과 핵심 역량

구분	학교생활기록부 기재 내용 (예시)	세부 핵심 역량
창의적 체험 활동 및 특기사항	면학 분위기 조성에 기여하였으며	설득 및 대화력
	역할 분담 활동 등에 적극 참여함	적극적 행동력
	학급 구성원으로서의 단결심, 협동심 배양	협동 의식
	공동체 속에서 살아가는 데 필요한 노력과 화합의 가치를 습득하게 됨	공동체 의식
	나의 새로운 모습을 발견하는 기회를 얻게 됨	자기 관리력
	다양한 영어 표현들을 익힘	외국어 능력
	몽고와의 문화교류 수업 적극적으로 참여	세계 정치, 경제, 사회, 문화에 대한 통찰력, 적극적 행동력
	다른 나라를 이해할 수 있는 시간을 가짐	세계 표준에 대한 이해와 적용 능력
	역할 분담 활동에 주도적으로 참여	적극적 행동력
	열의와 성의를 다해 적극 참여함	끈기와 인내력
	단결심과 협동심을 배양함	협동 의식
	우리나라 시사적 주제에 관심이 많음	한국 정치, 경제, 사회, 문화에 대한 통찰력

	학급 공동체를 위해 성실하게 봉사함	공동체 의식
	자신의 의견을 적극적으로 발표함	능동적 표현력
	학급 공동체를 위해 성실하게 봉사함	공동체 의식
	각종 활동에 적극적으로 참여함	적극적 행동력
	타인을 배려하는 자세	배려심, 협력
	민주 시민으로 성장할 수 있는 토대	공동체 의식
	심성 프로그램에서 자기 자신을 발견하고	자기 관리력
	타인을 이해하는 열린 마음을 갖게 됨	대인 관계 능력
	집단의 활동을 활성화하는 역할	조직 관리력
행동 특성 및 종합 의견	꾸준히 학습 계획을 작성하여 실천하고	자기 주도적 학습력
	친구들과 교우 관계가 좋으며	대인 관계 능력
	예의 바르고 착실함	도덕성
	여러 과목에 대해 학문적 호기심을 가지고	지적 호기심
	사회 현상에 대한 관심을 갖고	한국 정치, 경제, 사회, 문화에 대한 통찰력
	시각 장애 복지관에서 꾸준히 봉사활동을 하고	다양성 인정
	영어에 많은 관심과 노력을 기울임	외국어 능력
	학업은 자신의 계획에 따라 시간을 안배하여 자기 주도적으로	자기 주도적 학습력
	불우이웃돕기 성미 모으기	다양성 인정
	자신의 희망 진로 분야에서 반드시 성공할 것을 확신	폭넓은 조망력

② 자연 계열 학교생활기록부 기재 내용과 핵심 역량

구분	학교생활기록부 기재 내용 (예시)	세부 핵심 역량
창의적 체험 활동 및 특기사항	학교 생활에 잘 적응할 수 있도록	환경 변화에 대한 적응력
	진로에 대한 맵을 그리고 꿈에 대한 계획 수립 방법을 배움	자기 주도적 학습력
	영어에 대한 관심과 흥미가 많으며 학급친 구들에게 영어 과목의 멘토	외국어 능력
	면학 분위기 형성에 명쾌한 의견을 제시함	공동체 의식
	AP 교육 과정을 수료하여 빛의 반사, 굴절, 간섭 현상 알아보기	정보 및 과학 기술 습득
	과학적 탐구 능력과 실험 수행 능력	지적 호기심
	실험 결과로부터 과학의 이론과 법칙을 이끌어냄	첨단 과학기술에 대한 이해와 활용 능력
	과학의 달 명사 초청 강연 듣고 과학 경시대회 참가	정보 및 과학 기술 습득
	사고력이 풍부하고	합리적 사고력
	판단력이 예리하며	가치 판단 능력
	발표에 적극적이며	능동적 표현력
	논리력과 추리 능력이 뛰어나고	합리적 사고력
	매사에 적극적인 학생임	적극적 행동력
	카오스 이론, 나비효과 등에 관심	정보 및 과학기술 습득
	왕성한 호기심	지적 호기심
	토론과 제작 활동에 능동적 참여	능동적 표현력

행동 특성 및 종합 의견	친절하여 친구들과 잘 어울림	대인관계 능력
	지적 호기심이 많아	지적 호기심
	급우들과 잘 어울리며	대인관계 능력
	맡은 일을 능동적으로 잘 처리하고	능동적 표현력
	감수성이 예민하며	문화적 민감성
	동물에 대한 관심이 많고	다양성 인정
	과학에 대한 안목	첨단 과학기술에 대한 이해와 활용 능력
	목표 의식이 뚜렷하며	폭넓은 조망력
	자기관리 능력이 뛰어나고	자기 관리력
	실패를 두려워하지 않고	실패의 수용 능력
	항상 열심히 노력하는	끈기와 인내력
	발전적인 학생	폭넓은 조망력

④ 중앙대학교

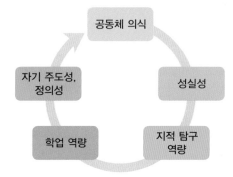

- 공동체 의식은 학업, 동아리, 학생회, 봉사 활동, 단체 활동 등 각종 교내 활동에서의 역량, 협력 및 갈등 극복 사례 등을 평가합니다.
- 성실성은 수업, 동아리 활동, 봉사활동을 포함한 교내의 각종 활동에 충실하고 지속적으로 참여했는지 평가(교외 활동은 부정 지표로 활용)합니다.
- 지적 탐구 역량은 학업 및 전공(계열) 관련 흥미와 열정, 학업의 깊이 및 탐구 능력(수상, 독서, 과제 연구, R&E, 심화 과목 이수 등) 등을 평가합니다.
- 학업 역량은 지원자의 학업적 성취, 교과 내신 성적, 성적 추이, 지원 모집단위 관련 교과 성적 등을 평가합니다.
- 자기 주도성 및 창의성은 동아리, 협력 활동, 실험, 논문 등 교내 활동에 주도적으로 도전하여 창의력, 추진력, 성과 등을 보였는지를 평가합니다.

- 교과 성적은 인문 계열은 국어, 영어, 수학, 사회를 보고, 자연 계열은 국어, 영어, 수학, 과학 과목 위주로 평가하고 있습니다.
- 비교과 활동은 전공과 직접적으로 관련이 없는 축구, 댄스, 연극 등의 활동도 적극성과 열정이 구체적으로 녹아 있다면 평가에 긍정적으로 반영합니다.

❺ 경희대학교

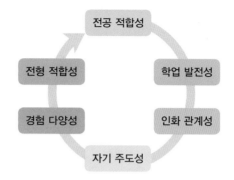

- 전공 적합성은 해당 지원 전공과의 관련하여 지적 호기심, 열정, 적성을 봅니다. 평가 요소는 학생부의 비교과 영역으로 수상 실적, 자격증 및 인증, 리더십 활동, 봉사 활동, 동아리 활동, 진로 활동, 독서 상황, 행동특성 및 종합의견 등을 참고합니다.
- 전형 적합성은 각각 다른 전형의 취지를 고려하여 지원했는지를 내부 기준에 의해 평가합니다. 그 전형은 고른기회전형, 농어촌전형, 특성화고교졸업자전형 등 주로 특별 전형이 대상입니다.
- 학업 발전성은 교과 성적, '세특', 수상 실적 위주로 평가. 가정 형편, 지역, 고교 등의 지역 환경을 고려한 평가, 성취도와 성장 가능성 평가를 진행합니다.
  - 교과 성적은 원점수, 과목 평균, 표준편차, 이수/미이수, 석차 등급, 수강자 수, 교과목 이수 현황, 단위 수, 지원학부(과) 관련 교과 성적, 세특, 방과 후 학교를 통해 평가를 진행합니다.
  - 자기소개서에서는 지원자의 교육 환경(가족, 학교, 지역 등)이 성장 과정에 미친 영향을 통해 지원 학과에 지원한 동기, 입학 후 학업(진로) 계획 등을 파악합니다.
- 인화 관계성은 공감 및 배려의 품성과 사회성이 평가 준거이며, 사회성, 소통, 대인관계, 공동체 의식. 봉사, 종합 의견 등을 참고하여 평가합니다.
- 자기 주도성은 동기 및 활동의 주도성과 실행력이 평가 준거이며, 진로에 대한 명확한 의지와 진로 탐색 노력, 실천 활동, 문제인지 및 해결력 등을

평가합니다.

- 경험 다양성은 창의적 체험 활동의 다양성과 충실성이 평가 준거이며, 봉사 정신, 리더십, 책임감, 의사 소통력과 기술, 관계 형성 기술, 문제 해결 능력 등을 평가합니다.

- 경희대는 교과와 비교과를 50대 50으로 보고 평가합니다. 교과는 교과와 연계된 활동 내용을 중점적으로 살피고 있습니다. 교과 중 의심이 가는 활동과 내용은 면접에서 재확인하고 있습니다. 자기소개서와 '행종'에서 구체적으로 기술된 내용에 대해서는 그 의미와 가치에 대해 면접에서 구체적으로 질문하여 평가에 반영합니다.

교과(성적)	
교과와 비교과 50: 50	교과 연계 활동 중시

비교과		
면접에서 재확인	자소서 의미 내용 질문	행특 내용 의미 질문

⑥ 건국대학교

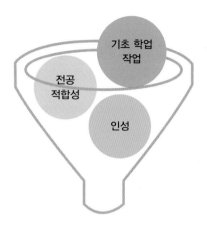

- 기초 학업 능력 평가 요소는 전반적 학업 성취도, 계열별 이수 과목 성취도, 학년별 학업 성취도 추이, 교과 관련 각종 활동 및 프로그램 참여, 수상 실적 등입니다. 이를 위한 평가 준거는 학교생활기록부 상의 교과 성적, 학기별 학업 성취도 향상 수준, 모집 단위별 관련 과목 이수 단위 및 성취도 수준, 모집 단위와 관련된 특정 교과 영역에서 심화 프로그램 이수 여부, 교과 관련(교내 외) 수상 실적, 동아리 활동 등입니다.
- 전공 적합성의 평가 요소는 전공에 대한 열의, 적성, 전공 이해도, 전공 관련 활동의 적합성, 학업, 진로 계획의 타당성입니다. 이를 위한 평가 준거는 전공에 대한 관심-이유-활동-발전 계획의 일관성 여부, 전공에 대한 준비 정도와 이해도 수준, 자기소개서에 작성된 활동들의 학교생활기록부, 추천서 등에서의 확인 가능 여부, 전공 관련 과목의 성취도 수준, 전공 관련 수상 실적, 학업, 진로 계획의 타당성 등입니다.
- 인성의 평가 요소는 공동체 정신(리더십, 조정, 화합), 창의적 체험 활동, 교우 관계, 성실성, 학교 폭력 기재 사항 등입니다. 이를 위한 평가 준거는 교내 활동에 대한 참여, 공동 목표를 위한 협동이나 조정, 화합의 경험, 리더십을 발휘한 경험 및 내용, 교우 관계 및 내용, 결석 일수(결석 사유) 등입니다.
- 건대는 교과에서 학업 역량을 매우 중시하여 비교과가 아무리 좋더라도 합격하는 것이 쉽지 않습니다. 그리고 비교과는 전공 적합성을 중시합니다.

다만 전공과 직접적으로 연계되지 않는 간접적인 활동도 평가에 반영하고 있습니다. 독서 활동도 마찬가지의 관점에서 접근하여 평가하고 있습니다.

⑦ 한양대학교

- 한양대의 적성(50%)은 학업 역량 및 자신의 소질, 적성에 따른 다양한 경험과 활동을 평가합니다. 인성(50%)은 타인과의 소통, 협력, 공동체 의식, 자기 주도 역량, 역경 극복 역량, 잠재력 등 평가 및 성장 환경, 교육 여건, 학습 과정 등을 고려하여 평가합니다. 또한 다양한 활동을 통해 성장하는 학생의 모습을 평가합니다.
- 한양대는 전공을 기준으로

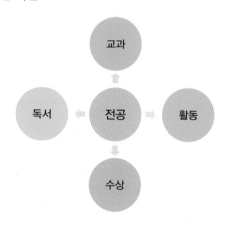

- 교과는 교과 및 방과 후 학교 이수 내용, 학업성취도의 지속 성장 가능성 및 발전 가능성, 모집 단위 관련 학업성취도 수준을 다른 학교와 비교하여 평가합니다.
- 활동은 학업 관련 동아리, 학업 관련 연구 및 탐구 활동, 학업 관련 연구 보고서(R&E) 및 수행 탐구 보고서 활동, 학업 관련 진로 활동 등을 평가합니다.
- 수상은 교과 학업 우수상, 관련 경시대회 수상, 기타 대회 수상 등을 평가합니다.

- 독서는 전공 관련 독서의 기본과 심화, 학업과 관련된 독서 활동을 평가
  합니다.

• 한양대의 서류 평가는 3단계 과정으로 이루어집니다.

1단계 전임 사정관 (적성) 평가	2단계 전임 사정관 (인성) 평가	3단계 교수 사정관 (적성, 인성) 평가	종합 후 최종 평가

- 1단계: 2인 1개 조의 전임 입학사정관 그룹이 지원자의 학생부를 '적성'
  부분에서 평가합니다.
- 2단계: 2인 1개조의 전임 입학사정관 그룹이 지원자의 학생부를 '인성
  (잠재력)' 부분에서 평가합니다.
- 3단계: 교수 입학사정관 그룹에서 지원자의 학생부를 '적성' 및 '인성(잠
  재력)'을 평가합니다.

> • 방식: 3그룹의 평가를 종합하여 최종 평가
> • 해석: 서울대학교처럼 전임 입학사정관보다 교수 입학사정관 그룹의 평가 비중
>   과 영향력이 상대적으로 큽니다.

주요 대학별 학생부 평가 항목
핵심 POINT

1 서울대학교

| 활동, 수상 질 〉 양 | 봉사 교내만도 가능 |
| 세특 매우 중시 | 독서 매우 중시 |

- 서울대는 학생부의 모든 항목을 종합적으로 평가합니다. 특히, 세부 능력 및 특기사항을 매우 중시하여 주의 깊게 봅니다. 교과 수업 내용뿐만 아니라 실험 능력, 기획 능력, 문제 해결 능력 등의 우수성을 평가합니다. 교내 수상 경력은 수상의 횟수보다는 수상의 질을 중요시합니다.

- 학업 성취도를 평가할 때, 단순히 내신 성적의 등급이나 원점수만을 반영하지는 않습니다. 전 교과목의 3년간의 성취도를 정성적으로 평가합니다. 학생이 이수한 과목을 볼 때는 같이 수강한 학생 수, 과목 평균, 표준편차, 단위 수, 학년별 성적 변화 등 모든 사항을 고려하여 평가합니다. 특히 교과

성적은 학생이 이수한 과목의 선택 상황을 고려하여 평가합니다. 소수 학생이 선택한 과목이나 난이도가 높은 과목을 이수하여 수치상 결과가 다소 나쁠 수 있지만 학생의 도전 정신과 호기심을 긍정적으로 평가한다면 도전하지 않은 학생에 비하여 더 좋은 평가를 할 수 있습니다. 그러므로 학생 선택을 많이 제시한 교육과정, 소수 학생이 이수한 과목 수강이 서류 평가에서 결코 불리하지 않게 작용합니다.

- 봉사 활동은 진정성이 중요합니다. 교내 봉사 활동만 있다고 해서 감점을 하진 않습니다. 다만, 교내 청소 등 단순 활동 위주로만 되어 있고 가식적이면 좋은 평가를 받긴 쉽지 않습니다.

- 독서 활동도 매우 중요합니다. 독서 활동은 1차로 학생부에서 살펴보고, 자기소개서 4번 자율 문항에서 2차로 평가합니다. 그리고 마지막으로 면접에서 3차로 평가합니다. 다른 교과 연계 활동도 활동의 양보다는 질을 위주로 평가합니다.

❷ 연세대학교

- 연세대는 복수의 입학사정관이 동일한 지원자의 학생부, 자기소개서, 추천서를 모두 읽고 종합적으로 평가하여 A+, A0, A-, B+. B0, B-, C 7단계로 평가합니다. 복수의 입학사정관이 부여한 각각의 점수를 합산하여 우수한 학생을 면접 대상자로 선발합니다.

- 연세대는 모든 활동과 경험에서 개인의 차별화된 특성이 구체적으로 드러난 것을 위주로 평가합니다. 또한 사실과 의견을 구분하여 서술하는 것이 유리하며, 의견은 충실하게 구체적인 사례를 바탕으로 서술되는 것이 바람직합니다.

  - 교과 학습은 한 과목이라도 소홀하지 않게 학습 계획과 실천을 하는 것이 중요합니다. 교과상은 교과 성적에서 보기 때문에 결국 중복되므로 교과상은 의미 있게 평가하지 않습니다.

  - 교과 성적은 원점수, 과목 평균, 표준편차 등을 활용하여 Z점수를 추출하여 종합적으로 평가합니다.

> **Z 점수:** 표준점수의 하나로서 평균으로부터의 편차점수를 그 분포의 표준편차로 나누어 얻어진 전환점수의 하나. 편차점수를 그 집단의 표준편차로 나누어 줌으로써 Z점수는 평균이 「0」, 표준편차 「1」인 분포로 전환된다. 원점수를 X, 평균과 표준편차를 각각 , S 라고 하면 Z 점수의 계산은 옆과 같다.
>
> $$Z = \frac{X - \bar{X}}{S}$$

- 비교과 활동은 다양하게 하는 것이 좋습니다. 다만, 활동 개수가 중요한 것이 아니라 '무엇을, 왜, 어떻게, 결과, 후속 활동' 등이 드러나는 의미 부여가 더 중요합니다.
- 창체는 모든 활동을 중요시합니다. 모든 활동에서 다양성, 깊이, 열정의 3가지 요소가 담겨 있으면 됩니다. 이러한 활동은 교과, 세특, 독서 활동 등에서 상호 작용과 연계가 필요합니다. 예컨대, 스포츠아나운서가 진로라면 꼭 신문방송학과나 언론홍보학과가 아니라 체육학과나 체육교육과에서의 경험이 더 나을 수 있습니다. 또한 방송 프로듀서가 꿈이라고 한다면 역시 언론 계열이 아니라 사회학과에의 경험이 더 중요할 수 있습니다.
- '세특'을 중요시하며 개인의 구체적 교과 연계 활동이 기술되는 것이 평가에 도움이 됩니다. 학생의 두드러진 특징을 구체적이고 반복적으로 기록되는 것이 평가에 유리합니다.
- 행동 특성 및 종합 의견을 통해 지원자의 인성을 파악합니다. 이러한 인성은 면접에서도 확인을 합니다. 따라서 구체적이고 사례 중심으로 학생의 장단점이 드러날 수 있도록 기술해 주는 것이 도움이 됩니다. 또한 지원자가 동일한 학교를 비교하여 평가하므로 공통된 내용보다는 개별적인 내용이 드러나는 것이 유리합니다. 학교 프로파일과 추천서가 연계되어 기술되는 것이 평가에 바람직합니다. 왜냐하면 추천서의 내용을 중요시하기 때문입니다.
- 연구보고서(R&E)는 서류에 기재된 활동 중 하나로 평가합니다. 연구보고서는 작성이 중요한 것이 아니라 연구보고서를 작성하게 된 동기, 연구 목적과 필요성, 연구보고서 작성 과정 등을 통한 탐구 역량이 구체적으로 드러나는 것이 좋습니다.

❸ 고려대학교

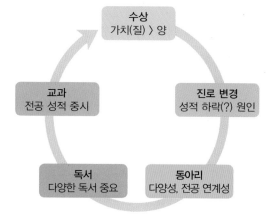

- 고려대는 전체적으로 활동을 평가할 때 양보다 질을 중시합니다. 선생님은 학생을 면밀히 관찰하고 학생이 갖고 있는 우수성을 세밀하게 기술한다면 평가에 도움이 됩니다.

- 세부 능력 및 특기사항과 행동 특성 및 종합 의견을 매우 중시합니다. '세특'은 개인의 학업 역량과 창의력이 확인될 수 있도록 하는 것이 평가에 유리합니다. 단순하게 결과만을 기술하는 것이 아니라 결과에 이르는 과정에서 학생의 성장을 확인합니다.

- 행동 특성 및 종합 의견은 추천서의 역할로, 개인 학생만의 특성, 우수성을 집중적으로 살펴봅니다. 특히, 학교장추천전형에서 더 큰 관심을 갖습니다.

- 출결 사항에서 특목고에서 일반고로 전학을 가는 경우가 종종 있는데 가능한 성적 하락으로 간 것이라는 편견을 갖지 않으려고 노력합니다. 출결 사항은 해당 항목의 사유를 중요하게 봅니다. 사유가 기록되지 않았다면 자기소개서에서 소명이 필요합니다.

- 수상 경력에서는 수상 개수가 많다고 해서 좋은 것이 아니고 수상의 가치를 더 봅니다. 오히려 너무 많으면 의심이 들어 사후 확인을 합니다. 평가의 효율성을 위해 추천서나 학교 프로파일에 상의 가치 등이 기록되면 평가에 더욱 도움이 됩니다. 자격증은 특별하게 평가를 하지 않습니다.

- 진로 희망은 바뀔 수 있습니다. 다만, 변경된 이유를 자기소개서에서 구체

적으로 기재해야 합니다. 성적이 하락하여 변경되었는지 등의 상황을 종합적으로 살펴봅니다.

- 창체 자율 활동은 학교 행사에 모두 참여한 내용보다는 행사에 참여한 과정(사실의 인과 관계)과 느끼고 배운 것을 기술하는 것이 유리합니다. 창체 동아리 활동은 다양성을 중요시하며, 전공과 연계성을 중시하여 평가합니다. 인성 평가 영역인 리더십과 공선사후 정신, 창의력을 확인합니다.
- 교과(전공)는 전공 계열 성적을 매우 중요하게 봅니다.
  - 교과 성적은 특목고에서 일반고로 전학한 지원자의 성적이 급격하게 변동이 있는 경우 확인합니다.
  - 내신 등급은 일반고에서는 1등급 내외, 특목고나 자사고는 2등급 내외를 눈여겨봅니다.
  - 교과 성적은 이수 과목, 이수자 수, 원점수, 과목 평균, 표준편차 등을 종합적으로 평가합니다. 개설자 수가 적고 난이도가 높은 과목을 이수한 경우에는 긍정적으로 평가합니다.
  - 특정 과목에 집중한 나머지 과목이 상대적으로 등급이 너무 낮다면 성실성 문제로 불이익을 받을 수 있습니다.
- 독서 활동은 특별히 관심을 가지고 있진 않지만 다양한 독서를 하는 것이 중요합니다. 독서는 전공 분야에 대한 관심과 지적 호기심을 평가할 수 있는 항목입니다.

- 고려대는 내신 성적이 안 좋은데, 비교과만 좋다고 합격시키지는 않습니다. 또 단체 활동보다는 개별 자율 활동을 더 중시합니다. 꼭 전교 회장, 부회장이 아니더라도 학습 부장, 서기 등 작은 역할에서도 솔선수범하고 구체적

인 사례와 경험이 있다면 평가에 반영합니다.

• 비교과를 더 중요시하는 것은 고교추천전형보다 일반전형입니다. 내신 등급은 고교추천Ⅱ전형보다, 고교추천Ⅰ전형이 일반전형보다 고교추천Ⅱ전형이 더 중요시합니다.

- 성균관대의 서류 평가는 총 3단계로 구분하여 진행합니다. 1차 평가는 입학사정관 2명이 1조가 되어 교차 종합 평가(7점 척도)를 서로 독립적으로 진행합니다. 2차 평가는 1차 평가자 간 등급 조정, 3차 평가는 1~2차 평가 결과를 바탕으로 특기이 선별 및 서류평가위원회 개최를 통해 진행됩니다.
- 전공 적합성은 지원 모집 단위에 수학할만한 재능과 열정을 지니고 있는지에 대해 교과 성취 수준(개별), 독서 활동, 창의적 체험 활동 및 활동 내용 등을 중심으로 평가합니다.
- 전공 적합성을 넓은 의미로 생각하여 평가를 합니다. 예컨대, 신문방송학과에 지원하기 위해 방송반이나 신문 동아리 활동을 할 수도 있지만 경제 동아리나 토론 동아리 등을 하는 것도 도움이 됩니다. 지원 전공과 동아리 명이 유사해야 한다는 강박관념에서 벗어나도 좋습니다. 한편, 특정 학과에서는 전공 적합성을 두드러지게 가지고 있는 학생을 발견하기 어려울 때도 있습니다. 소위 말하는 비인기 학과에서 자주 발생하는 현상입니다. 이러한 비인기 학과에 지원할 경우에는 전공 적합성이 없더라도 과감하게 도전해 볼 필요가 있습니다.
- 성균관대는 일관성보다는 다양한 활동을 적극적이고 능동적으로 수행한 학생을 선호합니다. 또한 '맥락'을 중시하여 해석적인 평가를 합니다. 맥락 평가는 내신 등급뿐만 아니라 잠재력, 적성, 환경, 발전 가능성 등을 고려하

여 종합적으로 평가합니다.

- 3학년 1학기 비교과 활동은 평가에 반영하지 않습니다. 왜냐하면 학생의 본분은 공부이기 때문에 3학년에 올라가서 급하게 활동한 봉사 실적이나 기타 활동은 본질에도 어긋나고 진정성이 떨어진다고 생각하기 때문입니다.

- 진로 변경으로 불이익을 주진 않습니다. 바뀌게 된 동기, 그에 따른 구체적 활동 등을 학생부, 자기소개서를 통해서 드러내면 됩니다.

- 학업 역량을 중요시하여 세부 능력 및 특기사항을 매우 중요하게 살펴봅니다. '세특'은 수업 시간 및 교내 생활에서 일어났던 일을 사례 중심으로 기록되는 것이 좋습니다.

- 인성은 행동 특성 및 종합 의견, 수상 실적, 출결 상황, 창체 등을 참고하여 전체적으로 파악합니다. 출결은 성적 추이의 변화와 관련하여서도 평가에 반영합니다. 자격증은 평가에 반영하지 않습니다. 창체 동아리 활동은 매우 중요시하여 평가합니다. 인성과 관련된 부정적인 징후들(학폭, 무단 사항 등)이 서류에서 다수 발견된다면 합격하기 어렵습니다.

- 연구보고서(R&E)은 학교 교육과정 안에서의 연장선 상에서만 평가합니다. 과제 수행 연구나 프로젝트, 탐구 논문 프로그램 등을 통해 이뤄지는 개인의 역할, 과정과 결과를 종합하여 평가합니다.

❺ 서강대학교

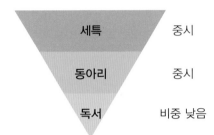

세특	중시
동아리	중시
독서	비중 낮음

- 서강대 학생부종합전형은 대학에서 정한 별도의 인재상이 없습니다. 대학은 다양한 재능과 배경을 가진 학생들이 만나 서로를 발전시키는 곳이라고 생각하기에 대학이 정해둔 틀에 맞춰 인재를 선발하기보다는 서강대학교가 지원자에게 맞춰서 선발합니다.

- 서강대 학생부종합전형에는 면접이 없습니다. 고등학교 학교생활기록부에는 많은 정보들이 들어 있고 자기소개서와 추천서, 자기 주도형의 선택 서류인 학교생활 보충 자료까지 더해진다면 대학이 한 학생을 온전히 평가할 수 있는 자료는 충분히 갖추어졌다고 봅니다.

- 서류 평가는 평가의 공정성과 신뢰성 확보를 위해, 지원자 2명의 제출 서류를 다단계 서류 절차에 의하여 5명 이상의 입학사정관이 평가합니다. 모든 평가는 독립적으로 진행되며, 동일한 방식으로 평가합니다. 지원자의 학교생활기록부, 자기소개서, 추천서, 학교생활 보충 자료를 바탕으로 지원자의 학업 역량, 성장 가능성, 개인의 차별적 특성 등을 평가합니다.

- 서강대 서류 평가의 메인 재료는 학생부이며, 자기소개서, 추천서는 참고 자료로 활용합니다. 또한 3개를 모두 별개로 배점하지 않고 모두 연계하여 종합적으로 평가합니다.

- 교과 성적은 평균, 표준편차, 학기별, 과목별 수강 인원, 이수 과목의 특성 등을 종합적으로 고려하여 평가합니다.

- 서강대는 독서 활동의 비중이 낮습니다. 왜냐하면 독서의 경우 학생이 실제로 독서를 했는지에 대한 확신이 적기 때문입니다. 반면, 세특은 매우 중시하는데, 특히 교과 수업 시간에서 학생의 노력, 활동에 대한 교사의 평가를

존중합니다.

- 창체 중 동아리 활동을 중시합니다. 의미 있는 활동을 했다면 그 활동에 대한 반성적 성찰(remind)이 필요할 것으로 여겨집니다.
- 연구보고서(R&E)는 평가합니다. 연구보고서(R&E)는 작성 여부가 중요한 것이 아니라 본인의 역량(탐구력 등)과 경험을 바탕으로 한 작성 과정, 성장을 나타내는 변화 등이 드러나는 것이 더 중요합니다.

⑥ 한양대학교

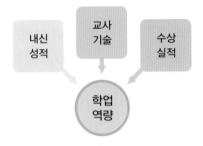

- 서류 평가에 참여하는 입학사정관 수는 전임 입학사정관 15명 + 위촉(교수) 입학사정관 64명입니다. 절차 단계는 지원자의 학업 역량을 2인 1조 전임입학사정관 팀이 평가하고 또 다른 2인 1조의 전임 입학사정관 팀이 지원자의 인성 및 잠재력을 평가합니다. 그리고 1인의 위촉(교수) 입학사정관이 해당 지원자의 학생부를 종합 검토하여 평가를 완료합니다. 만약 해당 학생에 대한 입학사정관들의 평가 결과가 지나치게 상이할 경우 편차 조정을 실시하며 편 조정을 위한 합의에도 불구하고 학생의 역량에 대해 의구심이 존재할 경우 해당 고교를 실사 방문합니다.

- 학업 역량은 내신 성적, 교사 코멘트, 수상 실적 등을 종합해서 평가합니다. 내신 성적이 다소 낮더라도 교사 코멘트, 수상 실적, 창체 활동 등이 우수하면 평가에 긍정적으로 반영됩니다. 교과 성적만을 반영하진 않습니다. 합격생들의 통계적 분포를 보면, 학업이 우수한 학생의 내신 등급은 1~3등급대의 학생이 많고, 활동이 우수한 학생의 내신 등급은 3~5등급대의 학생이 상대적으로 많습니다.

- 학생의 진로 변경을 고려하여, 전공적 합성을 좁게 보지 않고 넓게 봅니다. 학과가 아니라 계열로 범위를 넓혀 '계열 적합성'으로 평가합니다. 예를 들어 영문학과가 아니라 인문 계열로 본다는 의미입니다.

- 독서 활동은 평가에 반영하지 않습니다. 한양대는 별도로 면접을 보지 않아 독서 활동에 대해 신뢰하기가 쉽지 않기 때문입니다.

- 교내 교육과정을 벗어난 연구보고서(R&E)는 평가에 반영하지 않습니다. 연구보고서(R&E)을 평가하되, 연구보고서(R&E) 주제의 난이도, 유명 교

수의 코칭이나 컨설팅은 평가에 반영하지 않습니다. 따라서 연구보고서(R&E)에서 평가하는 항목은 연구보고서(R&E) 작성을 하는 과정에서 드러나는 잠재성, 자기 주도성, 탐구력 등의 역량입니다.

• 한양대는 기본 축(주로 '세특')을 중심으로 한 횡단 평가를 합니다. 수상 경력, 창의적 체험 활동, '세특', '행종' 4가지 항목을 주요한 항목으로 평가합니다. 이러한 항목별로 가중치는 별도로 없으며 연결하여 평가합니다. 결론적으로 '세특'을 중심으로 각 항목별 활동의 동기, 과정, 결과가 유기적으로 연계되어 있는 것이 중요합니다.

⑦ 이화여자대학교

| 출결
무단 결석
감점 | 수상
매우 중시 | 진로
변경 무관 | 자유 활동
리더십
중시 | 활동
정량 개수
중시 |

- 이화여대는 기본적으로 학생부는 학교를 평가하는 것이 아니라 개인을 평가하는 것이라는 관점을 가지고 있습니다. 따라서 학교 행사나 활동이 아니라 개개인의 특성이 드러날 수 있도록 기술하는 것이 중요합니다. 교과에서의 특징이 비교과 활동에서 연계된다면 좋은 평가를 받을 수 있습니다. 학교 활동의 우수성을 평가하기 위해 학생부, 자소서, 추천서 외에 고교 프로파일 등을 추가로 참조하여 맥락적인 평가를 진행합니다.
- 출결에서 무단(미인정) 결석은 감점을 합니다.
- 수상 경력은 매우 중시합니다. 다만, 교과상은 내신 등급 또는 세부 능력 및 특기사항과 중복되는 것으로 판단하여 평가합니다.
- 진로 희망이 중간에 변경되는 것은 아무런 상관이 없습니다.
- 창체 자율 활동에서 리더십 활동을 매우 중시합니다. 전교 학생회장, 부회장, 학급반장, 부반장 등의 리더십 활동을 평가에 반영합니다. 그 외에 선도부원 활동도 의미가 있다면 평가에 반영합니다. 모든 활동에서 정량적인 개수도 중요시하게 보고 있습니다.
- 합격 분포대의 교과 성적을 보면, 1등급대 후반~2등급대 후반 학생이 가장 많습니다. 전 교과(국어, 수학, 영어, 사회, 과학) 5개 학기 내신 평균 등급(최종 등록자 기준)은 인문계열 2등급 대 후반, 자연계열 2등급대 중반 선에서 형성되어 있습니다.
- 사교육을 유발한다고 비판을 받고 있는 '연구보고서(R&E)'는 평가에 반영하지 않습니다. 논문은 고등학교가 아닌 대학에 와서 쓰면 된다고 판단되기 때문입니다.

❽ 중앙대학교

- 중앙대의 서류 평가는 대학의 인재상을 토대로 교과 및 비교과 활동과 연계한 평가 모형을 활용하여 평가를 진행합니다. 학생부, 자기소개서, 교사 추천서를 근거로 학교생활(교과/비교과)에서 균형적으로 성장한 인재를 선발하며 다빈치형인재/사회통합전형에서는 학업 역량 20%, 탐구 역량 20%, 통합 역량 20%, 인성 20%, 발전 가능성 20%의 배점으로, 탐구형인재/SW인재 전형에서는 학업 역량 20%, 탐구 역량 30%, (SW)전공 적합성 30%, 인성 10%, 발전 가능성 10%의 배점으로 정성 평가를 실시합니다. 서류 평가는 입학사정관 2인이 한 조로 지원자 1인에 대해 독립 평가를 하는 방식으로 이루어집니다.

- 중앙대는 세부 능력 및 특기 사항에서 수상 경력만을 기술하는 것 보다는 수상을 했거나 혹은 수상을 하지 못했더라도 본인에게 의미가 있는 것이라면 그 과정(사실의 인과관계)도 같이 구체적으로 기술하면 평가에 도움이 됩니다.

- 진로 희망이 중간에 변경이 된다면 변경 이후 진로 개척을 위해 노력한 과정과 의미를 중요시하여 평가합니다. 면접에서도 이러한 과정과 의미를 확인합니다. 항목 간 상호 연계성을 중시하여 평가합니다.

❾ 경희대학교

- 경희대는 학생부에서 깊이 있는 활동을 중요시합니다. 예를 들어, 동아리 활동은 수업 중의 교과 활동과 연계한 동아리 활동과 수상 실적을 연계적 관점에서 평가합니다. 이것을 통해 자기 주도성과 인성 영역을 평가합니다.
- 교내 수상은 교육부가 제한하는 범위에서 해야 합니다. 수상은 상보다는 수상을 위한 적극적인 과정(인과 관계)과 변화에 의미를 둡니다. 수상 명칭과 종류에 대해서는 대학 자체적으로 기준을 만들어 의미를 부여합니다.
- 진로 희망은 변경이 될 수 있다는 것을 충분히 감안합니다. 전공 적합성을 **넓게** 해석합니다. 계열 적합성으로 이해하고 있습니다. 진로와 다소 관계없는 활동은 인성, 발전 가능성에서 평가합니다.
- 합격생의 교과 성적은 대표적인 네오르네상스전형의 경우 평균 2등급 중반 내외입니다. 그러나 합격자의 내신 분포는 넓게 구성되어 있습니다.
- 학생부에서 가장 중시하는 항목은 '세특'입니다. '세특'을 통해 모든 교과 교사가 추천서를 써 준다는 마음으로 기록된다면 평가에 많은 도움이 됩니다. 교과 외 활동 프로그램보다는 창의성, 인성을 성장시킬 수 있는 교과수업의 변화가 기술되면 평가에 더 유리합니다. 수상 실적, 동아리활동, 독서 활동 등과 연계하여 학업 역량과 전공 적합성, 인성을 봅니다.
- 연구보고와 외부 활동 등 입증하기가 쉽지 않은 교외 활동은 평가에 반영하지 않습니다. 다만, 교내 교육과정으로 편성되어 실시한 과제 연구, 주제 탐구, 수행 평가 보고서 등은 평가에 반영합니다.

⑩ 한국외국어대학교

출결 매우 중시	진로 변경 무방, 현재만 중시
교수 사정관 독서, 교과 성적 중시	동아리 질 〉양 본인 역할

- 외국어대는 교과 성적뿐만 아니라 학습 태도, 의지, 지적 호기심 등 모든 근거 요소를 추출하여 학업역량을 평가합니다.

- 전임 입학사정관(채용), 교수(위촉) 입학사정관 모두 공통적으로 출결 사항과 행동특성 및 종합의견을 가장 중요시합니다. 학생이 자기소개서에 인성적 부분을 강조하면 학교에 확인을 통해 평가에 반영합니다.

- 자격증은 불필요한 것으로 여겨 평가에 반영하지 않습니다. 진로 희망 사항은 변경될 수 있다는 것을 전제하여 변경된 것에 대해 큰 의미를 부여하지 않고 현재의 진로와 그에 따른 활동을 중요하게 평가합니다.

- 창체 동아리 활동은 양보다 질을 중시하며, 개인의 두드러진 역할이 드러나는 것이 평가에 도움이 됩니다. 원하는 동아리가 없다면 적극적으로 자율 동아리를 만들고 활동한 실적을 높게 평가합니다. 그 과정에서 배우고 느끼고 변화하는 모습을 중요하게 봅니다.

- 세특에서는 수업 방법의 개선과 변화 등에 초점을 맞춰 평가합니다.

- 독서 활동을 중요시하는데, 특히, 교수사정관들이 더 중요하게 여겨 평가를 진행하고 있는 것으로 나타났습니다. 상대적으로 교수 입학사정관들이 전임 입학사정관들보다 교과학업성취도에 더 높은 관심을 보이는 것으로 나타났습니다.

- 특목고에서 일반고로 전학하는 경우 별도로 성적 추이의 변화 등을 확인을 하고 있으나 그 사항에 대해서 평가에는 직접적으로 반영하고 있진 않습니다.

⓫ 시립대학교, 동국대학교, 국민대학교, 홍익대학교

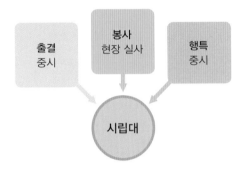

① 서울시립대학교

출결 사항과 행동 특성 및 종합 의견을 매우 중시하여 평가합니다. 특히, 봉사활동은 시간이 겹치거나 상대적으로 시간이 너무 많다고 판단되는 경우에는 현장 실사를 통해 확인이 되면 감점을 합니다.

서울시립대는 독서 목록을 학생부에 기록했는데 책의 내용을 정확히 파악하지 못한다면, 면접에서 대답을 잘 할 수 없습니다. 이럴 때는 오히려 평가에 악영향을 끼칠 수 있습니다. 따라서 책 목록은 진실하고 진정성 있게 기록해야 합니다.

② 동국대학교

두드림 전형	다른 전형
전공 적합성	고른 성적

동국대는 서류 종합 평가에서 정량적 평가를 배제하고 정성 평가를 통해서만 학생을 선발합니다.

- 서류 종합 평가는 1,000점 만점으로 기본 점수 600점을 부여합니다.
- Do Dream 전형은 2인의 입학사정관이 평가를 하며, 서류 및 면접 평가 시 평가위원을 동일한 입학사정관으로 구성하여 평가의 신뢰성을 확보합니다.

- 학교장추천인재전형은 서류 종합 평가 100%, 일괄 전형으로 3인의 평가자가 사전 평가와 본 평가에 걸쳐 학생을 평가하여 철저한 서류 검증을 진행합니다.

- 동국대는 서류평가 시 자체 개발한 평가 시스템을 활용하여 평가를 진행하며, 이를 통해 학생에 대한 자료를 총체적으로 살펴보고 평가합니다. 특히, 개별 인적사항 정보(학생명, 수험번호 등)를 제공하지 않은 가번호 상태로 평가하고 있으며, 서류 평가 후 평가자별 편차가 발생하는 건을 추출하고 심의하는 재평가 과정을 진행합니다.

- 동국대는 대표 전형인 두드림 전형에서 전공 적합성을 매우 중요시합니다. 상대적으로 그 외 다른 학생부종합전형전형은 교과 영역의 고른 성적을 중시합니다. 일반고는 2~3등급대, 특목고와 자사고는 4~5등급대 학생이 가장 많이 지원하고 합격하는 추세를 보이고 있습니다.

- 성적은 수강한 과목의 인원 수와 등급, 표준편차, 세특을 종합하여 평가합니다. 전공에 대한 관심과 열정이 단순히 내신 성적만 좋은 학생보다 높게 평가받습니다. 성적이 현저하게 상승하면 발전 가능성 영역에서 긍정적인 평가를 합니다.

- 3학년 1학기 비교과 활동은 전공과 관련한 최소한 활동이 필요합니다. 1학년과 2학년 때 부족한 부분을 보충하는 의미는 아닙니다. 하지만 아예 없는 것보다는 낫습니다.

- 봉사활동은 시간이 많다고 해서 가점을 하진 않습니다. 다만, 지나치게 적으면 감점을 합니다. 진정성 있는 봉사활동이라고 인식되면 가점을 할 수 있습니다.

③ 국민대학교

- 수상 실적이 특별히 많은 학교와 작은 학교를 비교하여 평가합니다. 비교는 각 학교별 교육 계획  서를 통해 비교, 확인합니다. 창체의 모든 활동을 중요시합니다.

④ 홍익대학교

- 다른 대학과 마찬가지로 활동은 양적인 측면보다 질적인 측면을 더욱 중시합니다. 흔히, 자율 활

홍익대   양 〉질
개인 차별화 중시

동에서 자주 사용 하시는 "학급 학생회장 선거에 참여하여 민주주의 정신을 기르고~" 표현은 글자 수 낭비라고 생각합니다. 하지만 본인이 출마했거나 개별 학생만이 가진 특기나 차별화된 내용, 그 내용을 통해 느낀 점을 적는 것은 바람직합니다.

- 홍익대는 전공 적합성을 평가하기 위해 전공 탐색의 구체성은 학교생활기록부 중 진로 희망 사항/ 창의적 체험 활동(진로 활동)/ 행동 특성 및 종합 의견, 자기소개서의 4번 문항, 추천서의 3번 문항을 토대로 종합적으로 평가합니다.

- 열정 및 소양은 학교생활기록부 중 수상 경력 / 자격증 및 인증 취득 상황/ 창의적 체험 활동(동아리 활동, 진로 활동) / 독서 활동 상황 / 행동 특성 및 종합 의견, 자기소개서의 1~2번 문항, 추천서의 3번 문항을 토대로 종합적으로 평가합니다.

- 자기 주도성은 학교생활기록부의 행동 특성 및 종합 의견, 자기소개서의 1~2번 문항, 추천서의 3번 문항을 토대로 종합적으로 평가합니다.

- 인성을 평가하기 위해 성실성은 학교생활기록부 중 출결 사항, 행동 특성 및 종합 의견, 자기소개서의 2번 문항, 추천서의 3번 문항을 토대로 종합적으로 평가합니다.

- 공동체 의식은 학교생활기록부 중 학적 사항, 출결 사항, 창의적 체험 활동(봉사 활동 실적), 행동 특성 및 종합 의견, 자기소개서의 3번 문항, 추천서의 2~3번 문항을 토대로 종합적으로 평가합니다.

- 리더십은 학교생활기록부 중 창의적 체험 활동(자율 활동, 동아리 활동), 행동 특성 및 종합 의견, 자기소개서의 3번 문항, 추천서의 2번~3번 문항을 토대로 종합적으로 평가합니다.

⑫ 건국대학교

```
┌─────────────┬─────────────┐
│  출결       │  자격증     │
│  무단결석   │  특성화고만 │
│  감점       │  반영       │
├─────────────┼─────────────┤
│  진로 희망  │  세특       │
│  진로 일관성│  DB 유사도  │
│  가점       │  검사       │
└─────────────┴─────────────┘
```

- 건국대에서 인성 평가는 성실성, 주도성, 소통 역량을 평가합니다. 성실성은 자신이 맡은 바를 묵묵히 최선을 다하여 완수하는 책임감과 노력 및 자신의 삶과 생활에 충실한 태도입니다. 주도성은 다양한 과업 수행 시 능동적인 자세를 취하고 상황을 솔선해서 이끌어가면서 적극적으로 정보를 구하거나 기회를 찾는 태도입니다. 소통역량은 효과적인 의사소통 방법을 사용하여 메시지를 전달하고 이해하는 것에서 나아가 팀원 간의 상호 협조와 협력을 효과적으로 이끌어내는 능력입니다.

- 건국대는 세특을 매우 중시합니다. 세특에서 반드시 개인의 특성이 드러나도록 작성하는 것이 중요합니다. 특히, 건대는 5년 이상의 데이터베이스(DB)를 구축하여 유사도 검사를 합니다.

- 출결은 무단(미인정) 결석 시 감점을 합니다.

- 자격증은 전공과 관련하여 특성화고에 해당되는 사항만 평가를 진행하고 있습니다.

- 진로 희망에서 진로 변경은 가능하나 진로 희망이 일관된 경우에 가점을 하는 것으로 알려져 있으니 중간에 진로가 변경된 학생은 건대를 지원하는 데에 참고할 필요가 있습니다.

- 창체는 개인 활동이 두드러지는 동아리 활동과 봉사 활동을 특히 중요하게 평가합니다. 물론, 다른 활동에서도 개인 활동이 있다면 평가에 반영합니다. 하나의 스토리나 주제로 연결(연계)될 수 있는 다양한 활동을 구체적으로 드러내는 것이 좋습니다.

<table>
<tr><td>

출결
무단 결석
평가

</td><td>

동아리
교과 & 심화
동아리 선호

</td></tr>
<tr><td>

활동의
지속성
교과 연관성

</td><td>

변화 모습
중시
질 〉 양

</td></tr>
</table>

- 숙명여대에서 말하는 전형 적합성은 숙명인재전형 미래 리더에서는 '리더십과 팔로우십', 숙명인재전형 과학 리더에서는 '수학 과학 역량'에 대해 평가합니다. 리더십과 팔로우십은 단순히 회장, 부회장, 혹은 동아리장 등의 직책이 아니라 리더십 및 팔로우십을 발휘한 구체적인 경험과 활동의 우수성, 이를 통해 내면화된 리더십에 대한 가치관 등이 잘 드러나도록 하는 것이 좋습니다.

- 수학 과학 역량은 수학·과학 분야에 대한 관심과 흥미, 다양한 교과·비교과 관련 활동, 이를 통해 확인할 수 있는 수학·과학적 사고력과 탐구력, 문제해결 능력 등을 평가합니다. 따라서 수학 과학과 관련한 흥미와 열정은 물론 관련 분야의 성과를 구체적으로 드러내야 합니다.

- 숙명여대는 출결에서 무단 결석 위주로 평가합니다.

- 진로 희망은 변경 시 변경 이유를 면접에서 확인합니다.

- 동아리 활동은 전공 관련 교과 및 심화 동아리를 선호합니다. 활동의 지속성과 전공 교과 연관성을 중요시 합니다. 또한 양보다 질을 중시하며, 학생의 긍정적 변화 모습을 중시하여 평가합니다. 이러한 긍정적 변화 모습은 행동 특성 및 종합 의견에 구체적으로 기술해 주면 평가에 도움이 됩니다.

- '행종'에서 수상 실적, 리더십 실적(학생회장, 반장, 동아리장 등), 진로 활동 등의 전공 적합성과 관련 된 내용 중에서 핵심적으로 중요한 활동을 다시 한번 정리해 주는 방식으로 기술해 주면 평가에 더욱 도움이 됩니다.

⑭ 숭실대학교

출결 매우 중시	**진로 희망** 변경시 동기 중요
봉사활동 200시간 이상 가점	**동일 학교** **지원자** 비교 평가

- 숭실대는 서류 종합 평가 시 학업 역량, 활동 역량, 잠재 역량 3가지를 평가합니다. 서류 종합 평가의 25%를 차지하는 학업 역량은 학업 성취도 종합 평가로써 주요 교과 성적을 포함해 성적 변동 추이와 전 과목 학업 성실성 등을 평가합니다. 교과 영역을 반영하되, 교과에 치우친 평가가 되지 않도록 적정한 비중으로 반영하고 있습니다. 75%의 비중을 차지하는 활동 역량(55%), 잠재 역량(20%)에서는 성실성, 전공 적합성, 자기 주도성, 인성, 발전 가능성 등을 종합적으로 평가합니다. 활동, 잠재 역량에서는 교과 성적 및 교과 우수상을 중복 평가하지 않습니다.
- 숭실대는 신뢰도가 높은 출결 사항을 매우 중시합니다.
- 진로 희망 사항에서 최종 희망을 눈 여겨서 봅니다. 일치 여부는 중요하지 않습니다. 만약 중간에 진로가 변경되었을 경우에는 변경 동기를 중요시하게 보고 평가합니다.
- 봉사 활동은 지원자들이 평균적으로 70-140시간을 하는 것으로 나타났습니다. 정량적으로 200시간 이상일 경우에는 가점을 합니다. 또한 개인적으로 특별한 봉사 활동은 참고하여 평가합니다.
- 동일 학교 지원자는 활동 내용들을 비교해서 평가하고 있습니다. 따라서 같은 활동을 했다하더라도 공통된 내용을 복사하는 것을 지양하고 개인별 차이를 두고 기록하는 것이 평가에 도움이 됩니다. 개인별로 참여 목적, 결과, 장단점, 사례 등이 구체적으로 들어가면 좋습니다.

- 광운대는 출결 사항에서 무단 사항을 참고하여 평가에 반영합니다. 무단 지각, 결과, 결석이 해당됩니다.
- 진로 희망은 일관성과 변경 추이를 참고하여 평가합니다. 진로 상황과 다른 활동은 다른 영역 간의 연계성이 드러나도록 기술해 주면 평가에 도움이 됩니다.
- 세특은 성적이 낮은 학생일수록 내용이 적어 평가에 애로 사항이 있습니다. 다소 성적이 낮은 학생이라도 자세히 적어줘야만 적절한 평가가 가능합니다.
- 행동특성 및 종합의견은 추천서를 대체하므로 개별 학생에 대한 내용을 구체적으로 적어줘야만 평가가 가능합니다.
- 교과 성적은 대체적으로 2~3등급대에서 가장 많이 합격합니다.

⑯ 서울과학기술대학교

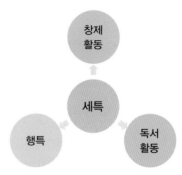

- 서울과학기술대의 서류 평가를 위해 참여하는 입학사정관 수는 전임 사정 관 6명 + 교수 위촉 사정관 60명으로 구성하여 총 66명이 서류 평가에 참가 합니다. 서류 평가 영역은 학교생활기록부, 자기소개서를 토대로 지원자의 인성, 전공 적합성, 자기 주도성, 발전 가능성 4개 영역을 평가합니다.
- 서울과학기술대는 세특을 축으로 해서 창체 활동, 독서 활동, 행동 특성 및 종합 의견을 연계하여 평가합니다.
- 서울과학기술대는 출결 사항은 정성 평가를 하고, 전공 관련 자격증이 있 으면 가점을 합니다. 교과 학습은 성적 변화 추이를 중시하여 이에 따라 정 성적으로 평가를 합니다. 특이한 활동을 한 학생의 경우에는 다른 학생과 비교해서 관련 내용을 확인 후 재평가하여 평가에 반영합니다.

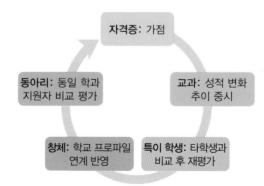

- 창체 활동은 학교 프로파일과 연계하여 확인하면서 평가에 반영합니다. 동 아리 활동은 동일학과 지원자를 비교하여 평가에 반영합니다.

⑰ 단국대학교, 상명대학교, 서울여자대학교, 성신여자대학교

① 단국대학교

지원 자격은 국내 정규 고등학교 3개 학기 이상 성적을 취득한 삼수 생까지 지원이 가능하며 기회균형

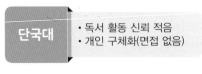

단국대
• 독서 활동 신뢰 적음
• 개인 구체화(면접 없음)

선발, 특수교육 대상자는 검정고시 출신자도 허용합니다.

- 단국대의 서류 평가 절차는 1차 평가(2인 교차 평가) → 실사(해당자) 및 표절 검증(해당자) 결과 반영 → 1차 평가 점수 부여 → 2차 평가(해당자) → 3차 평가(해당자) → 입학사정관심의위원회 최종선발심의로 선발합니다.

- 단국대는 독서 활동을 그다지 신뢰하지 않습니다. 면접이 없으므로 학생부와 자기소개서 등의 서류를 더 세밀하게 보고 평가합니다. 따라서 개인별로 특화된 내용을 구체적으로 기술해 있으면 평가에 도움이 됩니다. 특히, 창의 역량은 세특을 바탕으로 논리적 분석력, 문제 해결력, 과제 집중력 등의 세부 요소로 구분하여 평가합니다.

② 상명대학교

- 상명대는 추천서의 대체재로서 담임 교사가 작성하는 행동 특성 및 종합 의견을 중시합니다. 따라

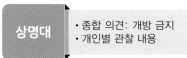

상명대
• 종합 의견: 개방 금지
• 개인별 관찰 내용

서 교육 지침으로 학생과 학부형에게 개방이 금지되는 것이 더 구체적이고 정확하게 기술될 거라고 생각합니다.

- 종합 의견에 항목별로 나눠 쓰는 것보다는 구체적인 관찰 내용을 자세하게 기술해 주는 것이 평가 뉘앙스 파악에 도움이 되므로 오히려 더 평가에 도움이 됩니다.

③ 서울여자대학교

- 서울여대는 세특을 중시하며 개인특성이 구체화되기를 요구합니다.

서울
여대
• 세특: 개인 특성 구체화
• 연계성 중시 / 질 > 양

- 개인 특성은 학생의 관심 분야, 수업 시간에서의 활동 모습, 발표 주제, 발표 결과, 결과 후 변화 내용 등이 기록되면 평가에 도움이 됩니다. 또한 전공의 일관성과 연계된 활동을 중시합니다. 방과 후 활동, 동아리 활동, 독서 활동 등이 일치되면 좋은 평가를 받을 수 있습니다. 양보다 질을 중시하며 학생 중심으로 학생의 역할 및 느낀 점 등이 들어가면 좋습니다.
- 서울여대 학생부종합전형 교과 성적 평균 등급은 3등급 중반입니다. 졸업한 지 5년 이내 학생도 지원이 가능하므로 4수까지 지원이 가능합니다.

④ 성신여자대학교

- 창체 자율 활동에서 동일 학교 지원자들을 비교하여 평가합니다.

성신여대
- 동일 학교 학생 비교 평가
- 교내 청소 위주는 저평가

- 창체 봉사 활동에서는 교내 청소 시간이 봉사 시간의 대부분을 채우는 경우에는 많더라도 큰 의미를 두지 않으므로 낮게 평가합니다.
- 창체에서 공통적인 활동은 평가에서 제외합니다.

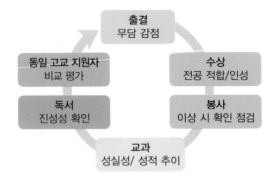

- 가톨릭대는 오랜 경험과 더불어 체계적으로 평가 시스템이 구축되어 있습니다. 평가 절차와 방식은 총체적이고 분석적이며 종합적인 평가 시스템이 잘 구성되어 있습니다. 특히, 인성을 중시하여 학생부 모든 항목에서 인성 요소를 세밀하게 분석하고 이를 중요하게 평가에 반영합니다.
- 세특과 행종을 매우 중요하게 보고 평가합니다. 따라서 개별 학생의 특징과 사례의 구체화를 바탕으로 평가합니다.
- 출결은 무단(미인정) 사항(지각, 결과, 결석)이 있으면 감점을 합니다.
- 수상 내역은 전공 적합성 영역과 인성 영역을 평가하는 데에 활용합니다.
- 진로 희망은 변경될 수 있다는 전제 하에 살펴봅니다. 만약 변경이 되었다면 자기소개서에 소명을 할 필요가 있습니다. 이러한 것은 면접에서도 확인할 수 있습니다.
- 창체 봉사 활동은 동일 시간이 겹치거나 너무 과다한 시간을 한 경우라고 판단되는 경우에는 확인과 검증을 통해 평가에 반영합니다.
- 교과 학습에서는 학습 태도의 성실성과 주요 과목의 성적 추이를 중점으로 평가합니다.
- 독서 활동은 전공과의 연계성, 진정성을 바탕으로 평가합니다. 동일 고교 지원자는 활동 내역 등을 비교해서 평가합니다.

⑲ 가천대학교

출결 무단 정성 평가	**행특** 가장 중시함
독서 전공 독서 중시	**창체** 자소서 일치 확인

- 출결 사항에서 무단 사항은 감점이 아닌 정성적으로 평가합니다.
- 자격증은 그다지 중요하게 여기지 않습니다.
- 진로 희망은 변경이 있다면 면접에서 확인합니다.
- 독서 활동은 교양보다는 전공 관련 독서 활동을 눈여겨봅니다.
- 창체 활동 내용은 자기소개서와 일치 여부를 확인합니다.
- 세특과 행종을 가장 중요시하여 평가합니다. 따라서 모든 활동을 종합적으로 기술되는 것이 바람직합니다. 각 항목별 연관성이 중요하며 특별하거나 모범되는 사례를 구체적으로 기술되어 있으면 평가에 도움이 됩니다.

⑳ 경기대학교

- 출결은 무단 사항은 감점을 합니다. 또한 병결 사유는 정확하게 확인을 하여 평가합니다.
- 자격증은 그다지 중요하게 생각하지 않습니다.
- 개별적인 성취와 참여 활동의 구체화된 기록을 중시합니다. 학교장이 허락한 교외 활동(현장 체험 학습 등)은 평가에 적극적으로 반영합니다.
- 학생부종합전형을 통해 학교의 변화 모습(교육과정 등)과 학생들의 변화된 과정과 결과에 대해서도 평가를 합니다.

㉑ 아주대학교, 인천대학교, 한양대학교(에리카)

① 아주대학교

　아주대는 개별 학생의 특징을 중시합니다. 작은 에피소드라도 기록된다면 평가에 도움이 됩니다. 또

아주대	• 동일 학교 지원자 비교 평가 • 종합 의견: 학생 특징 기록 필요

한 동일 학교 지원자를 비교하여 평가합니다. 행동 특성 및 종합 의견은 추상적 내용보다는 개별 학생의 특징을 자세히 기술해 주는 것이 필요합니다.

② 인천대학교

　인천대는 세특과 행종을 매우 중요시합니다. 내용의 기술은 공통내용을 지양하고 구체적이고 사례

인천대	• 세특&행특 중시: 사례 중심 • 독서: 전공 적합성&인성 평가

중심의 기재가 평가에 더 도움이 됩니다. 세특과 행종은 교사 추천서의 역할을 합니다. 독서 활동을 통해 전공 적합성과 인성 부분을 평가하고 있습니다. 독서를 통해 진로 설정과 인성적 성숙 등의 변화 부분이 기록되면 평가에 도움이 됩니다.

③ 한양대학교(에리카)

　학교의 논술 대비반이나 수능 대비반이 있듯이 학생부종합전형 대비반을 1학년 때부터 기획하여 운

한양대 에리카	• 1학년 때부터 학종 대비반 운영 • 세특&행특&동아리 활동 중시

영하면 좋습니다. 학생부종합전형을 잘 준비하는 일반고를 보면 고3 담임뿐만 아니라 고교의 모든 교사가 협력하고 연계하는 공통점을 볼 수 있습니다. 세특, 행종, 창체의 동아리 활동을 진로의 일관성 측면과 연계 활동 측면에서 중요하게 평가합니다.

㉒ 경북대학교, 경상대학교, 부경대학교

① 경북대학교

- 경북대는 출결의 영향력이 거의 없습니다. 특성화고를 제외한 일반계 고교 출신 학생들은 자격증

경북대
- 자격증 가산점
- 교외 봉사: 꾸준한 봉사는 가점

이 거의 없기 때문에 전공 관련 중요한 자격증을 취득한 학생은 가산점이 있습니다. 진로 희망 사항은 늘 변경이 가능하기 때문에 동일하지 않아도 불이익이 없습니다.

- 3학년 1학기에는 학업이 중요하기 때문에 창체를 중요하게 보지 않습니다. 봉사활동은 3학년 1학기까지 교내 봉사 활동은 50시간 정도면 충분하다고 판단됩니다. 또한 꾸준하고 장기적인 교외 봉사활동은 별도의 가산점을 부여합니다.

- 지원 전공 관련 동아리 활동은 매우 중요하게 봅니다. 시간이 아니라 의미 있는 활동 여부가 중요합니다.

② 경상대학교

경상대는 출결 사항을 통해 성실성, 인성 등을 파악합니다. 진로 희망 사항은 참고만 할 뿐, 평가에 반

경상대
- 진로 희망: 참고만 / 평가 미반영
- 전공 적합도, 창의성, 주도성 평가

영하지 않습니다. 창체는 전공 적합도, 창의성, 주도성을 평가 영역으로 하여 평가하며 활동의 구체적 사례를 중심으로 평가합니다.

③ 부경대학교

부경대는 출결 사항은 학생의 기본적 성실성을 판단하는 부분으로 생각합니다. 자격증은 전공 관련

부경대
- 출결: 성실성 체크
- 진로 희망 일관성: 긍정 평가

자격증일 경우에는 평가에 반영합니다. 진로 희망 사항이 지속적으로 일관되면 긍정적으로 평가하나 중간에 변화되었다 해서 부정적으로 평가하지는 않습니다. 창체는 주도성, 적극성, 전공 탐색 노력 등을 평가합니다.

서울 및 수도권 대학별 자기소개서 핵심 POINT

❶ 서울대학교, 연세대학교, 고려대학교

깊이/다양성	서울대, 고려대: 깊이 〉 다양성 연세대: 다양성 〉 깊이
포인트	서울대: 일관성 연세대: 구체화(동기, 목표, 과정, 결과)
기타	고려대: 학생부, 추천서 더 신뢰 융합형(다양성+우수성), 학생부 융합형(우수성>다양성)

① 서울대학교

서울대는 활동의 깊이와 다양성 중에서 깊이를 더 중요시합니다. 또한 일관성을 중시합니다. 학교 밖인 교외에서 수상하는 실적은 평가에 반영하지 않습니다. 학교 밖에서 이뤄지는 연구보고서(R&E), 기타 활동도 평가 시 고려하지 않습니다.

② 연세대학교

연세대는 활동의 깊이와 다양성 중에서 다양성에 초점을 맞춥니다. 그리고 문항별로 동기, 목표, 과정, 결과가 들어가는 것이 평가에 도움이 됩니다.

③ 고려대학교

고려대는 깊이와 다양성 중에서 깊이를 더 중시합니다. 자기소개서는 기본적으로 과대포장 경향이 있으므로 신뢰가 높지 않습니다. 오히려 학생부와 추천서를 더 신뢰합니다. 학생부종합전형 전형 중 융합형 전형은 다양성과 우수성 모두를 중시하는 데 반해, 학생부 위주 전형은 우수성을 다양성보다 더 비중을 둡니다.

❷ 성균관대학교, 서강대학교

깊이/다양성	성균관대: 깊이 + 다양성 서강대: 다양성 〉 깊이
포인트	성균관대: 학생부 기재만 평가 서강대: 교사 첨삭은 유사도 불이익
기타	성균관대: 학업, 활동 경험 의미 부여 + 느낀 점 기재

① 성균관대학교

- 성균관대는 활동의 깊이와 다양성 모두를 중시하여 평가하고, 서강대는 상대적으로 다양성을 깊이보다 중시하여 평가합니다.

- 성균관대는 학생부에 기재되어 있는 것만 평가하고 기재되어 있지 않은 것은 평가에 미반영합니다. 즉, 교외에서 이뤄진 활동이나 수상은 평가에 반영하지 않습니다. 또한 자기소개서는 학생이 고교 재학 기간 동안 노력해 온 학업, 활동 경험 중에서 본인에게 의미 있는 내용과 느낀 점을 구체적으로 기술하면 됩니다.

- 성균관대는 전국 고등학교 프로파일을 통해 교내 활동 사항을 정리하여 평가에 반영합니다. 따라서 프로파일에 있는 교내 활동인지를 확인하여 평가합니다. 외부 활동은 평가에 미반영합니다.

② 서강대학교

서강대는 교사가 자기소개서를 첨삭했다는 의심이 들면 유사도 검사 등을 통해 감점이나 불이익을 받을 수 있으니 주의가 필요합니다.

❸ 이화여자대학교, 중앙대학교, 경희대학교

중요 문항	중앙대: 1번 경희대: 2번(2개 이상)
정의	이대: 자화상 경희대: 학생 설명서
기타	이대: 학생부 없는 내용은 추천서 확인 경희대: 교외 활동 학생부 기재 시 반영

① 이화여자대학교

이화여대는 자기소개서를 정체성을 드러내는 글 즉, 자화상으로 정의합니다. 자기소개서 작성 글에서 학생부에 없는 내용은 추천서에서 확인합니다.

② 중앙대학교

중앙대는 자기소개서 문항 1번을 특히 중요하게 생각합니다. 또한 인재상을 강조합니다.

③ 경희대학교

경희대는 자기소개서 문항 2번을 특히, 중요하게 생각합니다. 자기소개서는 학생에 대한 설명서라고 정의합니다. 자기소개서 2번 문항은 2개 이상이면 됩니다. 교내외 활동을 특별히 구분하지는 않습니다. 외부 활동도 학생부에 기재되어 있으면 공식 활동으로 인정하여 평가합니다.

④ 서울시립대학교, 건국대학교, 동국대학교, 국민대학교

중요 문항
국민대: 1번 / 건국대: 2번 /
시립대, 동국대 모두

특징
시립대: 3번(1개 구체화 가능)
건국대: 2번 (교내 · 외 미구분)

기타
시립대: 학생부를 자소서로 검증
동국대: 대교협 + 자체 표절 검사

① 서울시립대학교

서울시립대는 자기소개서 평가를 해 본 경험에 비춰보면, 같은 학교 학생과 지방 학생의 내용이 큰 차이 없이 비슷하다는 것을 알아냈습니다. 학생부는 자기소개서로 검증하고 추천서로 확인합니다. 3번 문항은 배려, 나눔, 갈등 관리 중에서 1개 항목이라도 자세히 기술하면 평가에 반영됩니다.

② 동국대학교

동국대는 자기소개서 내용을 볼 때, 학생의 가치관이나 행동의 변화를 중시해서 평가합니다. 이를 면접에서 확인합니다. 유사도를 통한 표절 검사는 2번 실시합니다. 대교협 시스템과 학교 자체 표절 검사 시스템을 통해 이중으로 검증합니다.

③ 건국대학교

건국대는 2번 항목을 중시하며, 2번과 관련하여 규정에 맞으면 교내와 교외 활동을 특별하게 구분하여 평가하지 않습니다. 특히, 2번은 전공 심화 활동을 높이 평가하고 있고, 전공과의 연관성 있는 활동을 중시합니다. 사후 검증이나 확인(유무선, 이메일 등)을 통해 활동하지 않은 것을 자기소개서 등에 기재했을 때는 입학전형위원회에서 심의하여 최종 결정을 내립니다.

❺ 숙명여자대학교, 숭실대학교, 광운대학교

깊이/다양성	숭실대: 깊이 〉 다양성 숙대, 광운대 모두
평가 순서	광운대: 1번 → 4번 → 2번 → 3번 숙대: 자소서 강조 부분(학생부 확인)
중요 문항	숙대, 광운대: 1번 숭실대 2번
기타 사항	숭실대: 문항 간 내용 중복 피할 것 광운대: 4번(동기, 면접 확인)

- 활동의 깊이와 다양성 측면에서 숭실대는 다양성보다는 깊이를 더 중시합니다. 숙명여대와 광운대는 깊이와 다양성 모두를 고려하여 평가합니다.

- 문항별 평가 순서를 살펴보면, 광운대는 주로 학업 역량이 드러나는 1번 문항을 우선적으로 먼저 보고, 학업 및 진로 계획이 구체화 되는 4번 자율 문항을 그 다음으로 보고, 전공 적합성이 드러나는 2번을 세 번째로 보고, 마지막으로 인성이 드러나는 3번 문항을 봅니다. 숙명여대는 지원자가 자기소개서에서 강조하는 부분을 우선적으로 살펴보고, 이 내용을 학생부에서 바로 확인하는 순서로 진행합니다.

- 문항 간 변별력이 드러나는 중요 문항을 살펴보면, 숙명여대와 광운대는 학업 역량이 주로 드러나는 1번 문항을 중시하고, 상대적으로 숭실대는 전공 적합성이 드러나는 2번 문항을 중시합니다.

- 기타 사항을 살펴보면, 숭실대는 문항 간 내용 중복을 피하는 것이 좋습니다. 또한 수상 실적을 높이 평가합니다. 숙명여대는 과정 중심 기술을 선호하고 있고, 광운대는 4번 문항을 통해 동기를 주의 깊게 보고 면접에서 이를 확인합니다.

⑥ 서울과학기술대학교, 단국대학교

깊이/다양성	서울과기대: 깊이 〉 다양성 단국대: 깊이 〉 다양성

평가 순서	서울과기대: 모두 단국대: 2번

중요 문항	서울과기대: 활동의 일관성 중시 단국대: 학생부 미일치 감점 / 소제목

- 활동의 깊이와 다양성 측면을 살펴보면, 서울과기대와 단국대 모두 깊이를 다양성 보다 더 중요하게 평가하는 것으로 알려져 있습니다. 특히, 서울과 기대는 이러한 깊이를 면접에서 확인합니다.

- 문항 간 변별력이 드러나는 중요 문항을 살펴보면, 단국대는 전공 적합성 이 드러나는 2번 문항을 중시합니다.

- 서울과기대는 활동의 일관성을 강조하여 무질서하게 다양한 활동은 많더 라도 평가에 긍정적으로 반영되진 않고 있습니다. 따라서 전공 관련 활동 을 할 때에는 체계적인 계획을 가지고 일관된 축을 기준으로 하는 것이 바 람직합니다.

- 단국대는 자기소개서 기록 내용이 학교생활기록부와 일치하지 않을 때는 감점을 합니다. 또한 내용에 대한 의문이 들 때는 실사를 나갑니다. 이는 면 접이 없는 특징이 반영되는 것으로 보입니다. 자기소개서 작성에서 소제목 이 항목별로 기재되어 있는 것을 선호합니다.

❼ 상명대학교, 서울여자대학교

| 깊이/다양성 | 상명대: 깊이 〉 다양성
서울여대: 깊이 〉 다양성 |

| 평가 순서 | 상명대: 모두
서울여대: 1번 |

| 중요 문항 | 상명대: 학생부 이해용 세부 자료 |

- 활동의 깊이와 다양성 측면을 살펴보면, 상명대와 서울여대 모두 깊이를 다양성 보다 더 중요하게 평가합니다.
- 문항 간 변별력이 드러나는 중요 문항을 살펴보면, 서울여대는 학업 향상 능력을 중시하여 1번 문항을 특별히 더 중요시합니다. 상명대는 자기소개서를 학생부를 이해하기 위한 세부 자료로서 인지합니다.

⑧ 가천대학교, 가톨릭대학교

깊이/다양성	가천대: 다양성 〉 깊이 가톨릭대: 모두
평가 순서	가톨릭대: 학생부 내용 관련 의미 부여
중요 문항	가천대: 1번 가톨릭대: 모두
기타 사항	가천대: 활동의 일관성 중시 가톨릭대: 미기재 활동은 확인 후 평가

● 활동의 깊이와 다양성 측면을 살펴보면, 가천대는 다양성을 깊이 보다 더 중요하게 평가합니다. 상대적으로 가톨릭대는 깊이와 다양성을 모두 중시하여 평가합니다. 특히, 깊이는 전공 적합성 측면에서 주로 평가하고, 다양성은 자기 주도적 측면에서 주로 평가합니다.

● 문항 간 변별력이 드러나는 중요 문항을 살펴보면, 가천대는 학업 역량을 중시하여 1번 문항을 더 중시합니다. 반면에 가톨릭대는 모든 문항을 다 중요시하지만 특별히 전공 적합성이 두드러지는 2번 항목을 상대적으로 더 중시합니다.

● 가천대는 전공 관련 활동의 일관성을 가장 중시합니다. 만약 진로 변경이 있다면 자기소개서에 진로 변경 사유에 대한 기술이 필요합니다. 가톨릭대는 자기소개서에 지원자가 의미 있다고 기술한 활동 내용이 학생부에 기재되지 않은 경우, 확인 및 검증을 통해 평가에 포지티브(플러스+ 하는) 방식으로 반영합니다. 또한 항목별 소제목의 유무는 딱히 평가를 위한 변별 사항은 아닙니다.

⑨ 경기대학교, 인천대학교, 한국산업기술대학교

깊이/다양성	경기대, 산기대: 깊이 > 다양성 인천대: 모두
정의	경기대: 학생부 내용에 대한 학생의 해설서
중요 문항	인천대: 2번(3개 기술, 정량 평가) 경기, 산기대: 모두
기타 사항	인천대: 진실성 강조 경기대: 주도성 강조

- 활동의 깊이와 다양성 측면을 살펴보면, 경기대, 산기대는 내용의 깊이를 다양성 보다 더 중요하게 평가합니다. 상대적으로 인천대는 깊이와 다양성을 모두 중시하여 평가합니다.

- 문항 간 변별력이 드러나는 중요 문항을 살펴보면, 인천대는 전공 적합성을 중시하여 2번 문항을 더 중요시합니다. 특히, 2번 항목은 활동 개수를 3개 모두 기술하는 것이 긍정적 평가에 도움이 됩니다. 정성 평가와 더불어 정량적으로도 평가에 반영합니다.

- 인천대는 자기소개서 작성에서 진실성을 강조하나, 학생부를 받쳐주는 부가 요소로 보고 있습니다. 경기대는 자기소개서를 학생부 내용에 대한 학생의 해설서로 보고 있으며, 특별히 '주도성'을 중시해서 평가하고 있습니다. 산기대는 자기소개서를 참고 자료로만 보고 있어 상대적인 중요성이 다소 떨어지는 것으로 알려져 있습니다.

시작하기 전에는 잘 생각해야 하고,
잘 생각했으면 적시에 실행해야 한다.

– 실루스티우스–

　지금까지 각 대학의 학생부 및 자기소개서 평가 요소와 내용 등을 구체적으로 살펴보았습니다.

　이 내용은 필자가 실시한 전·현직 입학 관계자의 개별 인터뷰 내용과 17개 각 시도 교육청의 참고 자료, 인터넷 공개자료 등을 바탕으로 작성되었습니다. 다만, 개별 인터뷰 시점과 참고 자료의 미세한 오류, 필자의 내용 분석·해석의 상이점으로 인해 실제 내용과 다소 차이를 보일 수 있습니다. 또한 각 대학별로 대학 입학에 대한 정책적 변경이나 정책 결정권자의 변경 등으로 인해 관련 내용이 수정되거나 바뀔 수 있습니다. 그러므로 자세한 내용은 해당 대학이나 모집 요강 등을 참고하시고 본 내용은 어디까지나 원서접수나 정보를 취득하는 목적과 참고하는 용도로만 활용하시기 바랍니다.

제3부

학생부 편

학교생활기록부와
서류 평가

학교생활기록부의 이해

❶ 학교생활기록부의 정의 및 종류

학교생활기록부(이하 학생부)는 한 학생에 대한 교육 활동 기록으로 학교에서 수행한 교과 활동과 그와 관련된 비교과 활동에 대한 제반 사항을 누가 기록한 문서를 말합니다.

학생부는 법(초중등교육법 제 25조)으로 관리되는 공적인 장부로서 준영구적으로 보관됩니다. 한 학생의 학업 능력뿐만 아니라 다양한 활동 이력을 초등학교 단계부터 고등학교 3학년까지 사실에 입각하여 담임 교사와 관련 교사들이 기록합니다.

참고로 학생부는 학교생활기록부(학교생활기록부 Ⅰ)와 학교생활세부사항기록부(학교생활기록부 Ⅱ)로 나뉘며, 이 중에서 평가에서 주로 보는 것은 학교생활세부사항기록부(학교생활기록부 Ⅱ)입니다.

❷ 학교생활기록부의 평가 방식

학생부의 평가 방식은 대학별로 포지티브와 네거티브를 병행하여 평가할 수 있습니다. 다만, 이러한 평가 방식의 병행은 대학에 따라 명시적으로 평가하거나 정성적으로 평가할 수 있습니다.

포지티브 방식은 지원자가 제출한 학생부를 바탕으로 최대한 모든 요소를 평가에 반영해 주려는 플러스적인 평가 방식입니다.

네거티브 방식은 학생부 항목별로 대학이 정한 평가 기준과 지침에 의거하여 명시적 또는 정성적으로 감점을 하는 것을 의미합니다.

❸ 2017년 학교생활기록부 기록 변경 사항 안내

① 추진 배경 및 필요성

- '2015 개정 교육과정'과 2016년부터 모든 중학교 자유학기제 전면 실시 등에 따른 **학생 참여형 수업 및 과정 중심 평가 확대** 등에 따른 **교육과정-교수 · 학습-평가 기록**의 일체화 및 연계 강화
- 학생부종합전형 확대와 **학교생활의 온전한 종합 기록**으로서의 **학생부 신뢰도 및 공정성 제고** 등에 대한 요구 증대
- 일부 학교의 **학생부 부당 정정 사례** 등과 관련, **학생부 권한 관리 및 기재 방식 개선 방안 마련 필요**

② 학교생활기록부 항목별 입력 주체 구분

항목	입력 주체	
	현행	개정안
진로 희망 사항	없음	담임교사
창의적 체험 활동 자율 · 동아리 · 봉사 특기사항	없음	자율 활동 및 봉사활동(담임교사), 동아리 활동(지도교사)
교과 학습 발달 상황 세부 능력 및 특기사항	없음	교과 담당교사, 담임교사 (방과후학교의 경우 교과 담당 또는 담임교사)
행동 특성 및 종합 의견	없음	담임교사

학교생활기록부의 진로 희망 사항은 담임 교사가 작성하고, 창의적 체험 활동, 자율 활동, 봉사활동은 담임 교사가 작성하며, 동아리 활동은 활동 지도 교사가 작성합니다. 그리고 교과 학습 발달 상황, 세부 능력 및 특기 사항은 교과 담당 교사, 담임 교사가 작성하며, 행동 특성 및 종합 의견은 담임 교사가 작성합니다.

이를 통해 기존의 학생부의 항목별 입력 주체가 모호한 항목은 입력 주체를 명확히 규정하여 교원의 책임 있는 학생부 기재가 이루어집니다.

③ 2017년 바뀐 서식 사항의 적용

2017년에는 고등학교 1학년은 변경된 서식으로 작성하고, 고등학교 2학년과 3학년은 변경 전 학생부 기재 요령과 서식을 적용합니다. 그리고 순차적으로 모두 변경된 서식을 사용합니다.

④ (최신 개정) 학생부 신뢰도 제고 방안 안내 및 분석(교육부, 2018.8)

① 학생부 개선 과제별 적용 시기(초등학교는 제외함)

추진 내용	적용 대상	적용 시기		
		'19	'20	'21
1. 학생부 기재 항목 및 요소 정비를 통한 신뢰도 제고				
① 학생부 기재 항목 정비				
• 인적 사항의 부모 정보 및 특기 사항 삭제, 학적 사항과 항목 통합	중·고	중1 고1	중1~2 고1~2	중1~3 고1~3
• 진로 희망 사항 항목 삭제				
• 상급 학교 진학 시 제공 수상 경력 개수 제한				
• 자격증 및 인증 취득 상황 대입 활용 자료로 미제공				
② 학생부 기재 요소 정비				
• 자율동아리, 소논문, 청소년단체 활동, 학교 스포츠클럽 활동, 방과후학교 기재 범위 변경	중·고	중1 고1	중1~2 고1~2	중1~3 고1~3
• 봉사활동 특기사항 미기재(행동 특성 및 종합 의견 기재)				
• 진로 희망(창체 진로 활동 내) 대입 활용 자료로 미제공	고	고1	고1~2	고1~3
③ 학교생활기록부 관리 및 기타				
• 학생부 보존 기간 및 출결 용어 조정	중·고	중1~3 고1~3	→ →	→ →
• 누가 기록 기재·관리 방법 변경				

2. 학생부 기재 격차 완화

① 서술식 기재 영역 분량 축소

• 창체 특기사항, 행동 특성 및 종합 의견 입력 글자 수 축소	중 · 고	중1~3 고1~3	→	→

② 학생부 기재 항목 및 요소 신구 대조표

순	기재 항목		현행	학생부 신뢰도 제고 방안
1	인적 사항		• 학생 정보, 가족 상황(부모 성명, 생년월일), 특기사항	• 학적 사항과 통합 • 부모 정보(부모 성명, 생년월일) 및 특기사항(가족 변동 사항) 삭제
2	학적 사항		• 졸업 연월일, 학교명, 검정 고시 합격 정보 등	• 인적 사항과 통합
3	출결 상황		• 질병 무단 기타	• 질병 미인정 기타 ※ '무단'→'미인정'
4	수상 경력		• 수상명, 등급(위), 수상 연월일, 수여 기관명, 참가 대상(참가 인원) 입력	• 상급 학교 진학 시 제공하는 수상 경력 개수 제한
5	자격증 및 인증 취득 상황(고)		• 대입 자료로 제공	• 대입 자료로 미제공
6	진로 희망 사항		• 진로 희망, 희망 사유 입력	• 항목 삭제 • 학생의 진로 희망은 창체 진로 활동 특기사항에 기재(대입 미제공)
7	창의적 체험 활동 상황	봉사 활동	• 실적 및 특기사항 기재	• 봉사활동 특기사항 미기재 (필요시 행동 특성 및 종합 의견란에 특기사항 기재 가능)
		동아리 활동	• (자율동아리) 자율동아리명, 활동 내용 등을 특기사항란에 기재	• 가입 제한은 두지 않되 기재 가능 동아리 개수를 제한(학년당 1개)하고, 객관적으로 확인 가능 사항(동아리명, 동아리 소개)만 기재
			• (소논문) 동아리, 교과 세특란에 (논문명, 참여 시간, 참여 인원) 기재	• 소논문 기재 금지

순	기재 항목		현행	학생부 신뢰도 제고 방안
7	창의적 체험 활동 상황	동아리 활동	• (청소년단체) 교육과정에 편성된 청소년단체, 학교 교육 계획에 포함된 청소년단체, 학교밖 청소년단체 활동 모두 기재(단체명, 활동내용)	• (교육과정에 편성된 청소년단체) 단체명, 활동 내용 모두 기재 • (학교 교육 계획에 따른 청소년단체 활동) 단체명만 기재 • (학교 밖 청소년단체 활동) 미기재
			• (학교 스포츠클럽 활동) 구체적 활동 내용* 기재 *포지션, 대회 출전 경력, 역할, 특성 등	• 학교 스포츠클럽 활동 기재 간소화 ※ 정규 교육과정 내 : 개인 특성 중심 ※ 정규 교육과정 외 : 클럽명(시간)
		진로 활동	• 진로 관련 활동 내용 및 상담 내용 등 기재	• 진로 활동 특기사항에 진로 희망 분야 기재 추가(대입 자료로 미제공)
		기재 분량	• 특기 사항 기재 분량 : 3,000자	• 특기사항 기재 분량 축소: 1,700자
		누가 기록	• NEIS 활용 전산 기재 · 관리 원칙	• 누가 기록 기재 · 관리 방법 시도위임
8	교과 학습 발달 상황		• (방과후학교)활동(수강) 내용 기재	• 방과후학교 활동(수강) 내용 미기재
			• (교과 세특) 특기할 만한 사항이 있는 과목 및 학생에 한해 기재	• 현행 유지
9	자유학기 활동 상황(중)		• 특기 사항 입력	• 현행 유지
10	독서 활동 상황(중 · 고)		• 제목과 저자만 입력	• 현행 유지
11	행동 특성 및 종합 의견		• 기재 분량: 1,000자 • 누가 기록 나이스에서 관리	• 기재 분량 축소: 500자 • 누가 기록 기재 · 관리 방법 시도 위임

학생부 신뢰도 제고 방안이 확정 · 발표되었습니다. 항목별로 구체적으로 살펴보겠습니다.

- 분리되어 있던 인적 사항과 학적 사항이 통합되었습니다. 또한 부모 정보 및 특기 사항이 삭제되었습니다. 부모 및 거주지 정보를 통한 평가의 공정성 훼손을 방지하기 위함입니다.

- 출결에서 '무단'이란 용어 대신 '미인정'이란 용어로 변경됩니다. 다만 용어가 '미인정'으로 변경된다고 해서 무단의 이미지가 사라지진 않을 것입니다.

- 수상 경력에서 수상 경력의 개수가 학기당 1개로 제한됩니다. 산술적으로는 6개입니다. 그러나 수시는 5개를 기록할 수 있습니다. 이는 학교별로 무분별하게 늘렸던 대회 수를 정리하는 차원입니다. 또한 일반고에서 소수 학생에게 몰아줬던 수상 내역이 조금은 정리가 될 수 있습니다. 다만, 학기당 1개의 수상 경력을 전략적으로 학생이 직접 결정해야 하기 때문에 이러한 점에서 경우의 수가 많이 발생할 수 있습니다. 그러므로 학생별로 별도의 개별 맞춤형 컨설팅이 필요할 수도 있고, 이런 점에서 사교육이 더 유발될 가능성도 있습니다.

- 자격증에서는 대입 자료로 미제공됩니다. 이로 인해 한국어시험, 매경테스트, 한경테셋 자격증의 열기가 다소 식을 것 같습니다. 다만, 자기소개서 기입은 여전히 가능하므로 해당 계열 전공 희망자는 가능한 중3 때 준비해서 고1 때 필요한 자격증을 취득하는 것이 바람직합니다.

- 진로 희망 사항은 삭제로 결정되었습니다. 이로 인해 진로 희망 사유를 적는 고통(?)에서 다소나마 벗어날 수 있을 것입니다. 이러한 진로 희망 사항은 창체의 진로 활동과 통합되므로 그 곳에 더 구체적인 작성이 필요합니다.

- 봉사 활동 특기 사항은 미기재됩니다. 선생님의 수고(?)를 조금은 덜어내실 수 있게 되었습니다. 봉사활동의 특기 사항이 있는 경우에는 학생 자신이 자기소개서에 기록을 하면 됩니다.

- 자율 동아리 개수는 학년당 1개로 제한되었습니다. 이로 인해 무분별하게 늘어났던 자율동아리가 조금은 정비될 것입니다. 또한 동아리명 및 동아리 간략 소개만 가능해지므로 자기소개서에서 자율동아리 활동을 구체적으로 기록할 필요성이 커졌습니다.

- 소논문은 기재가 금지되었습니다. 그러나 연구보고서, 탐구보고서, 수행평가보고서 등으로 이름이 바뀌어 학생부 곳곳에 기재될 가능성은 여전히 남

아 있습니다. 교육과정 내에서는 수행평가나 과정 중심 평가의 형식을 빌어 보고서 작성이 가능하기 때문입니다.

• 동아리 활동에서 학교 밖 청소년단체 활동이 미기재됩니다. 이로 인해 학교 밖 단체 활동이 다소 축소될 것으로 예상됩니다. 다만, 유의미한 활동이라고 생각한다면 자기소개서에 기입이 가능합니다.

• 진로 활동 특기 사항에 진로 희망 분야를 기재하는 것으로 변경되었습니다. 다만, 대입 자료로는 미제공됩니다. 앞으로 진로 희망 분야와 진로 설계는 자기소개서 4번 문항에서 구체적으로 기록해야 합니다.

• 창체의 특기 사항 기재 분량이 3,000자에서 1,700자로 축소되었습니다. 이로 인해 더욱 핵심적인 내용으로 압축하는 능력이 필요합니다. 또한 행동 특성 및 종합의견 기재 분량이 1,000자에서 500자로 반으로 줄었습니다. 이로 인해 선생님의 기록에 대한 고통은 다소 줄었으나 핵심 내용을 압축해야 하는 고통은 반면에 늘어날 것으로 예상됩니다.

항목		현행	개선(안)	비고
창의적 체험 활동 특기사항	자율 활동	1,000자	500자	3,000자→1,700자 ※ 1,300자 축소
	동아리 활동	500자	500자	
	봉사활동	500자	미기재	
	진로 활동	1,000자	700자	
행동 특성 및 종합 의견		1,000자	500자	1,000자→500자 ※ 500자 축소

• 세특에서 방과 후 학교 활동 내용이 미기재로 변경되었습니다. 대부분의 학교에서 보충 수업의 성격으로 형식적인 방과후학교 활동을 적는 선생님의 고통이 다소 줄어들 것으로 예상됩니다. 대학의 평가에서도 실제 반영 비율이 높지 않은 항목이었습니다.

02

인적 사항 평가 POINT

📇 1학년 담임이 2학년 담임으로 연임 시 학교생활 관리

❶ 학교생활기록부 담임 성명 확인 및 증명사진

졸업 학년	대장 구분	번호	반	번호	담임성명
		1			
		2			
		3			

1. 인적 사항

학 생	성명 :	성별 :	주민등록번호 :
	주소 :		
가족부 상황모	성명 :	생년월일 :	
	성명 :	생년월일 :	
특기사항			

    학교생활세부사항기록부의 담임 연임 및 증명사진에 대해서는 다음 2가지 사항을 잘 알아두어야 합니다.

- 학교생활기록부를 보면 제일 먼저 졸업 대장 번호가 있고 그 밑에 학년, 반, 번호, 담임 성명이 있습니다. 이 중에서 입학사정관이 보는 것은 1학년과 2학년 담임의 성명입니다. 담임교사는 학년이 올라감에 따라 바뀌는 것이 일반적이지만 어떤 학생은 바뀌지 않고 그대로인 경우가 종종 있습니다. 관찰 기간을 늘려 학생에 대한 기록을 좀 더 구체적이고 정확하게 하기 위함

입니다. 이렇게 바뀌지 않는 경우 입학사정관은 학교생활기록부의 내용을 한 번 더 보는 경우가 많습니다. 특히 담임교사가 구체적으로 기술하는 행동 특성 및 종합 의견의 내용과 기술한 분량, 정성, 뉘앙스 등을 봅니다. 이때 정성과 분량, 뉘앙스 등이 긍정적으로 변화하고 성장했다면 정성적으로 더 좋은 평가를 받습니다.

- 반대로 담임교사의 정성, 기술된 분량 등이 1학년 때보다 줄고 뉘앙스가 다소 부정적이며 추상적인 기술이 많다면 평가에 도움이 되지 않을 확률이 높습니다.

- 수험생의 사진은 대부분의 대학교들이 온라인으로 서류 평가를 진행하기 때문에 서류 평가 과정에서는 드러나지 않는 경우가 많습니다. 하지만 면접 평가는 온라인 평가보다 오프라인 평가가 더 많습니다. 이 경우 학교생활기록부의 사진을 볼 수 있습니다.

- 학생은 대부분 사진에 큰 신경을 쓰지 않습니다. 교복을 입고 찍지 않거나 인상이 밝지 않은 사진을 종종 볼 수 있습니다. 공부하느라 힘들어서 그렇겠지만, 대학교 입장에서는 수험생의 사진이 곧 수험생의 첫 인상입니다. 첫 인상은 중요합니다. 특히나 외모를 중시하는 풍조에서는 더욱 그렇습니다. 따라서 교복을 입은 사진이 아니거나 표정이 밝지 않고 단정하지 못하다면 사진을 바꾸는 것이 좋습니다. 사진을 바꾸는 것만으로도 새로운 마음으로 학교생활을 할 수 있는 동력과 신선함을 느낄 수 있습니다. 지원하는 대학교에 좋은 첫 인상을 남기는 건 덤입니다.

❷ 학교생활기록부 1번 – 인적 사항

- 학생부 인적 사항에서 볼 수 있는 것은 학생의 성명, 주민번호, 주소입니다. 또한 가족 상황에서 부와 모의 성명, 생년월일을 봅니다.

- 인적 사항에서 입학사정관이 눈여겨 보는 또다른 항목은 가족 상황과 특기 사항입니다. 대부분의 학생들은 특기사항이 공란인 경우가 많습니다. 그러나 필요한 경우에는 특기사항란에 기록을 합니다. 특히, 학생부종합전형의 특별전형 중 교육기회균등전형과 사회배려자전형, 특수교육대상자전형,

농어촌전형 등에서 필요합니다.

- 불리한 가정환경을 극복하고 발전한 모습을 구체적인 역경 극복 사례로 기술하면, 평가자가 이를 종합하여 총체적으로 평가하는 데 도움을 줄 수 있습니다. 이러한 역경 극복 사례는 일반전형에서도 충분히 활용될 수 있습니다.

- 과거 입학사정관전형에서는 자기소개서 1번 항목에 가정환경과 역경 극복 사례를 적을 수 있었으나, 학생부종합전형으로 명칭이 변경되고 자기소개서 1번 항목이 학업 역량 항목으로 바뀌면서부터는 역경 극복 사례를 자기소개서 문항에 기록하는 것이 어려워졌습니다. 따라서 본인 또는 부모(보호자)가 판단하건대 본인과 가정환경을 이해하는 데 도움이 된다고 판단되면, 그 내용을 학교생활기록부의 인적 사항 특기사항란에 기록하고 자기소개서 3번의 인성 항목 또는 4번의 동기 및 진로 계획 부분에 관련 내용을 구체적으로 기록할 수 있습니다. (물론, 1번 학업 역량, 2번 전공 적합성 영역에 기록할 수도 있습니다.) 이것은 학교생활기록부의 신뢰도를 높이고 입학사정관을 설득하기에 타당한 근거를 제공하는 데 그 목적이 있습니다.

- 특기 사항이 필요한 전형으로 다음 2가지 사례를 살펴보겠습니다.

① 고른기회전형 (사회배려자전형, 특수교육대상자전형)

- 어려운 가정환경이 부모님의 사망에서 비롯될 수 있습니다. 따라서 필요하다면, 특기사항에 부모님의 사망 내용을 기록하고 자기소개서에 역경 극복 사례를 구체적으로 기술할 수 있습니다.

- 어려운 가정환경이 부모님이 장애인인 경우에서 비롯될 수도 있습니다. 이때도 특기사항에 해당 사항을 기록하고 자기소개서에 역경 극복 사례를 구체적으로 기술할 수 있습니다.

- 부모님이 모두 돌아가셔서 조부모와 살거나 입양된 경우에도 어려움이 닥칠 수 있습니다. 역시 이러한 환경을 잘 극복하고 성장한 내용을 자기소개서에 담아 구체적으로 기술할 수 있습니다.

- 잦은 이사(주소 변경으로 확인)로 인한 환경적 부적응과 혼란의 원인이 부모의 직업(군인 등) 탓일 수도 있습니다. 이 같은 환경을 극복하고 긍정적

으로 성장한 모습을 자기소개서에 구체적으로 기록하여 평가를 받을 수 있습니다.

② 농어촌전형(다문화전형)

부모의 이혼(또는 사망) 및 재혼(다문화가족 구성)으로 학업과 학교생활에 적응하기 어려울 수 있습니다. 이러한 환경을 극복하고 긍정적으로 성장한 모습과 변화한 내용을 자기소개서에 구체적으로 기술할 수 있습니다.

인적 사항 평가 핵심 Point

❶ 1학년 담임이 2학년 담임으로 연임되었을 때는 학교생활을 더 열심히 해라.

❷ 증명사진은 교복을 입고 밝게 웃는 사진으로 찍어라.

❸ 특별전형(고른기회전형, 사회배려자전형, 농어촌전형 등)에 도움이 된다면 해당 사항을 특기사항란에 기입할 것을 고려하라.

학적 사항 평가 POINT

🪪 전학 시 주의(특목고·일반고)

- 대다수 대학교에서 시행하는 온라인 서류 평가 시스템에서 학적 사항은 해당 고교의 홈페이지, 학교 알리미, 고교 프로파일과 연계되어 지원자의 학적 사항에 대해 구체적으로 확인할 수 있습니다. 특히 동일 고등학교 학생들이 같은 모집 단위(학과 또는 학부)에 지원했을 경우 더 선명하게 확인할 수 있습니다.

- 학교생활기록부에서 학적 사항은 해당 학생이 어느 중학교를 나왔으며, 중학교를 졸업한 후 바로 고등학교에 진학했는지 여부, 그리고 특기사항으로 학교 폭력 여부를 체크할 수 있습니다.

  학적 사항에서는 특히 다음 5가지 사항이 중요합니다.

① '특목고나 자율형 사립고에서 일반고로 전학'한 경우

- 전학, 특히 특목고나 자율형사립고(자사고) 등에서 일반고로 전학한 학생은 평가자(입학사정관)의 집중 검토 대상이 되어 학교생활기록부의 교과 성적 및 교과 연계 활동을 샅샅이 훑어보게 됩니다. 입학사정관은 직업상

'의심하는 자'이기 때문입니다.

- 전학은 보통 1학년을 마치고 2학년에 하는 경우가 많은데, 입학사정관은 이 같은 전학이 치열한 입시 경쟁을 뚫고 입학한 특수목적고(외국어고, 과학고)나 자율형사립고(상산고, 민족사관고, 하나고, 한가람고, 외대부고, 북일고, 광양제철고, 포항제철고 등) 또는 자율학교 지정 일반계 고등학교(공주한일고, 공주사대부고 등)에서 생각보다 학업 성적이 떨어지고 적응하기 어려운 탓에 대입 전략상 선택한 것으로 파악합니다. 이런 학생의 학교생활기록부 교과 성적을 살펴보면 대개 1학년 때 등급이 4등급 수준이었다가 전학 후 2학년부터는 2등급 이상이 되는 경우가 많습니다. 이런 학생의 경우 학교생활기록부를 더 자세히 살펴봅니다. 따라서 미리 자기소개서에 적절하게 전학한 이유를 소명하는 내용을 스토리로 엮어 기술하는 것도 평가에 도움을 줄 수 있습니다.

❷ 특기사항란에 '학교 폭력' 사항이 기재된 경우

- 불행하게도 학교 폭력으로 인한 사항이 학적 사항 특기사항란에 표기될 수 있습니다. 예컨대, '학교 폭력 예방 및 대책에 관한 법률' 제17조(가해 학생에 대한 조치) 제1항에 따른 퇴학(제9호), 전학(8호)에 해당될 경우 조치 사항을 조치 결정일자와 함께 결정 즉시 입력하게 되어 있습니다. 이렇게 학교 폭력에 관한 사항이 특기사항란에 표기되면 대학교에 따라서는 특이사항으로 별도 기록하고 입학전형심의위원회에 상정합니다.
- 입학전형심의위원회에서는 사후 반성 여부, 담임교사의 의견 등을 참착하여 정상적인 평가를 할 것인지에 대해 구체적으로 심의하고 그 결과를 결정합니다. 정상 평가로 결정된다 하더라도 입학사정관은 인성 영역을 평가할 때 사후 반성과 긍정적인 변화 여부를 중점적으로 살피기 위해 학교생활기록부의 창의적 체험 활동과 행동 특성 및 종합 의견, 자기소개서 3번 항목을 더 유심히 살펴봅니다. 아울러 인성 영역 평가는 정성 평가이므로 모든 항목에 어느 정도의 영향을 줄 수 있습니다. 물론 시도교육청의 정책에 따라 학교생활기록부에 학교 폭력에 대한 사항이 기재되지 않는 경우

도 있습니다. 이는 학적 사항의 훈령("초 · 중 · 고등학생의 전 · 편입학 · 배정 · 입학전형과 유예 · 면제 등 학적에 관한 세부 사항은 시 · 도교육청의 지침에 의합니다.")에 따른 것입니다.

❸ 특기사항란에 전학으로 인한 '불연속' 공백이 생긴 경우

- 3월~5월에 전학하여 특기사항에 '전출 · 입'으로 처리되는 경우가 있습니다. 대부분 공백 기간 없이 이어지는 것이 보통이지만 가끔 기간이 이어지지 않고 끊어져 불연속 처리되는 경우가 있습니다. 주로 정보 소외 지역이나 도서벽지 등의 원격지 또는 외국 소재 한국학교에서 국내 일반계 학교로 전입할 때 발생합니다.

- 이 경우 학기 시작 시기의 불일치나 외국에서의 학기 이수로 인한 중복, 학제 차이로 인한 재학 기간 불일치 여부 등을 꼼꼼히 살펴볼 필요가 있습니다. 대학교에 따라 입시 모집요강의 학적 사항에 따른 자격 요건에서 피해를 볼 수 있기 때문입니다. 예를 들어 일부 전형의 경우 모집요강에 규정된 기준일자가 '국내 일반계 고교에서 5학기 이상 연속 재학 중인 자'로 제한하는 경우가 있습니다. 이때 만약 학기가 연속되지 않거나 문제 소지가 있으면 '자격 요건 미충족으로 인한 결격'으로 서류 심사에서 불합격 처리될 수 있습니다. 이럴 때는 미리 소명 서류와 자료를 챙겨 불이익을 받지 않도록 해야 합니다. 의심스러우면 반드시 대학교 입학처(또는 입학관리본부)에 전화해서 확인해야 합니다. 또한, 이러한 시기에 전학을 하면 평가자에 따라서는 위장전입을 위해 이렇게 했다고 오해를 받을 수 있습니다. 주로 학년 초 3~5월경에 위장전입을 하는 경우가 빈번하기 때문입니다. 만약 위장전입이 아니고 실제로 옮겨야 하는 불가피한 사유가 있다면 미리 그 소명 자료와 사유를 준비하여 행동 특성 및 종합 의견에 기록하거나 그게 어려우면 최소한 직접 본인이 자기소개서에 기록하는 것도 한 방법일 수 있습니다.

❹ 미인가 대안학교 생활로 인한 '유예'의 경우

- '유예'는 의무교육을 받을 의무를 다음 학년도로 미루는 것으로 보통 1년 이내로 하며, 특별한 사유가 있을 때에는 다시 유예하거나 기간을 연장할 수 있습니다(초중등교육법 시행령 제28조).
- 유예에는 질병으로 인한 것, 무단 장기 결석으로 인한 것, 미 인정 유학에 따른 무단 결석을 처리한 것의 3가지 종류가 있습니다.
- 유예의 사유로는 주로 미인가 대안학교 입학이 많습니다. 일반학교에 적응하지 못하거나 교육과정의 자율성을 위해 일반학교를 유예하고 '미인가된 학력 미인정 대안학교'로 가는 경우가 있습니다.
- '미인가 학력 미인정 대안학교'인 경우 비교과인 교과 연계 활동이 많이 있을 순 있지만 교과 성적 부분이 일반학교와 달라 평가에서 그대로 적용하기 어려운 부분이 있을 수 있습니다. 만약 여기에 해당되는 경우에는 미리 이런 부분을 감안하여 학생부종합전형에 지원할 필요가 있습니다.(단, 학력인정 대안학교는 전출·입이므로 사안이 다릅니다.)

❺ 정당한 해외 출국으로 인한 '면제'의 경우

- 면제는 의무교육을 받을 의무를 면하는 것으로 사망, 유학(미인정 유학 제외), 정당한 해외 출국 등의 사유로 국내에서 취학 의무를 이행할 수 없는 경우에 해당합니다. 참고로 우리나라 의무교육은 중학교까지입니다. 이때 정당한 출국이란 이민, 공무원 및 상사 주재원 부모의 해외 파견이나 해외 취업 등에 의해 가족(부 또는 모)이 동행하여 외국으로 출국한 경우를 말하며, 처리 기준은 시·도교육청 지침에 따릅니다. 이 경우에는 기간이나 가족의 동행 여부에 따라 특별전형인 '재외국민전형'으로 지원할 수도 있습니다.
- 재외국민전형은 거의 모든 대학교에 있으며 정원 외 특별전형이므로 경쟁률이 낮아 다른 정원 내 일반전형에 비해 상대적으로 유리할 수 있습니다. 그래서 대학교에 따라서는 조건이 까다롭습니다. 상위권 대학교일수록 부모가 모두 동행해야 하며 중학교와 고등학교 기간에 연속하여 3년 이상(예

컨대, 중학교 2학년 ~ 고등학교 1학년 과정)을 해외 학교에서 수학해야 합니다. 만약 재외국민특별전형에 해당된다면 학생부종합전형보다는 재외국민 특별전형으로 지원할 것을 권합니다. 미리 필요한 서류[아포스티유(외국공문서 인증 절차) 확인 재학증명서 또는 영사관 공증 등]를 준비해서 원하는 대학교에 문의한 후 지원하면 됩니다.

학적 사항 평가 핵심 Point

❶ 전학했을 경우 날짜가 공백 없이 처리되었는지 꼭 확인하고, 관련 내용은 자기소개서에 구체적으로 소명하라.

❷ 미인가 대안학교는 '학생부종합전형'에 불리할 수도 있다.

❸ 학교 폭력이 특기사항란에 기입되면 '학생부종합전형' 외 다른 전형을 고려하라.

❹ 자격이 된다면 '학생부종합전형'보다 재외국민특별전형을 노려라.

출결 상황 평가 POINT

🪪 무단(미인정) 사항 NO, 학교 폭력 OUT

출결 상황은 학생부종합전형뿐만 아니라 일부 학생부교과전형에서도 중요합니다. 학생부종합전형에서는 평가 영역 중 인성 영역이 있는데, 이 영역에서 출결 상황은 주요한 평가 요소 중의 하나입니다.

학생부교과전형 중 일부는 평가 요소가 학생부 성적 + 비교과 요소인 경우가 있습니다. 이러한 경우는 학생부 성적이 물론 많이 반영되지만 비교과 요소에서 출결 상황이 중요한 평가 요소로서 역할을 할 수 있습니다. 또한 학교에 따라 학생부교과전형에서 정량적으로 출결이 반영될 수도 있습니다. 예컨대, 교과 성적 90%+ 출결 10%인 경우입니다. 따라서 교과전형일지라도 모집요강 상의 전형 요소를 주의 깊게 살펴볼 필요가 있습니다.

❶ 무단 사항(결석, 지각, 조퇴, 결과)

① 우선 출결에서 무단(미인정) 사항(결석, 지각, 조퇴, 결과)이 없어야 합니다. 만약, 무단 사항 중 무단 결석이 2회 이상이면 학생부종합전형을 지원하는 데에 불리하게 작용할 수 있습니다.

무단 결석 2회가 크지 않다고 생각할 수 있으나 해당 인성 영역에서의 평가뿐만 아니라 전체적인 서류 평가의 다른 평가 영역에서도 입학사정관들에게 부정적인 이미지를 주므로 불리하게 작용할 가능성이 높기 때문입니다. 일부 대학에서는 정성적인 평가 외에 정량적으로 감점을 할 수도 있습니다. 예를 들어, 무단 지각(또는 조퇴, 결과) 3회는 무단결석 1회로 간주하여 처리할 수 있습니다.

구체적으로 인성 영역을 5점 척도로 평가한다고 할 때, 무단 결석 2회면 해당 영역 평가 영역 원점수에서 -1, 3회면 -2, 4회면 -3, 5회 이상이면 -4 이렇게 해서 인성 영역 평가를 할 수 있습니다. 다만, 순간적인 실수로 1학년에 무단 사항이 있을 수도 있습니다. 이럴 경우에는 무단 사항(결석, 지각, 조퇴, 결과)의 사유와 그 이후 변화되고 발전된 자신의 모습이 담임 선생님의 행동 특성 및 종합 의견에 구체적으로 기록된다면 상쇄 효과와 인성 영역 평가에 영향을 줄 수도 있습니다. 한편, 무단 사항(결석, 지각, 조퇴, 결과)이 상대적으로 많은데, 질병이나 '기타' 사항에도 체크가 되어 있으면 이에 대해서도 학생 본인에 대한 성실 정도에 대한 의구심과 담임 선생님의 출결 상황에 대한 학교생활부 기록에 대한 신뢰도도 저하될 수 있습니다.

② **2일 이상의 질병 결석은 반드시 사유를 기록해야 합니다.** 사유가 없으면 수업 결손의 최소화와 교사의 성실성을 매우 중시하는 일부 교대나 사범 계열 모집 단위에서 평가자(주로 교수 사정관 또는 위촉 사정관일 수 있음)에 의해 무단 결석과 동급으로 취급될 수도 있습니다. 만약 개인정보 보호 차원에서 공개하지 못하는 피치 못할 사정이 있을 경우에는 자기소개서에 공개 가능한 일부 내용을 소명하는 것도 한 방법입니다.

③ **질병으로 인한 결석, 지각, 조퇴 등이 많은 경우**에는 다른 여타 항목에서 동점일 경우에 일반대학교에 지원하는 경우에는 별 상관이 없을 수 있지만, 교대나 사범 계열 모집 단위에서 평가자의 정성적 평정에 의해 평가 점수가 하락하는 손해를 볼 수도 있습니다. 따라서 교대나 사범 계열을 지원하는 학생들은 고교 3년 내내 건강 및 자기 관리에도 힘을 써야 합니다.

④ **학교 폭력 사항이 특기사항란에 기재된 경우**에는 학생부종합전형에 지원하지 말고 다른 전형에 지원하는 게 바람직합니다. 일부 대학교에서는 입학전형(심의)위원회를 열어 평가를 진행할 수 있으나 합격하는 사례는 적다고 할 수 있습니다. 극히 일부 사례로 강원도의 모 학생이 실수로 학교 폭력을 저지른 후 보호처분을 받았으나 철저한 반성으로 법원 판사의 칭찬을 받고 지역 신문에 보도되기까지 하여 정상적인 평가를 거쳐 합격한 경우가 있습니다.

⑤ **성적 추이 변화와 관련하여 출결 사항을 반영하는 대학교(성균관대)도 있습니다.** 이 경우에는 성적과 출결의 상관성에 대해서 자기소개서에 소명하는 것도 한 방법일 수 있습니다.

[무단 사항에 감점하는 대학교, 정성 평가하는 대학교]

구분	무단 시 감점	무단 시 정성 평가
대학교	이화여대, 한국외국어대, 서울시립대, 건국대, 숙명여대, 숭실대, 광운대, 상명대, 성신여대, 가톨릭대, 경기대, 전국의 교육대(초등교육과 포함) 및 의과대	서울대, 연세대, 고려대, 성균관대, 서강대, 서울과기대, 가천대, 전국의 약학대, 사범 계열 모집 단위

출결 사항 평가 핵심 Point

❶ 무단 사항 2회부터는 감점 가능성이 높다.

❷ 교대, 사범대 지원자는 질병 사항에도 주의해라. 자기 관리가 학교 수업을 위한 필수요소일 수도 있기 때문이다.

❸ 질병으로 인한 장기 결석에는 반드시 사유를 기재하라.

❹ 출결과 성적을 비교하면서 볼 수도 있다는 점에 주의하라.

❺ 학교 폭력이 특기사항란에 기입되더라도 '반성' 이후 성적과 활동에서 큰 변화가 있다면 정상적으로 평가될 수 있다.

05

수상 시 평가 POINT

📇 개인 수상 우선, 전공 관련 수상은 2개 이상

수상 경력은 학생부종합전형의 서류 평가 영역 중 전공 적합성과 자기 주도성, 인성 영역에서 평가되는 항목입니다.

전공 적합성은 주로 전공 관련 교과목이 명시된 경시대회 위주의 상을 평가합니다. 예를 들어, 국어, 영어, 수학, 사회, 과학 경시대회 최우수상이 표기된 것입니다. 이 경우 수상은 1회보다는 2회 이상이 바람직합니다.

자기 주도성은 교과목 경시대회 수상 여부도 고려하지만 그 외에 탐구대회, 제작대회, 진로 프로젝트 대회, 현장 체험학습 보고서 대회 등이 해당됩니다.

인성은 봉사상(선행상)의 2회 이상 수상 여부를 인성 평가 영역에서 대학에 따라 정성적 또는 정량적으로 평가합니다.

① 교과 우수상

교과 우수상은 중간, 기말고사에서 교과 1등급(4% 이내)에 해당하는 학생에게 주는 상으로 학년별 해당 인원을 입력합니다. (교육부 훈령, 2016.4.5.)

❷ 개인 수상자 우선

　자기 주도성이 발휘되는 개인 수상이 친구들 틈에 껴서(?) 탄 단체 수상보다 더 가치가 있습니다. 그러므로 되도록 단체 수상이 아니라 개인 수상 위주로 획득할 수 있도록 노력하십시오. 물론, 단체 수상에서 본인의 역할이 크다면 말이 달라집니다. 단, 단체 수상은 본인의 역할과 자기 주도성이 '세특(세부 능력 및 특기사항)' 이나 '행동 특성 및 종합 의견'에 구체적으로 드러나야 정성적인 평가를 받을 수 있습니다.

❸ 수상의 가치와 서열

- 수상에서도 평가 관점에 따라 상의 가치가 달라집니다. 자기소개서 작성이나 진로 관련 수상은 영향력이 적거나 거의 평가하지 않는 경우가 많습니다. 상이라고 다 같지 않고 수상에도 가치와 질이 다르기 때문입니다. 예를 들어 경시대회와 UCC대회의 경우, 수상의 가치는 경시대회가 UCC대회보다 큽니다. 따라서 경시대회와 진로 관련 대회가 있으면 무조건 경시대회에 참가하여 수상해야 합니다. 교과우수상은 평가하지 않는 경우가 대부분입니다. 왜냐하면 교과 내신과 중복되기 때문입니다.
- 높은 등급의 상(최우수상, 금상)이 낮은 등급의 상(장려상)보다 좋은 평가를 받습니다. 선택과 집중적인 전략 면에서는 전공과의 관련성이 있는 수상 경력이 좋습니다.
- 특정 과목의 수상 경력이 전공 학과에 관련이 있으면 유리합니다. 따라서 전공 수상 경력이 충분하다면 계열별 융합을 위한 다양화 전략을 펼칠 필요가 있습니다.
- 봉사상은 최소 2회 이상이 되어야 인성 평가 항목에서 가산점을 받거나 정성적인 평가에서 좋은 이미지를 얻습니다. 또한 상에 대한 근거가 교사의 종합 의견에 기록되면 더 좋은 평가를 받을 수 있습니다.

❹ 수상 기록 대상

학교생활기록부 상에서 규정에 따라 교외 수상은 기록되지 않고, 교내 수상만 기록됩니다. 그러므로 만약 본인이 외부에서 수상한 교외 수상 실적이 필요하다고 판단된다면 자기소개서나 교사 추천서에 기록해(되어)서 그 사항이 추후 면접 등에서 확인되고 평가받을 수 있도록 하는 것이 바람직합니다.

❺ 대회 참가 여부

- 수상 대회에는 계속 참가하는 것이 좋습니다. 반드시 학기 초에 학교교육계획서에서 본인에게 필요한 각종 교내 대회 정보를 미리 확인하십시오. 꼭 1등이 아니어도 됩니다. 처음부터 1등이 아니라 1학년 때는 장려상, 2학년 때는 우수상, 3학년 때는 최우수상 식으로 심화형으로 목표를 세우십시오. 하지만 가능한 수상하는 것이 좋습니다. 결국 수상을 해야 기록이 되기 때문입니다. 추후 1학기당 1개 선택은 나중에 결정해도 됩니다.
- 실패 경험도 하나의 큰 자산이 될 수 있습니다. 실패를 극복한 사례를 통해 성실성을 입증할 수 있습니다.
- 수상에 대한 구체적인 내용이 교사의 종합의견에 기록되면 더 좋은 평가를 받을 수 있습니다.
- 가능하면 교내 대회에 많이 참가하는 것이 좋습니다. 대회에 참여한 것만으로도 학교생활기록부에 활용할 수 있기 때문입니다. 즉 대회 참여만으로도 학교생활기록부의 창의 체험 활동, 세부 능력 특기사항, 행동 특성 및 종합 의견란 등에 직·간접적으로 기록이 가능합니다. 이러한 기록들은 학생이 교내 활동에 다양하게 참여한 성실한 학생임을 증명하는 자료로 평가 받습니다.
- 전 과목 수상과 같은 1인 독식은 주로 일반고에서 많습니다. 이러한 전 과목 수상 경력은 교대 또는 사범 계열에서 좋게 봅니다(일반적인 성실성). 다만 특목고나 자율형 사립고에서는 한 학생이 수상을 독식하기가 쉽지 않습니다. 이는 입학사정관도 잘 알고 있습니다. 앞으로는 1학기당 1개 선택으로 제한되므로 일반고 1인 독식 현상은 다소 완화될 것으로 예상됩니다.

- 무엇보다 구체적이고 실현 가능한 계획이 중요합니다. 학년 초에 교내 대회 일정을 확인한 뒤 자신이 가장 잘하는 분야와 그와 관련된 대회에 초점을 맞춰 수상을 노려야 합니다. 예를 들어 문학적 글쓰기를 잘한다면 백일장 등의 문학 대회, 논리적인 말하기를 잘한다면 토론대회에 대비하는 등 자신의 전문 분야를 키워 학년 초부터 준비하는 것이 좋습니다.
- 일반적으로, 서울대학교 일반고 합격생들의 평균 교내 수상 개수는 48개 내외(1인 독식 경향)이고, 특목고 및 자사고 학생은 26개 내외로 알려져 있습니다. 정량적인 숫자로 모든 것을 평가할 수는 없지만 양이 많으면 그 속에서 높은 질을 찾는 것이 상대적으로 쉽다는 것을 나타내는 지표라고 생각하면 될 것 같습니다.

⑥ 봉사상 2회 이상

봉사상(또는 선행상 / 학교에 따라 명칭이 다를 수 있음)은 최소한 2회 이상이 되도록 해야 합니다. 이는 인성 평가 항목에서 학교에 따라 가산점 또는 정성적인 평가에서 좋은 이미지를 줄 수 있습니다. 주로 리더십이나 남들이 꺼려하는 봉사를 한 경우, 친구들로부터 인정을 받는 경우, 선생님으로부터 인정을 받는 경우에 이 상을 수여받는 것으로 알고 있습니다. 만약 수상에 대한 근거가 담임교사의 행동 특성 및 종합 의견에 구체적으로 기록되면 정성적으로 더 좋은 평가를 받을 수 있습니다.

수상 시 평가 핵심 Point

❶ 개인 수상이 단체 수상보다 유리하다.
❷ 전공 관련 경시대회에서 2개 이상 수상을 목표로 하라.
❸ 수상의 질이 양보다 중요하다. (질 > 양)
❹ 봉사상은 가능한 2회 이상 수상을 목표로 하라.
❺ 상은 학년이 올라갈수록 높은 등급의 상을 받도록 계획하라. (1학년 장려상 → 2학년 최우수상)

♣ 활동 기록지(MPRA) ♧

수상명	예) ○○ 경시대회 금상
M: 동기(motive)	이 대회에 참가한 동기(이유)는 무엇인가?
P: 과정(process)	수상을 하기 위해 어떤 노력을 했는가? 대회 준비를 위해 어려웠던 점은 무엇인가?
R: 결과(result)	대회를 통해 무엇을 새롭게 알게 되었는가? 대회를 통해 무엇을 새롭게 느꼈는가?
A: 실행(action)	새롭게 알고, 느낀 점을 바탕으로 어떤 후속 활동(실천, 변화)을 했는가?

자격증 평가 POINT

자격증은 플러스알파(α)이다.

- 우선 '고등학교 선진화를 위한 입학제도 및 체제 개편 방안' 발표에 따라 특목고 진학을 위한 선행 학습에 따른 사교육을 유발하는 입학전형 요소를 배제하기 위하여 초·중학교는 2010학년도부터, 고등학교는 2011학년도 이후부터 학교생활기록부 '자격증 및 인증 취득 상황'란에 교내·외 각종 인증 취득 상황은 입력하지 않는 것(또한 학생부의 다른 항목인 창의적 체험 활동, 세특, 행동 특성 및 종합 의견 등에도 기입되지 않음)으로 되어 있습니다. 따라서 인증은 제외하고 자격증에 대해서만 기술하겠습니다.

- 자격증 및 인증 취득 상황은 학생부종합전형의 서류 평가 영역 중 전공 적합성과 자기 주도성 영역에서 평가되는 항목입니다.

- 전공 적합성은 진로와 지원 전공과 관련된 자격증을 취득한 경우에 플러스 요소로서 해당이 됩니다. 다만, 전공과 관련된 교과 성적이 우수하다는 전제가 필요합니다. 성적이 우수하지도 않은데 자격증만 있으면 없는 것 보다는 낫겠지만 그만큼 평가에 플러스 되는 요인이 줄어듭니다.

- 자기 주도성은 다른 요소도 있지만 전공 관련 자격증이 2개 이상이면 어느 정도 해당합니다. 특히, 일반고에서는 자격증 취득이 상대적으로 특성화고 보다 쉽지 않기 때문에 이런 점이 긍정적으로 부각될 수 있습니다. 다만, 특

성화고졸업특별전형 등에서는 전공 관련 자격증이 3개 이상 정도 되는 것이 다른 학생과 차별화 될 수 있는 요소입니다.

- 학생부에 기입이 가능한 자격증은 고교 재학 중 취득한 기술 관련 국가공인 자격증으로서 13개 부처 61개 자격증입니다(2016년 12월 기준). 초등학교 또는 중학교에서 취득했거나 그 외의 국가공인 자격증이나 기술 관련 민간자격증은 기입이 되지 않습니다. 따라서 일반고 학생보다는 특성화고교 학생에게 유리한 항목입니다. 특히, 특성화고교 학생은 진로와 맞는 자격증을 최소 1년에 1개 이상씩 꾸준하게 취득할 필요가 있습니다.

- 특성화고 입시 상담의 경험을 비춰볼 때, 2학년 학기말이나 3학년 1학기 끝날 때쯤에 집중적으로 2개를 취득하는 학생들이 많으나 이는 진정성에서 다소 신뢰를 떨어뜨릴 수 있습니다. 물론, 자격증 개수만을 정량 평가하여 가점(상향)을 주는 일부 대학에서는 문제가 되지 않을 수 있습니다. 따라서 특성화고전형을 준비하는 학생이라면 1년에 1개씩 3개 이상 자격증 취득을 목표로 매진하시길 부탁드립니다.

❶ 국가공인 자격증

- 경상 계열 지원을 목표로 하는 학생은 경제이해력검증시험(TESAT), 경제경영이해력인증시험(매경TEST)은 기획재정부가 소관 부처로 학생부 기재가 가능한 자격증 항목이라는 것을 알고 계시기 바랍니다. 또한 국어국문학과, 문예창작과, 문화콘텐츠 계열, 약대 진학을 희망하는 학생은 KBS 한국어능력검정, 국어능력인증시험, 한국실용글쓰기검정 자격증을 취득하고 학교생활기록부에 기입이 가능합니다.

- 학생부 기입 여부와 상관없이 취득이 가능한 중요 국가공인 자격증이 있습니다. 만약, 지원 전공과 관련된 학생부 자격증 란에 기록되지 않는 국가 자격증을 취득했다면, 규정 범위 내에서 학생부의 다른 항목에 간접적으로 기록될 수 있도록 노력하는 것이 필요합니다. 또한 교사 추천서 등에서도 직·간접적으로 기재될 수 있도록 노력할 필요가 있습니다. 그리고 **자기소개서에는 반드시 기록할 필요**가 있습니다. 다만, 외국어, 한자능력검정시

험 등의 점수와 자격 명 기재는 자기소개서 0점 항목에 해당되므로 직접적으로 취득 자격명과 점수를 적는 것은 주의해야 합니다. 예외적으로 대입 특기자 전형에서는 자기소개서 작성 시 기재 금지 사항이 적용되지 않습니다. 해당 대학 모집요강을 반드시 참고하시기 바랍니다.

아래는 전공 관련 취득이 가능한 중요 자격증의 예시이니 참고하시기 바랍니다.

전공	계열	국가(기술 또는 공인) 자격증	비고
경제, 경영, 회계, 무역학과	경상	매경테스트(4등급), 틴매경테스트(5등급) / 한경테샛(6등급) / 고교생 경시대회, 유통관리사 2~3급(상공회의소), 무역영어 3급(상공회의소), 스포츠경영관리사, 컨벤션기획사 2급	2년 유효
		매경테스트(최우수, 우수)	
		한경테샛(S, 1, 2, 3급)	
국어국문과, 약학대학교	인문	KBS 한국어능력검정, 국어능력인증시험, 한국실용글쓰기검정	
국(역)사학과	인문	한국사능력검정시험 중급 이상, 한자능력검정시험 3급 이하	
중어중문학과 중국학과	인문	신HSK, 한자능력검정시험 3급 이하, FLEX	
영어영문학과	인문	TOEIC, TOEIC SPEAKING, TEPS, FLEX, TOEFL(PBT, CBT, IBT), IELTS, G-TELP(LEVEL 2), OPIC	2년 유효
정치(외교)학, 사회학과, 통계학과, 컴퓨터(정보)공학과	사회과학 공학계열	사회조사분석사 2급	
(상담)심리학	사회과학	직업상담사 2급, 소비자 전문상담사 2급	
일어일문학과 일본학과	인문	JPT, NPT, JLPT, FLEX: 플렉스(듣기, 읽기)	
신문방송학과 방송기술공학	사회과학 공학	멀티미디어콘텐츠제작전문가, 인쇄기능사, 영사기능사, 사진기능사, 사진제판기능사, 전자출판기능사	

식품영양학과	자연	양식조리기능사, 한식조리기능사, 중식조리기능사	특성화고 유리
전산학과 정보통신공학 컴퓨터공학과	공학	컴퓨터활용능력시험, 워드프로세서, ITQ(정보기술자격시험), 정보처리기능사 또는 정보기기 운용기능사, 인터넷 정보관리사	
수학과 수학교육과	자연, 공학	국가공인 실용수학자격시험(1~3급)	

※ 참고로 모든 기능사는 자격 제한이 없으므로 고등학생은 누구나 취득이 가능합니다.

※ 특성화고졸업특별전형, 재직자특별전형, 평생교육 단과대학을 지원하거나 전문대학교를 지원하는 학생은 국가직무능력표준(NCS)을 참고하면 해당 전공의 전문 내용을 습득하는 것이 더 도움이 됩니다.

❷ 자격증 평가

자격증은 서류 합격 후 서류평가요약서(의견서)에 기록되어서, 면접고사 평가장 책상 위에 올라갈 뿐만 아니라 자격증 출제위원들(교수)이 서류 평가 또는 면접 평가에 투입될 수 있기 때문에 시간과 상황만 된다면 취득하는 게 바람직합니다. 다만, 해당 과목 내신 성적이 좋지 않은 학생이 해당 전공 관련 자격증이 있다고 해서 무조건 높게 평가되진 않습니다.

내신 성적도 좋고 관련 자격증이 있을 때 높은 평가를 받을 수 있습니다. 예컨대, 상경 계열을 지망한다면 일반 사회 과목의 경제 성적이 1, 2등급이고 한경 테셋(또는 매경테스트) 자격증이 결합될 때 높은 시너지 효과를 발휘합니다.

국어국문학과 또는 국어교육학과를 지망한다면 국어 내신 성적 1, 2등급과 한국어능력인증시험자격증이 있어야 합니다. 만약, 개설되어 있지 않는 과목이 없어 성적 증명이 어렵다면 자격증으로도 열정을 평가받을 수 있습니다. 예컨대 경제 과목이 개설되어 있지 않은데 매경 테스트 자격증을 취득한 경우입니다.

❸ 자격증 반영 여부

주로 일반계고 학생을 대상으로 하는 일반전형에서 일부 대학교(고려대,

성균관대, 한국외대, 가천대, 경기대 등)은 자격증 취득을 평가에 불필요한 항목으로 취급하여 실질적인 평가에 반영하지 않습니다. 또한 아예 일반 고교와 구분하여 특성화고전형이나 재직자특별전형에서만 자격증 취득을 반영하는 대학교(건국대)도 있습니다.

자격증 미반영	특성화고만 자격증 반영
고려대, 성균관대, 한국외대, 가천대, 경기대	건국대

♣ 활동 기록지(MPRA) ♧

자격증명	예) 경제이해력검증시험(TESAT) 5등급
M: 동기(motive)	이 자격증을 취득한 동기(이유)는 무엇인가?
P: 과정(process)	취득을 하기 위해 어떤 노력을 했는가?
	자격증 준비를 위해 어려웠던 점은 무엇인가?
R: 결과(result)	취득을 통해 무엇을 새롭게 알게 되었는가?
	취득을 통해 무엇을 새롭게 느꼈는가?
A: 실행(action)	새롭게 알고, 느낀 점을 바탕으로 어떤 후속 활동(실천, 변화)을 했는가?

자격증 평가 핵심 Point

❶ 자격증은 플러스알파(+α) 성격을 갖는 요소이다.
❷ 특성화고 학생은 2개 이상의 자격증이 필수다.
❸ 전공 관련 내신 성적이 좋아야 자격증이 의미가 있다.
❹ 일반고 학생은 중3 때 준비해서 고1 때 취득해라.
❺ 기능사 자격증은 고등학생이면 누구나 취득 가능하다.
❻ 공부할 시간이 부족하다면 자격증은 과감하게 포기하라.

07

진로 희망 평가 POINT

📇 학년이 올라갈수록 진로를 구체화, 전문화하라.

　진로 희망 사항은 학생부종합전형의 서류 평가 영역 중 주로 전공 적합성 영역에서 직 · 간접적으로 평가되는 항목입니다.

　전공 적합성 영역은 고등학교 학년이 올라갈수록 본인의 진로와 가깝게 밀착되고 더 몰입하는 교과 연계 활동, 비교과 활동 등을 바탕으로 대학의 지원 전공 등과의 연관성을 구체적으로 봅니다.

① 진로 희망 사유

기존 기재 사례

학년	특기 또는 흥미	진로 희망		희망 사유
		학생	학부모	
1	홈베이킹	파티쉐	파티쉐	요리하는 것을 즐기고 홈베이킹에 대한 해박한 지식을 갖고 있으며(이하 생략)

↓

개선 기재 사례

학년	진로 희망	희망 사유
1	요리 분야	요리에 대한 해박한 지식을 갖고 요리하는 것을 즐기며 (이하 생략)

2017년부터는 학생부 기재 내용이 변경되어 기존의 ㉮〈학부모의 진로 희망〉란 ㉯〈특기 또는 흥미〉란은 삭제합니다. 학부모의 진로 희망란을 삭제한 이유를 추정해 보면, 이는 학생과 학부모의 진로 희망이 다를 수 있어 학생과 학부모와의 사이에서 괜한 갈등(?)이 있다는 오해를 불러일으키거나 불필요한 갈등을 조장할 수 있는 측면이 생길 수 있다는 점과 실제적으로 대부분의 대학에서 입학사정관이 평가를 할 때, 학부모의 진로 희망은 참고만 할 뿐 주요 평가 요소로서 거의 활용하지 않는 점이 반영된 것으로 보입니다. 또한 "학생의 성장 과정에서 흥미는 수시로 바뀔 수 있고 특기는 특기라고 하기에는 내용 자체의 타당도와 신뢰도가 미흡하고 주로 특기보다는 흥미와 취미를 행동 용어가 아니라 일반적인 용어로 기술하는 경우가 많아 실제 평가 요소로서 큰 변별성으로 작용하는 것이 미흡하기 때문에 '특기 또는 흥미'란 또한 삭제했다"고 할 수 있습니다.

❷ 진로의 결정

• 진로는 본인이 최종적으로 결정하는 게 맞습니다. 다만 부모님, 선생님 등의 말씀과 진로 검사(홀랜드 검사, 커리어 넷 활용 등), 성격 검사(MBTI, 애니어그램 등), 진로 체험, 독서 활동 등의 다방면의 노력을 통해 본인이 가장 잘하는 것과 좋아하는 것, 향후 사회 변화 환경(4차 산업혁명 도래) 등을 면밀하게 분석하여 최종 결정하는 것이 좋습니다. 개인적으로 잘하는 것은 직업(전공)으로, 좋아하는 것은 취미로 결정하시길 권고드립니다. 다만, 잘하는 것이 잘 보이지 않는다면 본인이 좋아하는 것을 바탕으로 10년 이상 장기적으로 몰입(덕후)할 수 있는 지에 대한 냉철한 분석이 요구됩니다.

• 부모님의 진로 희망에 대한 충고는 어디까지나 참고사항입니다. 왜냐하면 부모님이 본인의 인생을 대신 살아줄 수는 없기 때문입니다. 만약, 부모님이 진로를 결정하게 되면(저의 삶의 경험에 비춰 보면) 막상 대학에 들어가서 진로에 대한 정체성 혼란과 이를 통한 극도의 시행착오를 겪거나 나중에 부모님을 원망하게 되는 원인으로 작용하게 될 수 있습니다. 그리고 본인의 진로가 정말 맞는다면 결국 돌고 돌아 그 길로 가게 될 확률이 매우 높습니다. 훗날 '괜히 시행착오 등으로 소중한 시간만 낭비했다'라는 후회감이 들지 않았으면 합니다.

③ 진로 희망 사유 = 진로 동기

2014년부터 추가된 진로 희망 사유는 본인의 희망 직업에 대한 '진로 선택 동기(이유, 계기)'라고 할 수 있습니다. 이러한 희망 사유는 뭘 하고 싶다고 나열하기 보다는 본인의 희망 직업을 통해 구체적으로 '어떠한 꿈을 실현하겠다'는 행동 용어로서의 내용을 적는 것이 더 좋습니다. 즉, 희망 사유에 진로 동기가 자세하게 나타나도록 핵심 내용을 적을 필요가 있습니다. 예컨대, 독서 활동, 진로 체험을 통한 활동 등을 통한 구체적인 계기를 적으면 됩니다.

한편, '현재 진로 희망 없음'이라고 기록되는 학생들이 간혹 있는 데 학생부종합전형을 지원하는 학생들에게는 전략적으로 좋지 않을 수 있습니다. '현재 진로 희망 없음'인 경우에도 해당 사유를 입력할 수는 있습니다.

④ 진로 수정

진로 희망은 고등학교 학년이 올라갈 때마다 바뀔 수 있습니다. 진로 희망이 바뀐다고 해서 평가에 명시적으로 문제나 영향을 준다고 볼 수는 없습니다. 하지만 학생부종합전형을 지원하는 전략적인 측면을 고려한다면, 변경할 수 있는 어느 정도의 여유 범위를 설정하면서 기록되도록 해야 합니다.

학년별로는 다음과 같이 말씀드려보겠습니다.

1학년은 넓은 범위에서의 직업군을 설정하십시오. 2학년은 그보다는 좁은 직업군으로 전공계열 직업군(인문 계열, 사회과학 계열, 자연 계열, 공학 계열, 의학 계열, 예체능 계열 등)으로 좁힙니다. 3학년은 전공 모집 단위(학부, 학과 졸업 또는 대학원 졸업 후의 장래 직업군)로 더 세분화하여 좁히는 것이 바람직합니다.

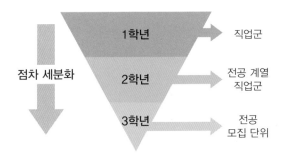

그러므로 가능한 한 진로 수정의 범위도 2학년 1학기 시기를 마지노선으로 한정하고, 비슷한 계열에서 하는 게 좋습니다. 계열을 널뛰듯 넘나들거나 하는 등의 회복하기 쉽지 않을 정도로 너무 변경 정도가 심하면 활동의 일관성 측면 등에서 입학사정관에게 신뢰도와 진정성에서 의심을 받을 수 있습니다. 그리고 그래야만 기존의 활동 내역과 후속 활동에 대한 내용 연계 정리도 어느 정도 가능해집니다. 또한 나중에 비슷한 진로로 다시 생각이 바뀌어 돌아갈 수도 있으므로 그러한 점을 충분히 감안하여 기록할 필요가 있습니다.

진로가 바뀐 경우에는 그 사유를 '창의적 체험 활동 중 진로 활동란'에 기록합니다. 학생의 진로 희망이 상담 등을 통해 바뀔 경우 그 해에는 수정이 가능하지만, 진급 후 학년이 바뀌면 수정할 수 없으므로 신중하게 기입해야 합니다.

학년이 올라감에 따라 구체성과 세분화, 전문성(학년이 올라갈수록 점점 범위가 좁아지는 깔때기 형 또는 역 피라미드형)을 보이는 진로가 될 수 있도록 합니다.

 예
- 공학 연구원 → 생명공학 연구원 → 줄기세포 전문 유전공학 연구원
- 교사 → 중등 교사 → 국어 교사
- 공무원 → 교육 공무원 → 교육복지우선사업 담당 공무원

아울러 진로 변화에 맞추어 진로 희망은 반드시 교내 대회 준비와 동아리 활동, 독서 활동 등의 교과 연계 활동, 비교과 활동으로 연계시키는 것이 바람직합니다.

아래의 그림은 한국교육개발원에서 연구한 내용을 일부 발췌한 것이므로 이에 대한 연계성을 참고하시기 바랍니다.

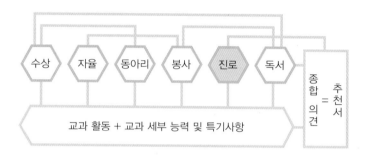

만약 진로가 일관되지 않거나 중간에 바뀐 경우는 자기소개서 문항 중 한 곳(주로 2번, 4번)에 이유와 동기를 기재합니다. 이러한 소명에는 장래 희망 변경이 자신의 꿈 찾아가는 과정(사실의 인과관계)이며 그 꿈을 향한 열정, 그 꿈을 이루려는 노력 때문이라는 내용이 담겨야 합니다.

혹시 학년이 올라갈수록 주요 과목(특히, '수학'의 경우가 많을 수 있음)의 성적이 오르지 않거나 떨어져서 진로 희망이 바뀐 것이 아닌지 평가자(입학 사정관)가 의심할 수 있으므로 진로가 변경된 경우에는 확실한 근거를 자기소개서에 기록합니다.

⑤ 진로 희망 반영 대학교

진로 희망 사항 변경과 같은 세부 내용보다 최종 진로와 관련하여 현재까지의 활동 노력, 과정(사실의 인과관계), 결과를 더 중요시하는 대학교(한국외대)도 있습니다. 진로의 일관성을 중시하여 깊이 있고 다양한 교과와 비교과 활동을 높이 평가하거나(건국대), 진로 희망이 변경된 이유, 동기에 대해 서류 평가를 통과한 1단계 합격 학생들을 대상으로 면접 평가에서 구체적으로 확인하는 대학교(가천대, 가톨릭대, 중앙대, 숙명여대)도 있습니다.

진로 희망 변경을 면접에서 확인	진로의 일관성 중시
가천대, 가톨릭대, 중앙대, 숙명여대 등	건국대

진로 희망 평가 핵심 Point

❶ 희망 사유는 동기와 변경 이유를 구체적으로 기술하라.

❷ 진로를 변경하려면, 가능한 비슷한 계열로 변경하라.

❸ 진로 변경 시에는 면접에서 확인할 가능성이 높다.

❹ 학년이 올라갈수록 진로를 구체화, 전문화 하라.

❺ 건국대 지원자는 진로의 일관성을 유지하라.

08

창의적 체험 활동 중 '자율 활동' 평가 POINT

📇 리더십 공약을 실천하라!

【창의적 체험 활동 종류 개요】

- 창의적 체험 활동은 자율 활동, 동아리 활동, 봉사활동, 진로 활동으로 나눠 집니다. 자율 활동은 적응, 자치, 행사, 특색 활동으로 구분됩니다. 진로 활동은 자기 이해, 탐색, 계획, 체험 활동으로 구분됩니다.

- 창의적 체험 활동 중 자율 활동은 학생부종합전형의 서류 평가 영역 중 주로 자기 주도성 영역 또는 인성 역량 영역 등에서 직·간접적으로 평가되는 항목이라고 합니다.
- 자기 주도성 영역은 자율 활동 중에서 주로 적응 활동, 행사 활동, 창의적 특색 활동 등에서 학교 단체 활동이 아닌 개인적으로 실시한 활동을 바탕으로 적극성, 능동성이 구체적으로 드러난 부분을 정성적인 평가적 관점에서 보게 됩니다.
- 인성 역량 영역은 자율 활동 중에서 주로 자치활동 등을 바탕으로 개인과 학교에서의 리더십 내용 등이 구체적으로 드러난 부분을 정성적인 평가적 관점에서 보게 됩니다.

〈표〉 자율 활동의 종류

영역		세부 활동 내용
자율 활동	적응 활동	입학, 진급, 예절, 질서, 기본 생활습관 형성, 축하, 친목, 사제동행, 학습·건강·성격·교우 등의 상담 활동 등
	자치 활동	학급회, 학생회 협의 활동, 모의 의회, 토론회, 자치법정 등
	행사 활동	시업식, 입학식, 졸업식, 종업식, 전시회, 발표회, 학예회, 경연대회, 학생 건강 체력 평가, 체육대회, 수련 활동, 현장학습, 수학여행, 문화답사, 국토순례 등
	창의적 특색 활동	학생, 학급, 학년, 학교, 지역 특색 활동, 학교 전통 수립, 계승 활동 등 (예) 연구보고서(R&E), 독서감상문, 학급신문 제작 등)

- 창의적 체험 활동의 자율 활동으로는 보통 적응 활동, 자치활동, 행사 활동, 창의적 특색 활동을 합니다. 이 중에서 많은 입학사정관이 중요하게 평가하는 부분은 자치활동입니다. 왜냐하면 대부분의 다른 활동은 개인 활동이 아니라 학교에서 시행한 단체 활동이 많기 때문입니다. 물론, 다른 활동에서 개인적인 활동이 구체적으로 두드러진다면 그것도 POINT를 받을 수

있습니다. 다만, 개인적인 활동이 가장 잘 드러나는 것이 리더십을 발휘하는 자치활동이기 때문에 이 활동이 높은 평가를 받습니다. 일부 고교에서 창의적 특색활동을 적극적으로 운영하여 새롭게 좋은 평가를 받을 수 있는 환경을 조성하고 있는 것은 주목할 점입니다.

❶ 리더십(Leadership) 활동: 직함 VS 공약 실천 활동

- 리더라는 직함이 필요한지 아니면 리더로서의 활동이 중요한지에 대한 명확한 개념 정의가 필요합니다. 어떤 리더를 하더라도 리더로서 공약을 지키기 위한 실천 활동, 공약이 아니라면 학교나 학급을 발전적인 방향으로 변화시킨 활동 내용을 담임교사의 행동 특성 및 종합 의견이나 교사 추천서의 구체적이고 세부적인 내용을 통해서 공약이나 활동 실천 사항을 증명할 필요가 있습니다.

- 학교 임원으로는 전교 회장과 부회장, 학급 반장과 부반장, 동아리장 등 있습니다. 특히, 리더십(Leadership)에서 상대적으로 우위가 있는 결정적인 POINT를 얻고 싶다면 전교 회장과 전교 부회장을 목표로 계획을 세우고 이에 따른 활동을 하시길 권고드립니다.

- 리더십(Leadership) 활동을 하고 싶지만 진로 관련 체험 및 활동이나 학습할 시간을 조금이라도 더 확보하고 싶으시다면 '부'자가 붙은 전교 부회장, 학급 부반장을 하는 것이 좋습니다. 아무래도 '부'자가 붙으면 전교 회장이나 학급의 반장보다는 학교나 학급의 일을 상대적으로 적게 할 수 있는 장점이 있습니다. 주로 전교 회장이나 학급 반장이 부득이하게 자리에 없을 때나 되서야 많은 일을 하기 때문입니다. 특히, 주의할 사항은 학급의 반장, 부반장을 하려고 계획을 세운다면 최소 **2회 이상** 한다는 목표와 각오로 시작해야 한다는 것입니다.

- 선도부(장)원, 미화부장, 축제부장 등의 1회성이거나 다소 단편적인 임원 활동은 일부 대학교(이화여대 등)를 제외하고는 평가에 잘 반영되지 않을 수 있습니다. 이 점을 참고하시기 바랍니다.

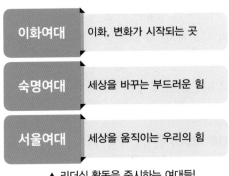

이화여대	이화, 변화가 시작되는 곳
숙명여대	세상을 바꾸는 부드러운 힘
서울여대	세상을 움직이는 우리의 힘

▲ 리더십 활동을 중시하는 여대들!

- 리더십(Leadership) 활동을 중시하는 학교로는 특히, 서울권역에 있는 여자대학교가 두드러지는데, 대표적으로 이화여대, 서울여대, 숙명여대 등입니다. 참고로 이화여대의 슬로건은 '이화, 변화가 시작되는 곳'이고, 숙명여대의 슬로건은 '세상을 바꾸는 부드러운 힘'이며, 서울여대의 슬로건은 '세상을 움직이는 우리의 힘' 입니다. 방송사에서 여대 출신 아나운서가 많은 이유도 이러한 것에서 기인하는 것으로 보입니다.

- 마지막으로 본인이 생각하는 '리더십'의 정의에 대해 미리 정리해 놓을 필요가 있습니다. 왜냐하면 만약, 1단계 합격 후 면접에 가시면 리더십의 정의("본인에게 리더십이란 어떤 의미로 여겨지나요?")에 대해 물어볼 수 있기 때문입니다. 참고로 제가 생각하는 '리더십'이란 "주변 사람(학우)에게 긍정적 변화를 이끌고 그 변화를 펼칠만한 기회와 활동의 장소를 지속적으로 마련해 주는 것"이라고 할 수 있습니다.

❷ 팔로우십(followship) 활동

최근 '팔로우십(followship)'이 각광을 받고 있습니다. 리더가 존재하기 위해서는 이끌려가는 사람들이 필요합니다. 리더를 성실하게 따르려면 순수한 진정성이 필요한데, 이렇게 진정한 마음으로 리더를 잘 따르는 것이 '팔로우십'입니다. 진정한 팔로우십을 위해서는 리더십을 경청하고 공감하는 자세 외에 경우에 따라서는 잘못된 리더십을 비판하는 자세가 필요합니다. 이러한 팔로우십이 자신의 강점이라고 생각한다면 구체적인 사례를 들어 기술하는 것도 좋은 방법입니다. 자율 활동에 기입하는 것이 어렵다면, 행동 특성 및 종합 의견에 기록하거나 자기소개서 3번 항목에 기입할 수 있습니다.

③ 개인 활동의 구체화와 기록

- 자치활동의 리더십 활동을 제외하고 창의적 체험 활동의 자율 활동으로 적응 활동, 자치활동, 행사 활동, 창의적 특색 활동 등의 개인 활동을 구체적으로 드러낼 수 있습니다.
- 행사 활동의 사례로는 각종 단체 교육이나 예방 교육과 연계하여 개인적으로 발표를 하는 것 등이 있습니다.
- 창의적 특색 활동의 사례로는 선생님과 협의하여 학급에서의 다양한 활동(학급 신문 제작 활동, 독서 활동 후 독서감상문 대회 개최, 각종 토론 활동 후 발표대회, 멘토-멘티 활동 등)을 하는 것 등이 있습니다. 그리고 또한 이러한 활동들이 학교생활기록부의 창의적 체험 활동 자율 활동 란에 기록되거나 행동 특성 및 종합 의견 등에 기록될 수 있도록 하는 것이 무엇보다도 더 중요합니다.
- 창의적 특색 활동 중 연구보고서(R&E)는 대필, 고액 외부 강사 특강 등 사교육 유발 요인으로 인식되는 문제점이 있습니다. 따라서 연구보고서(R&E)는 정규 교육과정에서 사교육의 개입 없이 학교 내에서 학생들 주도로 수행된 연구 주제 및 참여 인원, 소요 시간 만을 기재하는 것으로 변경되었습니다.

창의적 체험 활동 중 자율 활동 평가 핵심 Point

❶ 리더십은 '공약에 대한 실천'으로 구체화를 증명하라.

❷ 반장, 부반장은 가능한 한 2회 이상해라.

❸ 팔로우십도 능력이다. 다만, 구체적 사례를 기재하라.

❹ 서울권 '여자대학교'는 리더십 활동을 중시하는 경향이 있다.

❺ 학교의 단체 활동이 아니라 개인만의 활동을 드러내라!

♣ 활동 기록지(MPRA) ♣

리더명	예) 전교 회장
M: 동기(motive)	리더 활동을 하게 된 동기(이유)는 무엇인가?
P: 과정(process)	공약을 달성하기 위해 어떤 노력을 했는가?
	리더로서 어려웠던 점은 무엇인가?
R: 결과(result)	활동을 통해 무엇을 새롭게 알게 되었는가?
	리더 활동을 통해 무엇을 새롭게 느꼈는가?
A: 실행(action)	새롭게 알고, 느낀 점을 바탕으로 어떤 후속 활동(실천, 변화)을 했는가?
	학교와 학급은 어떻게 변화되었는가?

09

창의적 체험 활동 중 '동아리 활동' 평가 POINT

📇 전공 적합성에 맞는 핵심 활동을 하라!

- 대학이나 전공에 따라 다소 차이를 보일 수 있지만 창의적 체험 활동 중 동아리 활동은 일반적으로 창의적 체험 활동 중에서 가장 중요한 비중을 차지합니다. 따라서 창의적 체험 활동에서 가장 매진해야 할 활동은 동아리 활동입니다.

- 동아리 활동은 학생부종합전형의 서류 평가 영역 중 주로 전공 적합성 영역 또는 자기 주도성 영역, 인성 역량 영역 등에서 직 · 간접적으로 평가되는 항목입니다.

창의적 체험 활동 중 동아리 활동을 주요 항목으로 보는 대학교
서울대, 성균관대, 서강대, 서울시립대, 건국대, 숙명여대, 가천대, 가톨릭대, 한양대(에리카) 등

- 전공 적합성 영역은 취미 분야가 아니라 본인의 지원 전공과 관련한 동아리 활동을 2년 이상 지속적으로 열심히 한 사실이 구체적으로 드러난 사항을 중점적으로 봅니다.

- 자기 주도성 영역은 동아리 활동 중에서 자율 동아리를 주도적(리더)으로

창설했거나 일반 동아리 활동을 함에 있어 주도적인 역할을 통해 적극성과 능동성이 보이고 이를 바탕으로 성과나 결과물을 내는 활동이 구체적으로 드러난 부분을 정성적인 평가적 관점에서 보게 됩니다.

- 인성 역량 영역은 동아리 활동 중에서 봉사활동과 관련된 동아리(예: RCY, 해비타트 등) 활동(단, 사회복지학과 등 복지, 재활 관련 전공을 지원하는 경우는 봉사 동아리 활동이 전공 적합성 영역과 다소 중복될 수 있음)을 했거나 일반 동아리 활동 중 다른 학생과의 협력, 갈등 관리 부분 등을 바탕으로 개인의 역할, 리더십 활동과 동아리에서의 활동 내용 등이 구체적으로 드러난 부분을 정성적인 평가적 관점에서 보게 됩니다.

❶ 동아리 활동의 성격

- 본인의 동아리인지 또는 친구(선후배)의 동아리인지 명확하게 생각해 볼 필요가 있습니다. 왜냐하면 대학은 기본적으로 단체 활동에 대한 신뢰가 낮은 편이기 때문입니다. 동아리 활동은 전공 적합성 영역을 평가하기 위한 것이며, 주로 참여도와 협력 정도를 평가합니다. 또 리더십을 통한 주도성, 역할에 따른 인성 등을 확인하고 평가합니다.

- 친구 따라 들어간 동아리라도 동아리에서 중추적이고 적극적인 역할을 했다면 구체적인 사례를 통해 부각시킬 필요가 있습니다. 리더십은 동아리를 통한 활동으로 입증되어야 합니다. 활동 보고서나 활동을 통한 수상 사실이 있으면 더욱 좋습니다.

- 평가자의 입장에서 보면, 전공(학습, 교과 연계)동아리 또는 자율(진공)동아리를 기본으로 하고 추가적으로 봉사동아리에 가입할 것을 권장합니다. 대입을 위해 학생부종합전형을 준비하는 학생이라면 취미 동아리는 가급적 정규 동아리로 가입하지 않는 것이 낫습니다. 취미는 학교 동아리로 가입하지 말고 따로 방과 후나 주말에 하면 됩니다. 그럼에도 불구하고 만약 취미를 위해 많은 시간을 할애하고 싶으면 우선 전략적으로 고교는 여가 시간을 활용하고 대학에 합격한 후 열심히 하면 됩니다. 단, 예체능계에서는 취미가 전공 분야와 일치할 수 있으므로 가입해도 무방합니다. 구체적

으로 예를 들면, 「전공(학습) 동아리 1개 + 자율 동아리 1개 (1안)」, 「전공(학습) 동아리 1개 + 봉사 동아리 1개(2안)」, 「전공(학습) 동아리 1개 + 취미동아리 1개(3안)」가 있을 수 있습니다. 이 중 1안 또는 2안이 현실적으로도 전략적으로도 가장 안정적입니다. 물론 여력이 되면 1안과 2안을 합쳐 3개를 하면 더 좋습니다.

※ 동아리 활동 4개 유형과 기재 예시

순	동아리 활동 유형	기재 예시
1	정규 교육과정 내 동아리 활동	(시사 토론반) 시사에 관심이 많아~
2	학교교육 계획에 의한 자율 동아리 활동	(화학 실험반: 자율 동아리) 화학 실험을 통해 화학 반응~
3	학교교육 계획 이외의 청소년단체 활동	(아람단: 청소년단체) 단원으로
4	정규 교육과정 이외의 학교 스포츠클럽 활동	(배드민턴 클럽: 방과 후 학교 스포츠클럽) 배드민턴 클럽에서 주로 ~

❷ 동아리 활동 작성 요령

• 동아리 활동 내용은 진로 적성 활동으로서 전공학과와의 관련성과 본인의 역할을 강조해서 작성해야 합니다. 다만 지방이나 정보 소외 지역은 공과계열의 세부적인 동아리 구성과 활동이 쉽지 않을 수 있습니다. 이 경우 포괄적인 과학 관련 동아리라면 어느 정도 지역의 특수성을 감안하여 평가받을 수 있습니다. 따라서 지역의 환경과 상황에 대한 적극적인 소명이 학생부, 자기소개서, 추천서 등에 필요합니다.

• 학교생활기록부에는 동아리 활동 내용을 구체적으로 기록해야 합니다. "○○동아리에 가입해서 활동했음."과 같은 단편적 서술보다는 '○○○에 관심이 있어 동아리에 가입했는데, 어떤 활동을 했으며, 본인이 동아리에서 어떤 역할을 하고 어떤 결과를 냈는지, 활동에서 무엇을 배우고 느끼고 새로운 실천으로 연결했는지' 등을 상세히 담아야 합니다.

❸ 동아리의 종류

• 동아리는 일반(정규) 동아리와 자율 동아리로 구성됩니다. 일반(정규) 동아리는 본 수업에 편성된 창의적 체험 활동 시간에 참여하는 동아리 활동으로서 모든 학생이 하나씩 가입하여 참여하는 동아리입니다. 자율 동아리는 특기나 취미가 비슷한 학생들끼리 모여 자율적으로 구성하는 동아리로서 방과 후에 활동하는 동아리라고 할 수 있습니다.

• 학교 내에 원하는 동아리가 없거나 가입하고자 하는 동아리가 조기에 마감되면 관심과 진로 분야가 같은 친구들을 모아 자율 동아리를 만들 수 있습니다. 단 학기 초에 구성해야 합니다. 학기 중에 만든 자율 동아리는 학교생활기록부에 입력할 수 없기 때문입니다. 자율 동아리는 동아리 활동 이수 시간에는 포함되지 않지만 '세부 능력 및 특기사항'에 활동 내용과 활동 특기사항을 입력할 수 있고, 담임교사의 종합 의견이나 교사 추천서에도 기록할 수 있습니다.

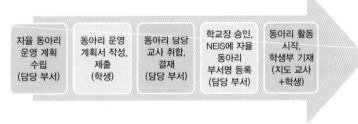

▲자율 동아리 구성 절차

동아리는 여러 개를 할 수 있으므로 자율 동아리는 무조건 만드는 게 좋습니다. 자율 동아리는,

❶ 본인이 지원하는 대학교 전공(진로)과 관련된 동아리

❷ 본인의 학업 능력을 보여주는 학술 동아리의 'TWO TRACK' 설계가 좋습니다.

만약, 자율 동아리 구성이 어려우면 교사의 도움을 받아 관심 분야가 같거나 진로가 비슷한 학생들끼리 소그룹을 만들어 결정하면 됩니다.

④ 동아리 활동의 평가

- 단순히 동아리 활동 개수가 많다고 해서 좋은 평가를 받는 것은 아닙니다. 자신의 진로와 관련해서 적극적이고 구체적인 활동 결과와 변화가 수반되는 활동 내용이 좋은 평가를 받습니다. 여러 개의 활동이 버겁다면 1~2개 활동에 집중하는 게 낫습니다. 그러므로 각자의 상황에 맞게 유동적으로 설계하고 활동하는 것이 바람직합니다.

- 동아리는 가급적 1학년부터 3학년까지 일관된 활동이 더 좋은 평가를 받습니다. 학년별로 매번 바뀌거나 바뀌는 것에 대한 이유와 동기가 없다면 좋은 평가를 받기 어렵습니다. 다만 1학년에 진로를 탐색(탐색 과정이 학생부나 자기소개서에 언급된다는 전제)한 후 전공과 관련지어 2학년과 3학년에 연속적으로 열정적인 동아리 활동을 한다면 불리한 평가를 받지 않습니다. 진로와 무관한 취미활동 위주의 동아리 활동도 가급적 피하는 게 좋습니다.

- 언론 보도에 의하면, 일반고 출신 서울대 합격생들의 평균 동아리 개수는 4.3개이고, 특목고 및 자사고 출신 합격생들은 1.8~4개로 알려져 있습니다. 동아리 활동 시간은 평균 120시간 안팎입니다. 그러나 이런 언론 보도에 위축될 필요는 없습니다. 동아리 개수나 시간과 같은 정량적인 숫자보다 동아리 활동의 질적인 측면이 더 중요하다는 것은 주지의 사실입니다.

- 본인의 진로와 관련하여 학교 밖 기관의 동아리 활동에도 관심을 가져보십시오. 대표적으로 각 지역 청소년 유관단체의 동아리 활동에 참여하는 것도 좋습니다. 동아리 활동은 홈페이지 공지사항에 나와 있으니 수시로 체크하십시오. 예를 들어 서울시 청소년홍보단, 자치단체 청소년수련관 동아리, YWCA 청소년토론동아리, YMCA 청소년봉사동아리 등이 있습니다.

⑤ 동아리 활동 작성 사례 및 분석

동아리명	가야소리
동아리 활동 사례	우리나라 전통 악기인 가야금 기초를 차근히 배워나간 결과 민요, 농현을 익혔음. 운지법이 좋으며, 음악적 감각이 뛰어남.

분석	전체적으로 구체적인 내용이 미흡합니다. 예컨대, 무슨 민요인지에 대한 구체성이 미흡합니다. 또한 동아리에서의 역할이 무엇인지, 대회에 나간 적이 있는 지, 그 결과는 어떠한지, 후속 활동, 변화의 모습에 내용이 구체적으로 들어가면 좋을 것 같습니다.

♣ 활동 기록지(MPRA) ♧

리더명	
M: 동기(motive)	동아리 활동을 하게 된 동기(이유)는 무엇인가?
P: 과정(process)	활동을 위해 개인적으로 어떤 노력과 역할을 했는가?
	활동을 하면서 어려웠던 점은 무엇인가?
R: 결과(result)	활동을 통해 무엇을 새롭게 알게 되었는가?
	활동을 통해 무엇을 새롭게 느꼈는가?
A: 실행(action)	새롭게 배우고, 느낀 점을 바탕으로 어떤 후속 활동(실천, 변화)을 했는가?

창의적 체험 활동 중 동아리 활동 평가 핵심 Point

❶ 창의적 체험 활동에서 가장 중요한 것은 동아리활동이다.

❷ 가능하다면 동아리에서 '리더'를 하라.

❸ 단체가 아니라 자신의 적극적인 역할을 구체적으로 기술하라.

❹ 전공 관련 자율동아리를 2학년에 만들어라.

❺ 일관된 동아리 활동(1~3학년)이 상대적으로 유리하다.

❻ 취미보다 전공 관련 동아리 활동을 하라.

PLUS Tip! 정규 동아리 VS 자율 동아리

정규 동아리와 자율 동아리 중 어떤 활동이 더 우수한가?

　이런 질문을 하는 학생이 간혹 있습니다. 정규 동아리와 자율 동아리 중 어떤 활동이 더 우수한지에 대한 명확한 평가 기준은 없습니다. 다만, 입학 사정관은 정규 동아리 활동이 기본적인 활동이고, 자율 동아리는 심화된 전공 활동이 필요한 경우라고 생각합니다. 또한, 자율 동아리는 정규 동아리가 인기가 있어서 조기 마감되었거나 또는 그 분야에 대한 정규 동아리가 학교 사정에 의해 없을 때 주로 만들어집니다.

　결론적으로 정규 동아리 활동이나 자율 동아리 활동의 이름이 중요한 것이 아니라 그 동아리 내에서 얼마나 더 진정성 있게, 더 열정적으로, 더 장기적으로, 더 개인적으로 역할이나 활동이 두드러지도록 과정과 결과물의 생산, 후속 활동을 통한 변화가 보이느냐가 오히려 더 중요한 평가 요소입니다.

10

창의적 체험 활동 중 '봉사활동' 평가 POINT

📇 교내외 균형 + 100시간

- 창의적 체험 활동 중 봉사활동은 학생부종합전형의 서류 평가 영역 중 주로 인성 역량 영역 또는 전공 적합성 영역 등에서 직·간접적으로 평가되는 항목이라고 할 수 있습니다. 일반적으로 학생 개인의 인성, 집단에서의 공동체성, 사회성과 봉사정신 등을 평가 주안점으로 둡니다.

- 인성 역량 영역은 교내 및 교외의 봉사활동을 통해서 드러나는 배려, 헌신, 이타심 등의 개인의 두드러진 인성 및 단체 봉사 활동에서의 다른 학생들과의 협력, 소통 등을 바탕으로 개인의 역할, 활동 등의 봉사활동 내용 등이 구체적으로 드러난 부분을 정성적인 평가적 관점에서 보게 됩니다.

- 전공 적합성 영역은 특히, 사회복지학과, 아동상담학과 등 복지, 상담, 재활 관련 전공을 지원하는 학생의 경우가 해당됩니다. 이런 경우 관련 봉사활동이 전공 적합성 영역과 다소 중복되어 정성적으로 평가됩니다.

❶ 봉사활동의 성격

- 먼저 자신의 봉사활동인지 부모님의 봉사활동인지 명확하게 생각해 볼 필요가 있습니다. 부모님의 봉사활동을 따라다니다가 봉사활동을 시작하게

되는 경우가 종종 있습니다. 처음에는 부모님의 봉사활동을 따라만 다니다가 점차 마음에 변화가 생겨 스스로 봉사하는 삶을 시작하는 모습은 누가 보더라도 멋진 장면입니다. 그러나 어떤 학생은 부모님이 아는 봉사 단체를 통해 봉사 시간을 부풀리거나 부모님이 봉사한 시간을 자신의 명의로 기록하는 사례가 일부 있습니다.

• 봉사의 의미는 단순히 대학을 가기 위해 봉사활동을 하는 것이 아니라 봉사활동을 통해서 더 나은 나로 성장하기 위해 하는 것입니다. 따라서 대학에 가서도 시간 날 때 마다 지속적으로 열심히 할 필요가 있습니다. 이러한 활동은 추후 본인 진로가 약학대학(2학년 마치고 지원)인 경우에 이를 준비하거나 다른 취업을 준비할 때에도 도움이 됩니다.

봉사활동 핵심

봉사활동 기관명	사이트	주관 부처
나눔포털	www.1365.go.kr	안전행정부
사회복지봉사활동 인증관리 시스템	www.vms.go.kr	보건복지부
청소년봉사활동 포털사이트	dovol.youth.go.kr	여성가족부
각 지자체 자원봉사 센터	지자체 홈페이지	각 지역 자치단체

❷ 봉사활동의 시간과 종류

• 봉사활동은 양과 질 모두 중요합니다. 양은 100시간 이상을 1년 이상 꾸준히 하고, 교내외 활동을 병행하는 것이 좋습니다. 교내 활동 위주보다는 꾸준한 교외 활동이 더 나은 평가를 받습니다. 단, 사회복지나 재활 전공 지원자는 150~200시간 내외가 필요할 것으로 생각됩니다.

• 굳이 시간을 말하는 이유는 아무래도 시간이 명확한 것이 전형을 준비하는 데에 도움이 될 것으로 판단되기 때문입니다. 물론, 만족스러운 조건을

100~150시간 내외라고 단정 지을 순 없습니다. 또한 그 시간을 채운다고 해서 합격을 보장하는 것도 아닙니다. 하지만, 일반적으로 합격자의 정량적인 평균 시간이 100~150시간 내외가 많았던 필자의 경험을 바탕으로 말씀을 드립니다.

- 준비에 대한 도움을 드리기 위해 100시간 내외를 기준으로 1학년 50시간 내외, 2학년 50시간 내외를 구체적인 기준으로 계획을 세울 수 있습니다. 이렇게 본다면, 1학년 교내 20 + 교외 30, 2학년 교내 20 + 교외 30시간 내외가 가능할 것으로 생각됩니다. 학년 당 학기는 2번이니 학기당 교내 10 + 교외 15 시간내외가 나옵니다. 계획을 체계적으로 잘 세우고 실천한다면 충분히 달성이 가능한 숫자라고 생각합니다.

- 서울대는 교내 봉사만 했다고 해서 별도의 감점을 하지 않지만 별다른 내용없이 교내 봉사만 있다면 정성적 평가에서 좋은 평가를 받기가 어렵습니다. 다만 서울대가 아닌 다른 대학에서도 단순히 교내 청소만 적혀 있을 경우에는 좋은 평가를 받기 어렵습니다. 공개된 정보에 따르면, 일반고 출신 서울대 합격생의 평균 봉사 시간은 140시간 내외, 특목고 및 자사고 출신 합격생의 평균 봉사 시간은 81 ~ 171시간입니다.

- 일부 대학교에서는 자체 평가 기준에 따라 봉사활동 시간이 많으면 가점을, 많이 부족하면 감점(예 - 동국대)을 합니다. 여기에서 가점이나 감점은 예컨대, 원래 인성 영역(5점 척도)에서 받은 점수가 3점이라면, 가점이 되면 4점이, 감점이 되면 2점이 된다는 의미입니다.

- 이왕이면 진로와 연관된 봉사가 좋습니다. 교대나 사범 계열을 지원하는 학생이라면 멘토링 봉사나 지역아동센터의 교육봉사활동, 저소득층 아동 학습지도 등을 추천합니다. 진로와 무관한 봉사라도 꾸준한 활동으로 진정성이 보인다면 괜찮습니다.

- 본인의 지역과 상황에 맞는 봉사활동을 하되, 집에서 먼 곳보다는 꾸준히 다닐 수 있는 집 근처 봉사 시설(지역아동센터, 청소년센터, 고아원, 양로원 등)을 이용하는 것이 좋습니다. 봉사활동을 하면서 가능한 한 여러 장의 사진을 찍고 수첩 등에 기록해두어야 활동 기록이 누락되는 것을 방지할 수 있고 추후 자기소개서를 작성하는 데도 도움이 됩니다.

❸ 헌혈 및 기부 활동

- 헌혈은 좋은 봉사활동입니다. 일반적인 다른 봉사활동은 본인이 아닌 부모님이 하지 않았을 까라는 생각에 대학에서 의구심을 가지고 보는 것이 사실입니다. 그러나 헌혈은 부모님이 대신해 줄 수 없는 순수한 봉사활동입니다. 입학사정관도 이러한 순수성을 인정하고 있습니다.

- 헌혈 중 전혈은 1년에 5회, 성분 헌혈은 24회 이내로 기록 가능합니다. 헌혈의 1회당 봉사 시간은 4시간을 인정합니다. 현실적인 방법으로 1년에 헌혈을 2회 이상, 2학년 말까지 총 4회 이상 하면 인성 평가 영역에서 다른 학생에 비해 상대적으로 더 좋은 평가를 받을 수 있습니다. 물론, 다른 봉사활동 시간과 활동의 지속성이 이미 어느 정도 담보되었다는 전제가 필요합니다. 다만, 학습 상황과 본인의 건강, 체력을 생각해서 헌혈을 하고 절대로 무리해서는 안 됩니다. 특히 봉사시간이 부족하다고 해서 체력 관리가 중요한 3학년 때 무리하게 헌혈하는 것은 금물입니다.

- 기본 봉사활동과 시간이 확보되었다면 다른 학생들과의 차별성을 위해 다른 봉사활동에 눈을 돌릴 수도 있습니다. 진정성을 가지고 '사랑의 장기기증본부' 또는 '인체조직기증본부' 정회원에 등록하는 것도 차별화될 수 있는 항목입니다. 그리고 기회가 되면, 본인의 용돈으로 최소한 1년 이상 꾸준하게 재정 기부를 하는 것도 좋습니다. 굿네이버스, 세이브더칠드런, 초록우산 등 기부할 곳은 많습니다. 다만, 이러한 내용이 추후 대학에서 요구하면 증명이 되어야 하며, 학생부의 봉사활동란, 행동 특성 및 종합 의견에 기록되면 신뢰성을 높일 수 있습니다. 이런 활동은 자기소개서에 추가적인 기록도 가능합니다.

기부 종류	기부처
물건 구입 또는 물건 기부	유니세프shop, 러브팟, 버트니, 플랜샵, 비프렌즈 비마켓, 굿윌스토어, 쁘띠루시 등
재능 기부	오투잡, 재능넷, 재능마켓, 크몽, 재능아지트, 미스터스, 소셜인, 스마일 농어촌 재능뱅크 등
해외 아동 결연	굿네이버스, 컴패션, 세이브더칠드런, 월드비전, 플랜코리아 등에 1:1 후원

모바일 기부앱 (스마트폰)	엔젤터치, 도너도넛, 같이가치 with 카카오, 해비타트, 프리코인, 빅워크, 트리플래닛, 기부톡, 힐링기부, 기부타임, 라떼스크린 등
네이버 해피빈 기부	해피빈(콩 1개가 100원 가치)

❹ 기타 봉사활동

- 방학을 이용한 해외 봉사활동은 가능한 한 하지 않는 것이 좋습니다. 평가에 반영하지 않는 대학교가 많으니 괜한 시간 낭비입니다. 일회성 해외 봉사활동은 오히려 봉사에 대한 진정성을 의심받습니다. 봉사활동은 매주 또는 격주로 최소 2시간 이상 동네 고아원이나 양로원 등에서 하는 것이 무난합니다.
- 다른 학생들이 꺼려하는 봉사활동을 권합니다. 쓰레기 분리수거 담당, 출석부장(출석부 기재 관리 및 보관 등), 급식 당번, 문단속 및 소등 담당, 정보도우미 등입니다. 이러한 봉사활동은 적어도 2회 이상 하는 것이 좋습니다. 담임교사의 행동 특성 및 종합 의견에 기록될 수 있을 정도로 열심히 하는 것이 필요합니다.

❺ 주의할 점

- 간혹 봉사활동시간이 과다하다고 판단되는 학생이 있습니다. 일반적으로 사회복지나 재활 계열이 아닐 경우 200시간 이상이 되면 많다고 할 수 있습니다. 이렇게 상대적으로 너무 많은 봉사활동을 하면 입학사정관은 그 기록과 활동에 대한 진정성에 대해 의심을 합니다. 그럴 경우 학생부를 더 세밀하게 보거나, 해당 학교 담임교사나 봉사기관 등에 확인을 할 수 있습니다. 때로는 학생부에서 중복되는 날짜, 기관, 시간이 검색되기도 합니다. 이런 내용이 확인되면 평가에서 좋지 못한 영향을 줍니다. 또한 중간고사나 기말고사 기간에 봉사활동을 한 것으로 기록된 것이 발견되기도 합니다. 역시 부정적인 인식을 줄 수 있습니다.

● 진정성 있는 봉사활동은 매우 바람직하지만 너무 많은 봉사활동은 기본적인 학습 시간을 빼앗을 가능성이 높습니다. 대학은 봉사하러가는 곳이 아니라 학업을 하는 곳입니다. 봉사활동 시간이 플러스 되면 반드시 다른 곳에서 마이너스가 생기는 것은 당연한 이치입니다. 그러므로 무엇이 중요한지 다시금 판단해 보십시오.

창의적 체험 활동 중 봉사활동 평가 핵심 Point

❶ 양과 질을 고려하되, 양은 100시간 내외를 목표로 하라.
❷ 교내와 교외의 균형을 고려하되, 교외 봉사활동을 더 많이 하라.
❸ 사회복지(재활) 계열은 200시간 내외를 목표로 하라.
❹ 가급적이면 남들이 싫어하는 봉사활동을 적극적으로 실천하라.
❺ 헌혈은 1년에 2회 이상을 목표로 하라.
❻ 진로 관련 봉사가 아니라도 진정성 + 열정 봉사면 된다.
❼ 행동 특성 및 종합 의견에 구체적으로 기술되도록 노력하라.

♣ 활동 기록지(MPRA) ♧

리더명	
M: 동기(motive)	봉사활동을 하게 된 동기(이유)는 무엇인가?
P: 과정(process)	봉사활동을 위해 어떤 노력을 했는가?
	봉사활동을 하면서 어려웠던 점은 무엇인가?
R: 결과(result)	활동을 통해 무엇을 새롭게 알게 되었는가?
	활동을 통해 무엇을 새롭게 느꼈는가?
A: 실행(action)	새롭게 배우고, 느낀 점을 바탕으로 어떤 후속 활동(실천, 변화)을 했는가?

창의적 체험 활동 중 '진로 활동' 평가 POINT

🪪 학년별로 확장하고 몰입하라.

- 창의적 체험 활동 중 진로 활동은 학생부종합전형의 서류 평가 영역 중 주로 전공 적합성 영역 등에서 직·간접적으로 평가되는 항목입니다.

- 진로 활동을 정성평가 항목의 영향력으로서 평가자별로 비교해 본다면, 대학마다 차이가 있을 수 있지만 전임(채용·전환) 입학사정관이 교수·위촉 입학사정관보다 상대적으로 좀 더 세밀하게 봅니다. 또한 전공 적합성 영역에서 평가되는 진로 활동의 항목은 본인의 최종 진로 또는 자기소개서 4번 진로 계획과 일치되는 진로 활동으로 내용이 구체화되고 학년이 올라갈수록 확장되고 심화되는 내용이 평가의 주요한 요소입니다.

▲진로 활동의 연계성

❶ 진로 활동 영역 및 세부 활동 내용

진로 활동 영역은 크게 자기 이해 활동, 진로 정보 탐색 활동, 진로 계획 활동, 진로 체험 활동 4가지 부분으로 나눕니다. 각 영역별 세부 활동 내용은 아래의 표를 참고하시기 바랍니다.

영역		세부 활동 내용
진로 활동	자기 이해 활동	자기이해 및 심성 계발, 자기 정체성 탐구, 가치관 확립 활동, 각종 진로 검사 등
	진로 정보 탐색 활동	학업 정보 탐색, 입시 정보 탐색, 학교 정보 탐색, 학교 방문, 직업 정보 탐색, 자격 및 면허제도 탐색, 직장 방문, 직업훈련, 취업 등 (예−진로진학 강연, 학과 탐방, 박람회 견학, 학술대회 견학 등)
	진로 계획 활동	학업 및 직업에 대한 진로 설계, 진로 지도 및 상담 활동 등
	진로 체험 활동	학업 및 직업 세계의 이해, 직업 체험 활동 등 (예−인턴십, 아르바이트 등)

❷ 진로 활동은 단체보다 개인이 우선이다!

- 진로 활동을 보면 개인의 활동이 구체적으로 드러나는 것보다는 단체 활동을 나열하는 경우가 여전히 많습니다. 대체로 "~ 진로 검사 및 진로 활동을 실시함. ~"이러한 사례가 많습니다.
- 진로 활동 특기사항에서 잘못된 대표적인 사례로 다음을 들 수 있습니다.

> "진로 활동 시간에 전공 탐색의 날 행사, 진로의 날 행사와 연계하여 자신이 관심을 갖고 학과와 직업에 대해 탐색하는 시간을 가짐."

위의 사례가 잘못된 이유는 학생 다수가 참가한 사실(행사 참가 사실)만 알 수 있을 뿐 학생 개인의 구체적인 활동과 역량이 드러나지 않기 때문입니다. 다시 한 번 강조하지만 진로 활동에서는 단체 활동보다 개인 활동이 많이 드러나야 실제 평가가 이뤄집니다. 단체 활동이 아무리 많더라도 개인 활동이 없으면 입학사정관은 평가를 하지 않고 지나갈 수 있습니다.

- 진로 활동 영역의 특기사항은 진로 희망과 관련해 학생이 수행한 활동과 결과, 학생의 참여도, 열정, 인지적, 정의적, 실천적, 태도 변화 등을 각종 진로 검사, 심리 검사, 진로 활동, 학생·학부모와의 상담 등을 바탕으로 입력합니다. 학생은 진로 관련 프로그램에 참여하여 진로를 탐색하고 희망 전공에 대한 열정과 역량을 발휘했다는 것을 구체적으로 드러낼 수 있어야 합니다.
- 학생부에 학교에서 이루어진 단체 활동을 기록하는 것은 어찌 보면 소중한 공간 낭비입니다. 특히 진로검사 실시일, 전문가 강연일, 탐방 활동 날짜만을 나열하여 기록한 경우는 더 그렇습니다. 그러므로 전공과의 관련성이 드러나는 개인 탐구 활동을 꾸준히 해야 합니다. 이러한 활동에 대한 기록은 주도성과 진로역량 등의 개인 역량을 강조하되, 1년 이상 꾸준히 구체적이고 확장성 있게 활동한 내용이어야 합니다.
- 전공과의 관련성이 드러나는 효과적인 개인 활동으로 연구나 탐구보고서 작성을 권장합니다. 연구보고서는 서류 평가에서 가장 효과적인 활동 중의 하나이며, 면접 평가에서도 주요하게 물어보는 활동이기 때문입니다. 특히, 교수 사정관 또는 교수 위촉 사정관이 서류나 면접 평가에 들어가는 경우에는 그럴 확률이 높습니다. 왜냐하면 교수의 주 업무가 연구이고 학생들이 일반 4년제 대학에 와서 해야 하는 주요한 이유는 전공 지식을 바탕으로 본인의 의견과 관점을 보고서나 논문으로 쓰는 것이기 때문입니다.

❸ 대학이나 기관(공공, 민간)의 캠프를 적극적으로 활용하라!

- 대학이나 공공·민간 기관의 전공·진로 체험 활동 캠프를 활용하는 것도 좋은 방법입니다. 교육부의 지원을 받아 고교 교육 기여 대학 지원 사업을 하는 대학교는 고교-대학 연계 프로그램의 일환으로 전공 체험이나 실험 활동 등을 많이 하고 있습니다. 한편, 대학 캠프가 중요한 것은 대학의 행사 참가자 중에는 장래 입학사정관, 교수 등이 포함될 수 있기 때문에 좋은 이미지를 준다면 추후 서류 평가나 면접 평가에 긍정적 영향을 미칠 수도 있습니다.(물론 회피 제척이 되지 않는다는 전제가 필요합니다.)
- 학생부 기록을 위해 주관과 주최를 활용하여 대학과 고교가 연계하여 행사

를 여는 곳도 있습니다. 또한, 일반 공공 또는 민간 기관의 캠프나 교외 활동은 전공과 관련하여 찾아보면 매우 많이 있습니다. 더군다나 자유학기 (년)제의 확대로 인해 공공기관은 의무 할당제가 있는 경우도 있습니다.

- 본인 전공과 관련이 있는 진로 체험 활동이 있다면 적극적으로 참여하는 것도 나쁘지 않습니다. 다만, 이러한 교외 활동일 경우 학생부에 기록되는 것은 쉽지 않습니다. 그래도 자기소개서에서는 작성할 수 있으니 학습 시간을 고려하여 참석 여부를 결정하십시오.

❹ 진로 검사의 활용

- 학생부의 진로 활동 특기사항에 보면, 직업 흥미 검사(홀랜드, SDS 등) 및 성격 검사(MBTI, 애니어그램 등)를 학교에서 단체로 언제했다고 기록되어 있는 것이 많습니다. 그러나 검사를 실시한 것은 입학사정관의 평가에 아무런 영향도 주지 않습니다. 학교 밖에서 개인적으로 실시하는 유료 진로 및 성격 검사(지문 검사 등)도 마찬가지입니다. 오히려 이 검사를 왜 실시했고, 검사를 한 결과가 어떠했고, 검사 결과를 통해 본인의 진로 활동에 어떠한 변화가 있었는지가 더 중요합니다.

- 한편, 학교의 단체 검사뿐만 아니라 국가기관에서 무료로 운영하는 커리어 넷, 워크 넷 등을 활용하여 진로 탐색 내용과 후속 및 연계 활동을 추가하는 것도 좋은 방법일 수 있습니다. 학교생활기록부에 적기가 여의치 않으면 자기소개서에 관련 사항을 기록하여 진로 탐색 및 활동의 열정을 증명해 보일 수도 있습니다.

창의적 체험 활동 중 진로 활동 평가 핵심 Point

❶ 열정과 자기 주도성을 보여줘라.
❷ 진로 및 적성 검사의 구체적 결과를 진로와 연결시켜라.
❸ 학년이 올라갈수록 내용을 풍부하게 하라.
❹ 학년이 올라갈수록 전공 전문 분야에 몰입하라.
❺ 가고 싶은 대학의 캠프는 꼭 참석하라. 여러분을 평가하는 입학사정관, 교수가 그 곳에 있기 때문이다.

♣ 활동 기록지(MPRA) ♧

리더명	
M: 동기(motive)	진로 활동을 하게 된 동기(이유)는 무엇인가?
P: 과정(process)	진로 활동을 위해 어떤 노력을 했는가?
	진로활동을 하면서 어려웠던 점은 무엇인가?
R: 결과(result)	활동을 통해 무엇을 새롭게 알게 되었는가?
	활동을 통해 무엇을 새롭게 느꼈는가?
A: 실행(action)	새롭게 배우고, 느낀 점을 바탕으로 어떤 후속 활동(실천, 변화)을 했는가?

12

교과 학습 발달 상황(성적) 평가 POINT

📇 내신 성적은 필수 자격 요건

- 교과학습 발달 상황에서 교과(내신) 성적은 학생부종합전형의 서류 평가 영역 중 주로 학업 역량 등에서 직·간접적으로 평가되는 항목입니다.

- 교과(내신) 성적은 학생부종합전형의 기본이자 출발점입니다. 왜냐하면 대학교는 기본적으로 공부하는 곳이기 때문입니다. 대학은 굳이 '진리탐구'라는 거창한 말을 붙이지 않더라도 한 분야(전공)를 심층적으로 배우는 곳입니다. 그러므로 교수님의 대학 강의 내용을 알아들을 수 있는 능력과 자기 주도적 학습을 할 수 있는 역량이 밑바탕 되어 있지 않으면 학업 성취도 향상에 도움이 되기가 쉽지 않습니다. 따라서 이 항목을 선발하는 대학의 입장에서는 중요하게 볼 수밖에 없습니다.

- 교과(내신) 성적은 대학마다 다소 차이가 있을 수 있지만 전임(채용·전환) 입학사정관보다 교수·위촉 입학사정관이 상대적으로 더 중요하게 보는 부분입니다. 이는 과거 입학사정관전형에서 현재의 학생부종합전형으로 명칭과 제도가 일부 바뀌면서 달라진 점입니다.

❶ 교과 성적(내신)과 비교과 활동(교과 연계 활동 포함)

- 비교과 활동이 아무리 많더라도 내신이 좋지 않으면 합격하기 쉽지 않습니다. 항상 교과 공부가 최우선 순위임을 명심해야 합니다(일반적으로 서울권 소재는 1~3등급 유지가 필요함). 왜냐하면 대학교에서 수학할 수 있는 내신 성적을 먼저 보고 그 외에 소질과 잠재력, 역량을 평가하는 전형이 학생부종합전형이기 때문입니다.

- 교과 성적이 뒷받침(1~3등급)되지 않으면 교내 수상, 자격증, 연구보고서, 리더십, 동아리 활동, 봉사활동, 진로 활동, 독서 활동 등의 과정이나 결과, 3가지 변화 모습의 의미가 퇴색됩니다. 교과 성적은 대학교의 수업을 들을 수 있는, 즉 대학교 수학능력이 되는 학생임을 확인시켜주는 가장 중요한 요소이기 때문입니다. 비교과 활동은 교과 성적을 기반으로 하여 성립하는 것입니다.

❷ 학습 플래너 및 계열별 교과 성적

- 고등학교 1학년부터 학습 계획을 구체적으로 세워서(학습 플래너 또는 학업 계획서 작성) 특히, 주요 과목(국영수사과) 및 전공 관련 과목의 내신 성적을 일정 수준으로 유지하거나 학기가 지남에 따라 향상되는 그래프가 되도록 하는 것이 바람직합니다.

- 대학에 따라서 자체 평가 기준(예) 내신 전체 과목 또는 주요 과목 1.5등급 이상 상승 또는 하락)에 의해 성적이 비약적으로 상승하면 가점(예) 동국대학교)을, 하락하면 감점을 받을 수 있습니다. 여기서 가점은 평가 영역(발전 가능성 또는 학업 역량)에서의 받은 원래 점수(예를 들어 5점 척도인 경우)가 만약 3점이라고 한다면, 가점이 되면 4점, 감점이 되면 2점이 되는 것을 의미합니다. 그렇다고 일부러 1학년 때 공부를 안 하다가 2학년 때부터 공부하여 가점을 받기 위해서 상승 그래프를 만드는 일은 하지 마시기 바랍니다.

- 전 과목 성적 향상과 상위권 유지가 쉽지 않다면 전공 관련 주요 과목에 우선 집중하는 것이 좋습니다. 입학사정관들도 전공 관련 주요 과목의 성적

과 성적 추이를 먼저 보는 경향이 있습니다. 따라서 최소한 인문 계열은 국어, 영어, 사회 과목을, 자연 계열은 영어, 수학, 과학 과목 성적이 상위권을 유지하거나 학기별로 매년 향상되는 것이 바람직합니다.

한편, 인문 계열 중 상경 계열을 희망하는 학생은 수학의 성적도 중요하게 보므로 수학 성적의 향상에도 신경을 써야 합니다.

❸ '성실성' 평가

- 전 과목을 잘하면 좋겠지만 그렇지 않은 경우가 사실 대부분입니다. 그렇다고 선택과 집중을 통해 중요한 과목만 공부하는 것은 좋지 못한 결과를 낳을 수도 있습니다. 예컨대, 기술·가정 시간에 수학 공부를 몰래 하는 것이 그러할 수 있습니다. 체육 시간에 아프다고 하고 영어 공부를 하는 것도 해당될 수 있습니다. 실상 그렇게 한다고 해서 성적이 오르는 것도 아닙니다. 오히려 마음만 불편해 질 수 있습니다.
- 입학사정관 관점에서는 어느 과목이든지 7~9등급 과목이 있으면 '성실성' 측면에서 좋지 못한 평가를 합니다. 이럴 경우 학교에 따라서는 정량적인 감점(예 가톨릭대)을 줄 수 있습니다.
- 예체능 과목에도 C~E등급(미흡) 과목이 있으면 '성실성' 측면에서 좋지 못한 평가를 받습니다(예 가톨릭대). 이 경우 특히 예체능 계열에 지원하는 학생에게는 치명적입니다.

❹ 평가자의 구성과 평가 성향의 차이

- 서류 평가의 평가자는 보통 2명입니다. 물론, 대학교에 따라 2명의 평가자를 모두 입학사정관이 맡는 경우가 있고, 1명은 입학사정관, 1명은 교수(또는 교수사정관)가 맡는 경우가 있습니다. 이 가운데 후자가 교과 성적을 비교과 활동보다 더 중요시하는 경향이 있습니다. 아무래도 많은 모의평가를 거쳐 평가에 투입되는 전문적인 입학사정관과 짧은 기간 평가 교육을 받고 투입되는 교수는 서류를 보는 관점이 다소 다르기 때문으로 추측됩니다.
- 대학교의 연구에 따르면 대체적으로 교수는 객관적으로 드러나는 교과 성

적의 영향력을 비교과 활동보다 더 높게 반영하는 경향을 보입니다. 입학사정관 전형에서 학생부종합전형으로 제도가 바뀌고 선발 인원과 모집 분야가 확장되면서 이러한 경향이 더 두드러지는 것 같습니다. 전임 채용 사정관을 계속 늘리는 것이 부담스러운 대학이 학내 교수를 더 동원하여 학생부종합전형을 확대하여 운영하는 경우가 많아졌기 때문입니다. 따라서 서류 평가자의 인적 구성도 미묘하지만 합격에 영향을 미칠 수 있다는 사실을 간과하지 말아야 합니다.

- 평가자의 인적 구성은 대학교 모집요강이나 홈페이지 내 질의 응답을 확인하거나 입학처(또는 입학관리본부)의 입학사정관실(대학에 따라 다른 명칭을 사용하기도 함. ⑩ 건국대는 입학전형센터)에 전화문의를 해서 확인할 수 있습니다. 물론 공개하지 않는 대학교도 있습니다.

교과 학습 발달 상황(성적) 평가 핵심 Point

❶ 학생부종합전형에 합격하려면 좋은 교과 성적(내신 성적)이 필수 요건이다.

❷ 평균 성적은 가능한 한 3등급 이내를 목표로 하라.

❸ 꾸준히 성적이 향상되면 가산점을 받을 수 있다.
  (반대는 감점을 받을 수 있다.)

❹ 인문사회 계열은 국어, 영어, 사회 과목을 중시하라.
  (경상 계열은 수학도 중요)

❺ 자연공학 계열은 영어, 수학, 과학 과목을 중시하라.

❻ 8~9등급 과목이 있으면 인성 영역에서 감점을 줄 수 있다.

❼ 예체능 D~E등급은 인성 영역에서 감점을 줄 수 있다.

13

교과 학습 발달 상황(세특) 평가 POINT

📇 무조건 튀어라!

　교과 학습 발달 상황에서 세부 능력 및 특기사항은 최근에 가장 각광받는 평가 항목으로 학생부종합전형의 서류 평가 영역 중 주로 학업 역량, 전공 적합성, 발전 가능성 등에서 직·간접적으로 평가되는 항목입니다.

❶ '세특'이란?

- 세부 능력 및 특기사항(이하, 세특)은 최근의 학생부 평가에서 가장 중요시되는 항목 중 하나입니다. 세특은 교과 담당교사가 실시하는 일종의 '평가'로, 교과목과 연관된 세부 능력 및 수행평가, 학습활동 참여도 및 태도, 특기사항, 방과후학교 수강내용(이전의 보충수업) 등으로 구성됩니다.
- 의외로 교과 담당교사가 실시하는 방과후학교 수강 내용을 적는 사례가 많습니다. 그렇지만 방과후학교 수강 내용만으로는 제대로 평가받기 어렵습니다. 그보다는 학생주도형 거꾸로 수업(플립 러닝), 독서 활용 수업, 토론 수업, 발표 수업, 실험 수업, 하부루타, 배움의 공동체 수업, 액션러닝, 프로젝트 수업, PBL(문제 기반 학습) 등의 다른 교수법적 변화를 바탕으로 학생 개개인의 세부적인 특기사항을 적는 것이 필요합니다.

- 전공과 관련된 교과목이면 전공 적합성, 학업 참여도, 과목에 대한 관심도를 엿볼 수 있으며, 전공과 무관한 교과목이면 인성과 성실성을 관찰할 수 있습니다. 예를 들어 학생이 수학과에 지원했다면, 평가자는 수학 교과목에 대한 평가가 있는지, 있다면 평가 내용은 어떠한지를 살펴볼 것입니다.

② '세특' 제대로 기록하기

- 교과 학습 발달 상황의 '세부 능력 및 특기사항'란에는 특기할 만한 사항이 있는 과목 및 학생에 한하여 과목별 성취 기준에 따른 성취 수준의 특성, 실기 능력, 교과 적성, 학습활동 참여도 및 태도, 직무능력 등을 간략하게 문장으로 입력하고, 방과후학교 수강 내용(강좌명, 이수 시간 등)을 입력할 수 있습니다.
- '세특'에서는 학생의 전공에 대한 열의와 전공 적합성을 평가하는데, 학생이 발표, 토론, 질문을 하는 등 수업 시간에 적극 참여하고 수행평가, 방과후학교 등에서 학생의 우수성과 인성이 드러날 수 있도록 해야 합니다. 일반적이고 추상적이고 공통적인 내용이 아니라 개인만의 구체적인 활동과 변화 사항이 기재되어야 합니다.

- 작성하는 형식은 다음과 같이 하는 게 좋습니다.

> ① 공통적인 내용 기술 후
> ② 학생 개인적인 내용 기술은 "특히, ~ "라는 형식으로 강조해서 기술하면, 입학사정관의 가독성을 높일 수 있습니다.

각각의 내용이 구체적으로 기록되어 있는 것도 의미있지만, 여러 교과 선생님의 공통적인 내용이 발견되면 내용에 대한 신뢰성이 높아지고 평가자가 학생의 모습을 구체적으로 파악하는 데 많은 도움이 됩니다.

- 서울대, 성균관대, 중앙대, 홍익대 등의 예체능계 모집 대학교는 일부 학생은 학생부종합전형으로 선발합니다. 따라서 이들 대학교의 예체능계를 지원하는 학생들은 예체능의 세부 능력 및 특기사항도 잘 기록해야 합니다.

학생부에 "해당 사항 없음"으로 기록되어 있으면 평가에 악영향을 줄 수 있습니다.

- 과목별로는 국어 과목의 독후감 수행평가를 적극 활용하여 본인의 전공적 합성을 구체적으로 드러낼 필요가 있습니다. 이는 독서 활동이 책의 제목과 저자만을 적는 것으로 변경되었기 때문에 더 그러합니다.

- 수상, 자격증 취득, 연구보고서 자체를 세특에 기록할 수는 없습니다. 하지만 수상, 자격증 취득, 연구보고서와 관련된 동기/ 준비 과정/ 과정상의 어려움과 극복/ 교사의 주관적인 평가와 관찰 부분은 얼마든지 기록할 수 있다는 것을 명심할 필요가 있습니다.

❸ '세특'에 기록할 수 있는 것, 없는 것

- 바뀐 규정에 의해 공인 어학시험(토플, 토익, 텝스 등) 성적, 각종 교내·외 인증 사항, 논문(학회지), 도서 출간, 발명 및 특허 내용은 학교생활기록부 어떠한 항목에도 입력할 수 없으며, '세부 능력 및 특기사항'란에는 모의고사(전국연합학력평가 포함) 관련 원점수, 석차, 석차 등급은 입력할 수 없습니다. (단, 자기소개서에는 기록 가능합니다.)

- 2016년부터 영재교육진흥법 시행령 제36조 제1항, 제2항에 따라 영재교육 기관(영재학교, 영재학급, 영재교육원)에서 수료한 영재교육 관련 내용은 관련 교과의 '세부 능력 및 특기사항'란에 기록할 수 없습니다.

- 발명교실을 수료한 학생은 발명진흥법 시행령 제6조의3 제2항 3항에 따라 발명교육 실적을 관련 교과(기술가정 또는 과학)의 '세부 능력 및 특기사항'란에 입력할 수 있습니다.

- **고교·대학교 연계 *심화 과정(UP)은 정규 교육과정으로 편성된 경우에만 입력할 수 있습니다.** (교육부 훈령, 2016. 4. 5.)

> *UP(University-level Program)
> 대학교가 개설한 대학교 수준 교육과정을 고교생이 대학교에서 미리 이수하고, 진학 후 결과를 활용할 수 있도록 하는 프로그램

• 독서 활동의 경우, 2017년부터는 독서 활동 상황란에 책 제목만 언급하게 되므로 교과 내용과 연계된 독서를 했고 '세특'에도 필요하다면 기록하는 것이 바람직합니다.

❹ '세특'에 반드시 작성되어야 할 3가지 요소

① 다른 학생부 항목들과의 일치성 및 일관성

세특을 통해 '4. 수상 경력, 5. 자격증, 6. 진로 희망, 7. 창체 활동, 8. 교과 학습(내신 등급), 9. 독서 활동'을 학생부에서 보지 않고도 지원자가 어떤 분야에 관심을 두고, 어떤 태도로 학습을 하고, 관련 탐구활동을 통해 어떤 성과를 이루어냈는지를 예상이 가능하도록 기록되어 있어야 합니다. 특히, 본인의 성과나 성취를 배가시키기 위해서는 각 교과선생님들의 일관성 있는 수업 태도, 학습 활동, 관심 분야, 노력의 정도가 기술되어 있는 것이 바람직합니다.

② 자기 주도적 학습자세 및 활동

학교나 학원 등에서 수동적으로 학습 내용을 그냥 받아들이는 것에 멈추지 않고, 능동적이고 적극적으로 자신에게 적합한 학습 방법을 찾아 주체적으로 학습했다는 것을 보여줘야 합니다. 이를 위해 수업 시간에 적극적으로 참여(리더십, 발표 등)하고 질문하며, 공부하다가 혼자서는 해결하기 어려운 문제에 직면했을 때는 선생님(또는 상위권 친구)께 여쭤보는 등의 기록 등이 필요합니다. 다만 선생님(또는 상위권 친구)께는 문제 해결의 힌트를 얻는 것으로 만족하고, 정답은 결국 스스로 찾아냈다는 과정이 들어가는 것이 좋습니다.

③ 전공 적합성 및 융합 역량

전공 적합성을 다방면에서 보여줘야 합니다. 본인이 진학하고자 하는 학과의 학문과 관련성이 높은 교과 수업뿐만 아니라, 모든 과목에서 자신의 전공 분야에 대한 관심과 열정, 성취를 과목 간에 연계하고 연결하여 나타낼 수 있어야 합니다. 이는 융복합 역량과 통섭 역량, 연계 역량(시너지 효과)을 강조하는 미래 사회(4차 산업혁명)에 특히 필요한 능력입니다.

다만, 많은 학생은 융복합 역량을 너무 어려운 개념으로 받아들입니다. 융복합 역량을 고교 수준에서 쉽게 생각하면, 과목 간 공부 내용과 범위의 연계, 연결 정도로 생각해도 무방합니다. 따라서 어려운 이론, 학설 등을 굳이 나열하거나 이를 억지로 연결하려고 하는 것은 좋지 않습니다. 그냥 수업시간이나 평소에 관심 있게 공부한 내용 중에 중복되거나 연관되는 주제를 중심으로 과목 간에 연계하여 심화 학습을 해본 경험 등을 기술하는 것으로 충분합니다.

⑤ '세특' 기록 사례 및 분석

학기	1학기
과목	한국지리
기록 사례	흥미를 갖고 지리 과목에 접근하고자 노력하는 모습이 돋보이는 학생으로 모르는 개념이 있으면 바로 수업 시간에 질문하거나 쉬는 시간에 교무실로 찾아와 즉시 자신의 궁금증을 해결함으로써 개념을 정립해 나가는 모습이 인상적임.
분석	보통 이렇게 많이 작성되어 있습니다. 학생이 노력한 내용은 담겨져 있으나 구체적인 사례가 없어 아쉽습니다. 또한 모르는 개념이 있으면 선생님에게만 해결하려는 모습으로 비춰질 수 있어 자기 주도적 학습 면에서도 다소 마이너스 요소가 보입니다.

교과 학습 발달 상황(세특) 평가 핵심 Point

❶ 세특(교과 연계 활동)은 최근 평가에서 매우 중시된다.

❷ 전공 관련 과목에서 구체적인 특이성과 차별성을 보여야 한다.

❸ 수업 중 발표, 반론 및 질문, 답변을 적극적으로 하라.

❹ 수행평가 보고서 작성은 더 꼼꼼하게 하고 남들과 다른 점을 적극적으로 강조하라.

❺ '특히' 라고 강조할 수 있는 구체적인 내용이 많을수록 좋다.

♣ (학생/교사용) '세특' 기록지 ♧

교과명		수업 태도	양호( ) 보통( ) 미흡( )

(강점 & 특별) 이 과목에서 남들보다 뛰어난 강점 사항 및 특별하게 활동한 내용(역할 등)을 구체적으로 기술하세요.

수업 내용 중 특히 관심을 가진 부분은 무엇이며 더 깊게 공부한 사례가 있으면 구체적으로 기술하세요.

발표/토론/실험/기타 활동을 위해 어떤 노력(과정)을 했나요?

발표/토론/실험/기타 활동을 통해 어떤 결과를 얻었고, 어떤 후속 활동을 했나요?

과제 및 수행평가를 위해 어떤 노력(과정)을 했나요?

과제 및 수행평가를 통해 어떤 결과를 얻었고, 어떤 후속 활동을 했나요?

📇 전공 심화 + 융복합

- 독서 활동 상황은 학생부종합전형의 서류 평가 영역 중 주로 전공 적합성, 학업 역량, 자기 주도성 영역 등에서 직·간접적으로 평가되는 항목이라고 할 수 있습니다. 또한 면접에서 중요하게 물어보는 항목이며, 면접에서 중요하게 물어보는 항목입니다.

- 2017년부터는 독서 성향, 줄거리 등을 기재하지 않고 읽은 책의 제목과 저자만 교과 담당교사 또는 담임교사가 기재하도록 변경되었습니다. 이렇게 변경된 이유는 학생의 독서 성향이나 책 내용의 줄거리의 경우, 독서 과정을 따로 관찰해서 확인하는 것이 어렵기 때문에 독서 활동 기록의 신뢰도를 높이는 차원에서 기재하지 않는 쪽이 더 나은 것으로 판단했기 때문입니다. 또한 학생의 경험에 따르면, 1학년 때 읽은 책은 3학년이 되면 너무 오래(?)되어서 잘 기억도 안 난다고 합니다.

- 독서 활동 기록은 학생이 직접 독서한 내용을 독서 기록장에 기록해서 담임교사에게 제출하면 담임교사가 학생부에 입력합니다.

- 독서 활동은 1단계인 서류평가에서 전공 적합성, 학업 역량, 자기 주도성 영역 등에서 평가하기도 하지만 2단계인 면접 평가에서는 서류의 진정성 확인, 전공 적합성 영역 등의 질문으로 전이되어 활용될 수 있기 때문에 읽었

다고 학생부에 적은 책은 반드시 명확하게 이해하고 철저하게 준비해야 합니다. 따라서 책의 선택도 매우 신중할 필요가 있습니다.

기존 기재 사례

학년	과목 또는 영역	독서 활동 상황
1	국어	(1학기) 평소 문학 책을 좋아하여 '아홉살 인생(위기철)', '자전거 도둑(박완서)', '불균형(우오즈미 나오코)'처럼 교과서에 실린 소설들을 찾아 읽고 청소년 소설을 쓰는 작가의 꿈을 갖게 됨.

개선 기재 사례

학년	과목 또는 영역	독서 활동 상황
1	국어	(1학기) '아홉살 인생(위기철)', '자전거 도둑(박완서)', '불균형(우오즈미 나오코)', 자'전거 여행(김훈)'

❶ 독서 활동 상황 기록과 평가하기

• 독서 활동 상황은 책을 읽은 동기, 느낀 점, 책과 연관된 교내 활동이 모두 기록되므로 학생부종합전형에서 중요한 지표로 사용해왔습니다. 그 동안 입학사정관은 독서 활동을 통해 학생이 어떤 지적 호기심을 가졌는지, 어느 정도로 깊은 지식을 가졌는지 등을 간접적으로 유추하여 평가했습니다. 하지만 2017년부터는 독서 성향을 배제하고 책과 저자만 기록하게 함으로써 서류상으로는 위와 같은 내용마저도 평가하기 어려워졌습니다. 중하위권 대학교나 일부 교대에서는 독서 활동을 중요한 평가 요소로 활용하지 않는 경우도 많습니다. 아예 없으면 정량적이든 정성적이든 마이너스 요소로 작용할 수 있지만, 독서 활동이 있다고 해서 평가에서 크게 플러스 요소로 작용하지 않는 것도 사실입니다. 그러나 중상위권 대학교에서는 여전히 학생의 학업 역량과 관심 등을 파악하는 중요한 척도로 활용됩니다. 오히려 이들 대학교에서는 추후 면접이나 자기소개서 자율 문항을 통해 학생이

정말로 책을 읽었는지, 읽고 어떤 느낌을 가졌는지 등을 꼼꼼히 확인하므로 이에 대한 기록을 별도로 해두는 것이 좋습니다.

- 서울대의 경우 독서 활동을 매우 중요시하므로 서울대를 준비하는 학생이라면 독서 활동 내용을 별도 노트 등을 활용하여 정성껏 작성해야 합니다. 참고로 일반고 출신 서울대 합격생의 평균 독서 권수는 30권 내외, 특목고 및 자사고 출신 합격생의 평균 독서 권수는 40권 내외입니다.

- 평소에 개인적으로 독서 기록장, 독서 포트폴리오 등의 증빙 자료를 갖추고 기록해두면 나중에 담임 선생님이 학교생활기록부를 작성하는 데 큰 도움이 됩니다. 참고로 교육부에서 관리하고 운영해왔던 독서교육종합지원시스템인 에듀팟(EDUPOT)은 지침과 규정에 의해 2018년 2월에 종료되었으므로 더 이상 사용할 수 없습니다.

❷ 진로 및 전공 관련 독서 활동 방법

- 독서 활동은 전공 적합성, 자기 주도 학습 능력, 관심과 진로 분야 등을 파악할 수 있는 항목입니다. 또한 독서 활동은 교과 수업과 연계해 진로 관련 지적 호기심을 보여주는 좋은 항목입니다. 독서 활동이 진로탐색에 어떻게 영향을 미쳤는지, 그리고 전공 적합성에 어떻게 부합되는지가 중요한 판단 기준입니다.

- 개인적으로 독서록을 작성할 때는 기본적인 책 제목과 줄거리만 나열해서는 크게 도움이 되지 않습니다. 먼저 독서 계획을 체계적으로 세운 뒤 진로 관련 책을 심화형(확장형)으로 설계하고, 그런 다음 다양한 영역으로 확장시키는 것이 바람직합니다. 전공과의 연계성과 수준별 심화(*학년별 계단식 설계 예 화학의 기초 → 화학의 응용 → 화학 심화) 역시 중요합니다. 특히, 이와 같은 설계와 실천 내용이 담임 교사의 행동 특성 및 종합 의견 기술 항목이나 교과 교사의 세부 능력 및 특기사항 등에 구체적으로 기록되면 더욱 긍정적인 평가를 받을 수 있습니다.

- 전공 관련 독서가 기본적으로 되어 있다면, 인문·자연·예체능의 계열별 융합(통섭)을 위한 독서 활동을 다양하게 추가하는 것이 좋습니다. 독서 목

록으로 책을 정리할 때는 줄거리만 나열하지 말고 책을 읽고 느낀 변화를 구체적으로 적어야 합니다. 예를 들어 책을 읽고 그 책이 나에게 어떤 영향을 미쳤고, 나에게 어떤 변화가 생겼는지를 인상 깊게 기록하는 것이 필요합니다.

- 중상위권 대학교를 목표로 한다면 전공 관련 책은 최소 10권 이상 읽는 것이 바람직합니다. 전공 책을 10권 이상 읽었다면 융합을 위한 다양한 분야의 책을 읽어 총 권수가 20~30권 내외가 좋습니다.

❸ 책 선정 방법과 주의할 점

- 책 선정에 있어서 중학생 이하 수준의 평이한 책 위주의 기록은 좋은 평가를 받기가 어렵습니다. 가능한 인터넷 포털 사이트에서 검색되는 필독서, 권장 도서, 베스트셀러 보다는 본인이 지원하는 전공과 관련하여 담임교사나 교과 과목 교사들과 상의하여 미리 계획을 세우고 자기 주도적으로 읽은 도서를 위주로 기록하는 것이 좋습니다. 오히려 홍보나 마케팅이 부족하여 좋은 책임에도 잘 팔리지 않은 원석 같은 책을 발견하여 읽고 정리한다면 훨씬 더 나은 평가를 받을 수 있습니다.

- 어디까지나 참고 목록은 말 그대로 참고 자료로만 활용하고, 본인이 읽을 책의 설계는 주변의 자문을 얻어 본인이 직접 하는 것이 중요합니다. 왜냐하면 권장 도서나 참고 목록 위주로 작성했을 경우에는 다른 학생과 의외로 겹치는 부분이 많아서 본인의 차별성과 강점을 드러내기 어렵기 때문입니다.

- 가급적 대학 전공 서적 수준(전공 필수, 전공 선택)의 책은 읽지도 말고 기록도 하지 않는 것이 좋습니다. 어떻게 보면 시간낭비일 수 있습니다. 왜냐하면 너무 어려운 책은 오히려 괜한 오해와 의심만 받을 수 있습니다. 그래도 상위권 대학이나 특수대학(카이스트, 유니스트, 디지스트, 지스트 등)이나 포항공과대학(포스텍)을 목표로 하는 학생은 본인의 독서 역량을 돋보이고 싶다면 최대 허용 범위는 전공의 개론서 이하의 수준이 적당할 것으로 생각됩니다. 단, 면접에서 이런 내용은 확인이나 검증을 할 수 있기 때문에 이에 대한 철저한 준비가 필요합니다.

- 가기를 희망하는 대학교 전공 교수의 책을 읽는 것도 한 방법입니다. 대학 교수 다수는 연구 실적으로 일반이나 학술 서적을 내고 있습니다. 혹시 그 교수가 서류 평가에 들어올 수 있고 면접 평가에 들어올 수 있기 때문에 가고자 하는 6개 대학 전공 교수 중 자기가 흥미 있는 분야의 책을 선정해서 읽고 정리하는 것도 좋은 전략입니다.

❹ 대학교별 독서 활동 평가 반영

서울대 외에도 한국외국어대학교는 독서 활동을 매우 중요시합니다. 특히 교수 평가자들이 비중을 높게 잡습니다. 반면에 서강대는 독서활동의 비중이 상대적으로 낮습니다. 면접이 없는 한양대, 단국대도 독서 활동 비중이 낮습니다. 확인이 어렵기 때문입니다.

독서 활동 비중이 높은 대학교	독서 활동 비중이 낮은 대학교
서울대, 한국외대, 서울과학기술대, 가천대 등	서강대, 단국대, 가톨릭대, 인하대, 한양대, 대구교대 등

독서 활동 상황 평가 핵심 Point

❶ 읽은 책이 1권도 없으면 감점될 수 있다.
❷ 상위권 대학교에서는 독서활동을 중시하는 경향이 있다.
❸ 중위권 대학교나 교대에서는 상대적으로 덜 중요하다.
❹ 면접에서 독서 내용을 확인할 것에 대비하라.
❺ 학년이 올라갈수록 전공 심화형으로 계획하고 실행하라.
❻ 전공 계열을 뛰어넘는 융합형 독서도 고려하라.
❼ 도서목록은 모방하지 말고 본인이 직접 작성하라.
❽ 희망하는 대학 전공 교수의 책을 읽어라!

♣ 활동 기록지(MPRA) ♧

리더명	
(요약) 줄거리	
M: 동기(motive)	이 도서를 읽게 된 동기(이유)는 무엇인가?
P: 과정(process)	독서 활동을 위해 어떤 노력을 했는가?
	독서 활동을 하면서 어려웠던 점은 무엇인가?
R: 결과(result)	독서 활동을 통해 무엇을 새롭게 알게 되었는가?
	독서 활동을 통해 무엇을 새롭게 느꼈는가?
A: 실행(action)	새롭게 배우고, 느낀 점을 바탕으로 어떤 후속 활동(실천, 변화)을 했는가?

15

행동 특성 및 종합 의견 평가 POINT

교사 추천서 역할로서 중요

　행동 특성 및 종합 의견란은 담임교사의 전반적인 평가를 기록하는 곳으로 매우 중요한 평가 항목입니다. 교육부와 대교협의 서류 간소화 정책에 따라 교사 추천서는 폐지되는 추세인데, 바로 이 항목이 교사 추천서를 대신하는 역할을 합니다(특히, 교사 추천서를 받지 않는 대학교는 더 중요합니다.). 일반적이고 추상적이며 공통적인 내용보다는 개인의 구체적인 활동과 변화 사항을 기재하는 것이 바람직합니다.

　2014년부터는 학생부 기재 방식 개선으로 글자 수가 2,600자에서 1,000자로 대폭 줄었습니다. 그러므로 글자 수를 압축적으로 활용하여 개별 학생의 역량, 잠재력, 발전 가능성을 기록해야 합니다. 학생의 역량을 가장 잘 드러내는 학교생활기록부 앞 항목에서의 활동과 학교생활기록부에 기록됐으나 상대적으로 부각이 덜 되었거나 기록되진 않았지만 훌륭한 활동을 기록하는 지혜가 필요합니다. 그 활동에 대한 구체적인 의미부여와 내용의 확장은 해당 학생이 자기소개서에서 구체적으로 기술하면 됩니다.

❶ 행동 특성 및 종합 의견 기재 요령

- 입학사정관은 이 항목에서 담임교사들이 주로 기술한 용어와 단어의 사용, 학생의 학습과 연계 활동에서의 진정성, 행간의 의미, 상황적 맥락, 학생에 대한 개별적인 정성을 중요하게 봅니다. 따라서 이 항목은 단순한 학생부 요약서의 역할이 아니라 학생을 간편하게 핵심적으로 알 수 있는 평가서의 역할을 합니다. 이러한 이유 때문에 담임교사의 평가권이 가장 발휘되는 곳입니다. 그러므로 구체적 사례(근거)의 활용 없이 '성실한, 우수한, 탁월한' 등의 추상적인 표현으로만 기재된 경우 오히려 신뢰도가 저하될 수 있다는 점을 기억해야 합니다.

- 개별적인 정성은 결국 담임교사가 적어주는 개별 학생의 내용에 대한 구체성과 기술하는 분량에서 볼 수 있습니다. 기술한 내용이 많고 구체적인 스토리(story)나 에피소드(episode) 그 만큼 담임교사의 정성이 많이 들어갔다고 평가할 수 있습니다. 한편, 학교 폭력 관련 조치를 받은 학생에 대한 긍정적인 변화, 사후 반성, 실천 활동에 대한 구체적 내용의 기술도 이러한 정성으로 봅니다. 이러한 담임교사의 '정성'을 입학사정관이 정성적으로 평가하므로 학생부종합전형을 정성(?) 평가라고 하는 지도 모르겠습니다.

- 일부 교사는 소수 상위권 학생을 일류 대학(SKY 등)으로 보내려는 욕심에 구체적인 근거 없이 다소 과장된 진술을 하는 경우가 종종 있습니다. 예컨대, "이 학생은 못하는 게 없다. 나라를 구할 인재다."라는 기술은 오히려 평가자에게 부정적인 영향을 미칠 수도 있습니다. 따라서 이러한 올마이티형(전능형, 슈퍼맨형, 전부분 천재형) 인재 묘사와 과장된 진술은 지양하는 것이 좋습니다.

- 형식적인 칭찬 내용이 평범하고 일반적인 내용이 항목의 다수를 차지하면 서류 평가에 오히려 악영향을 끼칩니다. 또한 복사(copy)의 기능을 이용해 같은 학교 다른 학생의 기재 내용과 중복되는 내용이 많다면 평가에 좋지

않은 영향을 미칩니다. 왜냐하면 대학에서 서류 평가할 때 온라인 평가 시스템을 통해 같은 학교 학생들을 비교하면서 평가하기 때문입니다. 따라서 학생부를 전체적으로 요약하는 성격보다는 학생부에 있지만 그 내용이 미진하게 기록되었거나 없지만 강조하고 싶은 개별 학생의 특징과 장점을 기록해 주는 게 좋습니다.

• 학생부를 요약한 내용보다는 학생부에 없는 학생의 특징과 장점을 기록하는 게 좋습니다. 또한 학교 폭력 관련 조치 사항을 받은 학생이 이후 긍정적으로 변화했을 경우, 변화된 내용을 구체적으로 입력하는 것이 필요합니다.

❷ 핵심 인성 요소

2015년 인성교육진흥법이 발효됨에 따라 기존의 핵심 인성 요소인 '배려, 나눔, 협력, 타인 존중, 갈등 관리, 관계 지향성, 규칙 준수' 외에 '예절, 효, 정직, 책임, 소통'이 추가됐습니다. 학생의 인성 관련 내용은 핵심 인성 요소를 ( ) 안에 입력하고, 객관적인 근거 및 누가기록 자료를 토대로 구체적으로 입력합니다. 이러한 핵심 인성 요소는 기재 요령에 제시된 것 이외에 다음 사례와 같이 교사가 발굴하여 작성할 수도 있습니다.

> (배려) 특수반 친구를 도와주고 스스럼없이 친구로 지내면서 학습활동을 도와주었으며, 학급 친구들의 고민을 해결해 주는 등 또래 상담자로 주 2회 활동을 함.

❸ 행간의 의미

내용의 행간에서 담임교사의 부정적 뉘앙스가 보이면 좋은 평가를 받기 어려우므로 주의해야 합니다. 부정적 뉘앙스로 판단되는 표현 사례는 다음과 같습니다.

▶A는 ~ 수업 시간에 매우 활발하지만 다소 산만한 측면이 있음.

▶B는 ~ 공부 환경 관리 면에서 좀 더 노력한다면 큰 발전이 기대됨.

▶C는 ~ 학업 면, 특히, 과학 영역에서 보완이 많이 필요함.

▶D는 ~ 다방면에서 관심과 흥미를 보이고 있으나 한편으론 한 분야에 대한 집중력이 요구됨.

▶E는 ~ 매사에 활발하나 자기 주장이 강한 편임.

▶F는 ~ 규칙을 안 지키는 편이었으나 최근부터 노력하고 있음.

▶G는~ 상대방의 말을 귀담아 들으려고 노력하는 자세가 필요함.

▶H는~ 자기만의 세계가 독특한 사고방식을 가지고 있음.

▶I는~ 축구와 배드민턴을 하고부터는 체력이 좋아져 수업 시간에 졸지 않음.

④ 독서 활동 상황 정리

앞으로 독서 활동 상황은 독서 목록과 저자만을 기록할 수밖에 없으므로 독서에 탁월한 역량을 보이거나 독서를 활용한 활동이 많은 학생은 행동 특성 및 종합 의견란에 학생의 독서 경향성과 자기 주도적 실천 모습을 구체적으로 기록해 주면, 입학사정관이 평가할 때 더 도움이 됩니다. 물론, 그 학생도 자기소개서에 독서 활동의 실천 과정과 모습이 세부적으로 들어가 있으면 상호 간 신뢰성이 더 높아집니다.

⑤ 비공개를 통한 교사 추천서 완전 대체 검토

교사 추천서는 보안을 중시하여 담임교사가 밀봉을 해서 대학에 제출합니다. 많은 대학에서 교사 추천서를 없앴지만 여전히 일부 대학들은 교사 추천서를 받고 있습니다. 사실 교사 추천서는 담임선생님에게 많은 부담이 됩니다. 특히, 8월과 9월에 집중되는 학생부종합전형 준비의 특성상 짧은 시간 내에 많은 학생들과 개별적인 학생의 수시 6회 지원을 만족시키기 위해 전국의 많은 담임 선생님은 교사 추천서를 쓰는 데에 많은 에너지를 쏟아 일부 담임교사들은 누적된 피로감으로 인해 신체적·심리적인 소진을 경험하기도 합니다.

이러한 담임교사의 신체적·심리적인 소진을 줄이기 위해 일부 교육 전문가들은 행동 특성 및 종합 의견을 차라리 비공개로 하여 공식적으로 교사 추천서의 역할을 하도록 하는 안을 제시합니다. 이렇게 하면 담임교사에게 많은 부담을 주는 교사 추천서를 없앨 수 있습니다. 이에 대한 논의도 앞으로 필요해 보입니다.

행동 특성 및 종합 의견 평가 핵심 Point

❶ 이 항목은 '교사 추천서'의 역할을 한다.

❷ 학생부 요약서가 아니라 별도 항목의 '평가서'로 기재하라.

❸ '행간의 의미'를 입학사정관은 눈여겨본다.

❹ 정성 평가로서의 담임의 '정성'은 구체성과 양으로 확인한다.

❺ 과장하지 말고 '진정성과 진실'을 보여줘라.

❻ 학생부에 없는 내용이라도 '한 단어 또는 한 줄'이라도 적혀 있으면 기록의 신뢰성과 평가에 큰 도움이 된다.

♣ (학생/교사용) '세특' 기록지 ♧

교과명		수업 태도	양호( ) 보통( ) 미흡( )

(강점 사항) 남들보다 뛰어난 강점 사항을 구체적으로 기술하세요.

(특별 활동) 학교/학급을 위해 특별하게 활동(역할)을 한 사례가 있으면 구체적으로 기술
하세요.

(리더/봉사) 리더/봉사활동이 있으면 구체적으로 기술하세요.

(역경 극복) 역경 극복 경험이 있으면 대처 방법, 변화 모습 등에 대해 구체적으로 기술하
세요.

(수상 내역) 수상 내역이 있으면 구체적으로 기술하세요.

(기타 사항) 학생부에 기록되지 않은 기타 사항 중 특이 사항에 대해 구체적으로 기술하세요.

16

연구보고서(R&E) 평가 및 준비 방법

📇 연구보고서는 잘 활용하면 '약' 잘못 쓰면 오히려 '독'

'연구보고서'란 다양한 연구 방법을 통해 자신의 진로나 관심사와 관련된 문제에 대해 체계적이고 과학적으로 연구한 결과를 일정한 형식에 따라 논리적으로 기술한 글입니다. 학위 논문에 비하여 상대적으로 그 양이 적다는 의미로 '연구보고서'라 하고 있습니다.

연구보고서는 평가 영역 중 주로 전공 적합성, 자기 주도성 영역에서 평가합니다. 그렇지만 연구보고서는 잘 활용하면 '약'이 되지만 잘못 쓰면 오히려 '독'이 될 수 있습니다. 이는 연구보고서 작성이 기본적인 내신이나 수능을 공부할 시간을 뺏을 수도 있고, 본인이 아닌 타인의 조력이 상당 부분 반영되는 즉, 고교생 수준을 넘는 결과물이라고 판단되면 본인 활동이 아니라는 의심을 받기 때문입니다. 따라서 교육과정 내에서 본인의 역량을 기반으로 적절한 시간, 수준 안배와 내신 성적의 기본 베이스 위에 장기적인 관점에서 준비하는 게 중요합니다. 실제적으로 일부 대학교는 연구보고서 작성 자체에 큰 의미를 부여하지 않아서 서류 평가에서 미반영합니다.(물론, 면접에서는 질문을 할 수도 있습니다.)

연구보고서의 정성적 평가항목의 영향력을 입학사정관의 종류별로 구분해 보면, 아무래도 교수(또는 위촉)사정관이 전임(채용, 전환)사정관보다 정성적으로 높게 보는 경향이 있습니다. 왜냐하면 논문의 중요성과 활용성을 알고 있고, 추후 면접에서 구체적인 내용과 역량을 확인하기에도 유리하기 때문입니다.

❶ 연구보고서 준비 방법

• 연구보고서는 과거 특목고나 자사고 등에서 시작해서 현재는 일반고 학생도 많이 준비하고 있습니다. 그러나 대학교에 따라서는 연구보고서 작성 자체에는 큰 의미를 부여하고 있지 않습니다. 왜냐하면 대부분이 학생 스스로가 아니라 외부의 도움을 받아 기존 자료를 단순 차용하거나 요약해서 작성하는 경우가 많다고 생각하기때문입니다. 이러한 연구보고서는 평가를 한다하더라도 부정적인 평가를 받습니다. 우선 내용과 과정을 고려하지 않는 연구보고서 활동은 부작용이 큽니다. 특히, 진로, 진학 학과와 관련되지 않은 무분별한 '스펙 쌓기'식 연구보고서는 입학사정관에게 부정적인 인식을 심어줄 수 있습니다. 또 자기 주도적인 방법이 아니라 친구따라, 동아리 따라, 교사 따라 진행된 연구 활동은 자기소개서, 면접에서 불리하게 작용할 가능성이 있습니다. 예를 들어 자신이 작성했다고 하는 연구보고서 또는 연구보고서 내용에 대해 면접에서 답변을 명쾌하게 하지 못한다면 서류 조작의 의심을 받게 돼 평가에 좋지 못한 영향을 미칠 수 있습니다.

• 연구보고서 연구 활동은 전공 적합성을 위해 본인 진로와 관련이 있는 것이 바람직합니다. 학교생활기록부 내 진로 희망 사항에 장래 희망을 적도록 되어 있는데 연구보고서 연구 활동은 장래 희망 및 지원 학과와 관련된 것이어야 좋게 평가받습니다. 장래 희망이 근현대사 연구원이고 진학 희망 학과가 역사학과라면 연구 활동 역시 역사와 관련된 주제가 되는 것이 유리합니다. 이러한 주제 설정은 장래 희망에 실질적인 도움을 줄 뿐 아니라 무엇보다 대입 2단계 면접을 할 때 학과 교수에게 좋은 인상을 심어줄

수 있고, 면접 예상 문제로 전략적인 활용이 가능합니다.

- 보통 면접에서는 다음과 같이 2가지 형태의 질문을 할 수 있습니다.
  - 첫째, 학생부에 기록된 연구보고서의 내용과 절차에 대해 자세히 말해 줄래요?
  - 둘째, (팀으로 작성 시) 연구보고서 작성 시 본인의 역할은 무엇이었나요?

- 연구보고서를 작성할 때는 학교 교육과정 내에서 실시해야 하고, 코칭은 학교의 교사를 적극적으로 활용해야 합니다. 과거부터 최근에 이르기까지 연구보고서 연구 활동을 교외에서 대학교수, 사설 기관에 의뢰해 숟가락만 얹는 행태로 진행한 경우가 암암리에 많이 적발되었습니다. 이런 방법은 무엇보다 학생부종합전형이 교내 활동 중심으로 강화되면서 자기소개서 및 면접에 악영향을 줄 가능성이 큽니다. 교내에도 연구보고서를 도와줄 능력 있는 교사가 있습니다. 본인이나 팀이 쓰고자 하는 주제와 관련된 과목 교사의 지도를 받아 연구보고서를 작성해야 합니다. 이렇게 진행했을 경우 두 가지 장점이 있습니다. 하나는 담당 과목 교사가 지도하기 때문에 학교생활기록부 내 세부 능력 및 특기사항 기록을 자세하게 써 줄 수 있고, 나머지는 교내에서 실제로 진행된 활동이기 때문에 이런 경험을 바탕으로 자기소개서와 면접에 적극적으로 활용할 수 있다는 점입니다.

- 연구보고서 연구 활동은 혼자 하는 것보다 동아리, 소모임, 과제 수행 모임을 적극적으로 활용하는 것이 더 좋습니다. 또한 혼자서 작성하는 것은 담당 과목 교사의 도움을 받기 힘들 수 있습니다. 교사는 기타 업무가 많기 때문에 개인이 개별적으로 연구보고서 지도를 부탁한다면 감당하기 어려울 수 있습니다. 그리고 친구들과 함께 작성하면 작성 과정에서의 의견 차이, 다툼, 의견 조율 등 대학에서 요구하는 인성 관련 요소를 경험할 수 있다는 장점도 있습니다.

- 연구보고서 작성을 교과과정과 연계해 발전의 기회로 활용하거나 전공적합성을 보여준다면 전공 적합성, 자기 주도성 영역에서 정성적으로 평가를 받습니다. 또한 본인의 진로에 관련된 교사의 지도를 받음으로써 세부

능력 및 특기사항에도 반영되는 장점이 있습니다. 따라서 연구보고서를 평가 점수로서 인정받기 위해서는 가능한 한 민간기관보다는 학교 교내 대회나 공적인 기관에서 주최하는 대회에서 수상하는 것이 필요합니다. 또한 지도교사의 도움은 최소화 하고 혼자보다는 학생들 간 팀을 이뤄하는 것이 바람직합니다. 이러한 팀 간 협의를 바탕으로 학생들이 주도적으로 할 수 있는 수준에서의 연구가 바람직합니다.

② 연구보고서 관련 대회

연구보고서 관련 교내·외 대회는 다음과 같이 5가지로 정리할 수 있습니다.

1) 교내 연구보고서 대회가 있다면 미리 계획을 세우고 준비하여 교내 연구보고서 대회에서 수상을 할 수 있도록 노력할 필요가 있습니다. 교내 대회이므로 학생부에 바로 기록이 가능합니다.

2) 공공기관 주관 대회로는 아시아 최대 규모인 한국청소년학술대회(KSCY)가 있습니다. 중학교 1학년부터 고등학교 3학년까지 참가가 가능합니다. 개인 또는 팀 참가가 가능하며 팀원 수에는 제한이 없습니다. 참가비는 있으나 별도의 심사비는 없이 비영리로 대회 운영이 진행됩니다. 이를 통해 '우수청소년연구논문상', '우수청소년연구계획상' 시상이 가능합니다. 또한 KSCY 참가 확인증 발급이 가능합니다. 이러한 실적은 학생부에는 적을 수 없지만 자기소개서에는 기록이 가능합니다.

3) 한국인문사회연구원이 주최하는 국내외 청소년창의탐구학술대회(ICR)가 있습니다. 한국 국적의 청소년(중1~고3)이면 지원이 가능합니다. 개인이나 팀(2~4명)단위로 참가할 수 있습니다. 학교에 출품했던 연구보고서를 이 대회에 제출해도 가능합니다. 논문 심사를 통과한 학생에게는 '최우수청소년학자상' 또는 '우수청소년학자상'을 받을 수 있습니다. 이러한 실적은 학생부에는 적을 수 없지만 자기소개서에는 기록이 가능합니다.

4) 지자체에서 시행하는 청소년 연구보고서 대회가 있습니다. 예를 들어, 서울시 성동구 / 용산구 고등학생 연구보고서 대회가 있습니다. 특히, 용산

구는 용산구 내 일반고 7곳, 숙명여대와 연계한 '전공 심화 프로그램'을 통해 학생에게 연구보고서를 써 볼 기회를 주고 있습니다. 다만, 지자체는 상황에 따라 대회 사항이 바뀔 수 있으므로 자세한 것은 해당 지자체에 문의하는 것이 필요합니다. 여기에서 수상한 실적도 학생부에는 기록이 어렵지만 자기소개서에는 기록이 가능합니다.

5) 교육청이나 교육청 직속 기관에서 시행하는 대회가 있습니다. 충남교육청이 주최하는 충남 청소년 수학 연구보고서대회가 있습니다. 또한 전남교육청 산하 직속기관인 전남교육정책연구소에서 주관하는 '전남 고교생 학술대회'가 있습니다. 광주교육정책연구소에서도 '광주 고등학생 연구보고서 발표대회'를 하고 공동 논문집도 발간합니다. 세션별 3개 분야는 인문사회 분야, 자연 분야, 예체능 분야로 나뉩니다. 다만, 해당 교육정책연구소의 상황에 따라 대회 사항이 바뀔 수 있으므로 자세한 것은 해당 교육청 교육정책연구소에 문의하는 것이 필요합니다. 또한 교육청 주관이므로 학생부에 기록될 가능성이 있습니다. 학생부의 기록 여부도 문의하시는 것이 필요합니다.

❸ 연구보고서 강좌

• 고등학생 연구보고서 쓰기 강좌를 해주는 공공기관이 있습니다. 광주교육청 산하 직속 기관인 광주교육정책연구소에서는 일반고 고등학생 1, 2학년을 대상으로 연구보고서 쓰기 강좌를 박사급 연구원 및 교사들이 진행했습니다. 광주교육정책연구소는 학생의 연구보고서 쓰기 활동 지원을 위해 '고등학생 연구보고서 쓰기 강좌'를 별도로 운영했습니다. 학교별로 신청을 받아 모두 23개팀(100여명)을 선발해 광주교육정책연구소 연구원이 평일 방과 후와 토요일 등을 활용해 '연구보고서쓰기 활동'을 직접 지도한 적이 있습니다. 이 강좌가 계속적으로 진행되는 지는 직접 광주교육정책연구소에 문의바랍니다.

  만약, 연구보고서 강좌를 하는 공공기관이 지역에 없거나 찾기 어려우면 언론사에서 운영하는 곳을 이용하는 것도 좋습니다. 예컨대 한겨레문화센터에서는 고교생 연구보고서 강좌를 하고 있습니다. 각 지역 한겨레문화센터 공지사항을 확인해 보는 것이 필요합니다. 다만, 비용이 발생한다는 점을 참고할 필요가 있습니다.

- 각 고등학교는 졸업한 선배, 동문 교수의 재능 기부로 인한 참여 또는 동창회의 재정 기부를 통한 연구보고서 강좌나 특강을 세미나 형태로 운영할 수도 있을 것입니다. 또한 광주과학기술원(GIST) · 대구경북과학기술원(DGIST), 한국과학기술원(KAIST) 등은 사회 공헌 차원에서 인근 과학고 또는 일반고 재학생들을 대상으로 R&E 프로그램을 지원했습니다. 다만, 매년 상황이 바뀔 수 있으므로 자세한 건 해당 대학교에 문의바랍니다.

위대한 사람들은 목적을 가지고 있다.
그렇지 않은 사람들은 소원을 가지고 있다.

-워싱턴 어빙-

제4부

자기소개서 편

자기소개서와
서류 평가

(최신 개정) 자기소개서 개선 방안 안내 및 분석

◉ **자기소개서 서식 개선(교육부, 2018. 7)**

기재 방법	사실 중심 개조식보다는 학생의 경험과 생각을 확인 가능하게 서술형으로 기술
문항 통합	'학업 경험과 교내 활동' 1번, 2번 문항 통합
문항 개선	'배려, 나눔 등에 관한 실천 사례' 3번 문항 ⇨ 학생의 개별 특성이 보다 잘 드러나는 방향으로 질문 방식 개선
글자 수 제한	4개 문항 5,000자 ⇨ 3개 문항 3,100자로 축소 ⇨ 1번, 2번 문항은 1,500자 이내, 3번 문항과 4번 자율 문항은 각각 각각 800자 이내

❶ 기재 방법

자기소개서는 지금도 사실 중심 나열이 아닌 '구체적'으로 서술하는 형태로 작성을 유도하지만 학생들이 익숙하지 못해 구체적으로 작성을 못한 것입니다. 너무나 당연한 변화라서 언급하는 것 자체가 무의미합니다.

❷ 1번과 2번의 문항 통합(자기소개서 4개 문항 → 3개 문항)

학업 경험과 교내 활동을 통합하는 것이 나을 수 있습니다. 학생 중 일부는 학업 경험과 교내 활동이 중복되는 경우가 많았습니다. 또한 학업 경험의 주제나 소재를 찾는 데 애를 먹는 경우를 많이 보았습니다. 이로 인해 자기소개서 문항이 현재 4개에서 3개로 축소되었습니다.

❸ 3번 문항의 개선

배려, 나눔, 협력, 갈등 관리 등에 관한 실천 사례를 써야하는데 학생들 대부분은 갈등 관리 사례가 많았습니다. 이로 인해 평가하는 데 학생 개별적으로 차별화가 쉽지 않았습니다. 리더십을 적는 경우도 있어 2번과 중복되기도 했습니다. 아직 질문 방식의 개선안이 제시되지는 않았습니다.

❹ 자기소개서 글자 수 축소

현행	개선 안
1번 1,000자 이내	1번과 2번 통합 1,500자 이내
2번 1,500자 이내	
3번 1,000자 이내	3번 800자 이내
4번 1,000자 또는 1,500자 이내	4번 800자 이내
총 4개 문항 5,000자 이내	총 3개 문항 3,100자 이내로 변경

자기소개서 글자 수가 전체 5,000자에서 3,100자로 축소되었습니다. 이젠 자기소개서의 내용을 더욱 핵심적이고 압축적으로 작성하는 능력이 필요해 졌습니다. 반면에 글자 수를 늘리는 데 어려움을 느꼈던 학생은 다소 고통(?) 이 줄어들 것 같습니다.

자기소개서의 의미 및 개요

🏛 나만의 자기소개서를 써라.

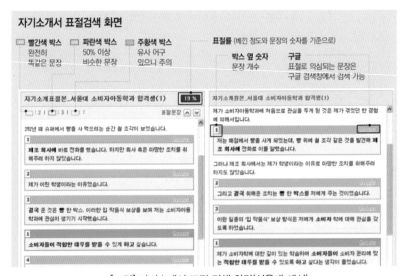

[그림] 자기소개서 표절 검색 화면(서울대 예시)

❶ 자기소개서란?

• 자기소개서는 말 그대로 자기를 소개하는 글입니다. 그러나 그냥 소개하여 알리기만 하는 글이 아니라 대학교에서 수학할 수 있도록 선택해 달라는

목적을 지닌 글로서, '대학교의 입학사정관에게 예비 학생으로서의 나의 가치를 어필(설득)하기 위해 쓰는 간접적인 논설문'이라고 할 수 있습니다.

- 자기소개서는 '자기'에 관한 글이기 때문에 자신의 정체성, 즉 자기 자신의 특성 및 장점이 잘 나타나야 합니다. 남과 다른 자기만의 역량이나 긍정적이고 독특한 품성, 해당 분야를 공부하기에 적절한 적성 등이 골고루 제시되어야 합니다.

② 자기소개서의 의미

- 모두를 위한 '합격 자기소개서'는 없습니다. 자기소개서의 모범 답안은 없다는 얘기입니다. 냉혹한 얘기지만 명심할 필요가 있습니다. 왜냐하면 이미 합격한 자기소개서는 수험생 자신의 스토리가 아니라 합격한 타인의 스토리(story)이기 때문입니다.

- 기존의 합격 사례를 활용해 본인의 활동을 억지로 끼워 맞추는 것은 대단히 어리석은 일입니다. 어색하여 문맥도 안 맞을뿐만 아니라 그렇게 작성한 것은 입학사정관에게 바로 들통이 날 확률이 높습니다. 이른바 명문 대학교에 합격한 수많은 합격생의 자기소개서 사례를 보면 '참 잘 썼다'라는 감흥은 오지만 막상 실제로 본인이 작성하려고 하면 안 되는 이유가 바로 그것 때문입니다. 따라서 다른 고민을 할 필요가 있습니다. 어떻게 하면 내 자기소개서를 읽고 평가자들이 흥미를 느낄 수 있게 하느냐에 초점을 맞춰야 됩니다. 이를 위해 눈에 확 띄는 제목, 자신을 가장 잘 나타내는 단어와 문장, 기억에 남는 문구에 대해 고민할 필요가 있습니다. 또한 스펙은 반드시 필요합니다. 단, 자기소개서의 스펙은 학교생활기록부에 기록된 스펙이라야 합니다. 이 스펙에 자신만의 의미를 부여하여 구체적이고 차별화된 스토리를 만드는 것이 중요합니다.

③ 자기소개서에 기록할 것, 기록하지 말 것

- 자기소개서 작성 시 '0'점 처리되는 항목(공인 어학성적 및 수학/과학/외국어 교과명이 명시된 학교 외 각종 대회 수상 실적) 외의 성적이나 타 교과의

각종 대회, 자격증 등의 수상 실적은 자기소개서에 기록해도 됩니다. 안타깝게도 이런 정보가 부족한 지방 학생은 그런 실적을 잘 쓰지 않는 경향이 있습니다. 괜히 쓰면 0점 처리된다고 오해를 하고 있는 것입니다. 대회명이 언급되면 서류 평가 시스템에서는 그 부분이 '………'으로 블라인드 처리가 됩니다. 오히려 이렇게 되면 대회를 참석했다는 것을 입학사정관은 간접적으로 유추할 수 있는 측면도 있습니다. 예컨대, ① "토익에 응시하여 900점을 받았습니다"가 아니라 "토익에 응시하였습니다." 또는 "토익에 응시하여 목표하던 성과를 거두었습니다." ② "국제화학올림피아드에서 은상을 수상했습니다"가 아니라 "국제 화학 올림피아드 준비와 참가 과정에서 실험 결과 등을 포함하여 많은 것을 배웠습니다."라고 하면 됩니다.

- 자신의 우수성을 입증하는 실적은 기록할 필요가 있습니다. 수학/과학/외국어 이외의 교과명이 명기된 교외 수상 실적에 대해 교육부나 대교협에서 내린 지침은 대학교의 자율에 맡긴다는 것입니다. 이는 대학교에서 내부 회의를 거쳐 정책적으로, 자의적인 판단에 따라 결정해도 된다는 것으로 해석할 수 있습니다. 정 의심스러우면 해당 대학교에 문의해 보면 됩니다. 단, 대학교에 따라서는 가르쳐 주지 않을 수 있습니다.

- 일부 대학교는 평가에 미반영하고 일부 대학교는 정성적으로 평가합니다. 그러나 대학교의 평가 여부를 떠나 가능한 한 기록하는 것이 좋습니다. 안 써서 아예 평가를 못 받을 바에야 쓰고 평가를 못 받는 게 낫습니다. 예컨대 전국 백일장대회 대상, 전국 사회탐구토론대회 우수상, 한국사능력검정 1급 등이 그렇습니다. 또한 올림피아드, 토익 등의 참가 또는 응시 사실은 적어도 되므로 참가 사실이 다수 있고 그것이 자신에게 의미가 있을 경우에는 그 과정을 적는 것이 좋습니다. 다만, 일부 대학의 경우 외부상 기입 자체를 불이익을 줄 수 있으므로 해당 대학의 모집요강을 반드시 참고하여 융통성 있게 작성하십시오.

❹ 자기소개서 작성을 위한 고3 학생의 실제 1년 경험 사례

자기소개서를 작성할 때 3, 4월부터 담임 선생님께서 주신 자료를 보거나 제가 직접 찾은 자료들을 하나하나 꼼꼼히 살펴보고 '만약 내가 이것을 자기소개서의 소재로 쓰게 된다면 어떨까?' 하는 마음으로 제가 가진 활동 하나하나를 다 서술해 보았습니다. 남이 쓴 것을 제가 가진 소재를 통해서 따라 써보는 것도 이후에 제가 제 이야기를 풀어나갈 때 도움이 되었습니다.

이후 8월 초부터 본격적으로 자기소개서 작성에 들어갔습니다. 무턱대고 자기소개서를 작성하기보다는 제가 가고 싶은 대학교의 인재상과 이제껏 다른 자기소개서를 보면서 공부했던 내용이 제 자기소개서에 모두 담기게끔 작성한 것 같습니다. 덕분에 자기소개서를 다시 쓰는 일도 부지기수였고 수정도 몇십 번에 걸쳐서 했습니다.

또한 3학년 초부터 자기소개서 작성을 위해 스스로 '나는 왜 생명과학을 좋아하는가', '나는 왜 생명과학자가 되고 싶은가', '내가 과연 생명과학자가 된다면 어떤 생명과학자가 되고 싶은가', '내가 추구하는 것은 무엇인가' 등 스스로에 대해 많은 고민을 하고 자문자답을 하면서 내가 누구인지, 과연 내가 가진 장점이 무엇인지, 내가 자기소개서에서 드러내야 할 부분이 어떤 것인지 알게 되었던 것 같습니다.

자기소개서의 의미 및 개요 핵심 Point

❶ 자기소개서는 자기의 '강점'을 소개하는 글이다.
❷ 자기소개서는 간접적인 '논설문' 역할을 한다.
❸ '모두를 위한 합격 자기소개서'는 없다는 사실을 명심하라.
❹ 합격 사례는 참고만하라.
❺ 불합격 사례를 살펴보는 것도 큰 도움이 된다.

자기소개서 평가의 핵심은 '진정성'

자기소개서의 진정성을 확인하기 위해서는 단순하게 사실(FACT)의 나열보다는 '어떻게 했다'는 과정과 변화가 더 중요합니다.

진정성의 정확한 확인과 평가를 위해 아래의 사례를 살펴보겠습니다.

❶ **허위, 과장 사례**

- 무단 결과의 이유를 선생님과의 의사소통의 문제라고 자기소개서에 기록했다가 사후 검증으로 인해 거짓이 밝혀진 경우가 종종 있습니다.
- 읽지도 않은 도서를 자기소개서에 기입했다가 면접에서 허위 기재한 사실이 밝혀지기도 합니다.
- 동아리 전체가 수상한 실적을 마치 본인 자신의 실적인 양 부풀렸다가 면접에서 들통이 나기도 합니다.
- 진로 선택을 최근에 했으면서 마치 고1 때부터 진로가 확정되어 준비했던 것처럼 작성했다가 추후 검증으로 인해 거짓으로 들통이 나기도 합니다.

❷ **문항의 의도를 잘못 이해하고 작성한 사례**

- 질문 문항과는 상관없이 자기가 쓰고 싶은 내용만 작성한 경우
- 진학을 위해 고교 재학 기간 중 어떤 노력과 준비를 했는지를 물었는데 모집 전형과 전혀 상관없는 취미 등의 동아리 활동에 대해서만 이야기 하는 경우
- 학업 노력 경험을 물었는데 교외나 예체능 활동 내용만 작성한 경우

❸ **구체적 상황과 행동, 결과가 드러나지 않은 사례**

- 전교 회장, 사회 토론 동아리 활동을 했다고 적혀있는데 무엇을 어떻게 했는지에 대한 구체적 내용이 없는 경우
- 본인이 우수하다고 주장하지만 왜 우수한지에 대한 근거가 빈약한데 비해, 제발 뽑아달라고 호소하는 경우
- 학업 계획이 구체적이지 않고 그냥 입학해서 열심히 하겠다 또는 알아가겠다고 하는 경우

자기소개서의 단계별 작성법

🏛 초 · 중학교 내용은 쓰지 말라.

① 자기소개서 작성 범위 및 문항별 작성 순서, 시기

• **자기소개서는 우선 고교 재학 시절로 한정해서 쓰는 게 좋습니다.**

초등학교나 중학교 내용은 쓰지 않습니다. 당연한 내용임에도 불구하고, 가끔 중학교 내용을 쓰는 학생이 있는데 절대로 쓰지 말기 바랍니다. 문항에도 고등학교 재학 기간 중이라고 명시되어 있습니다. 이럴 경우 질문조차 제대로 읽지 못하는 문해력(독해력)이 부족한 학생으로 간주되고 성의 없는 자기소개서로 취급됩니다. 게다가 공간과 글자 수가 제한된 상황에 초중학교 관련 내용은 글자 수 낭비에 불과합니다.

• **자기소개서 문항을 꼭 1번부터 차례로 작성할 필요는 없습니다.**

1~4번 문항 중 본인이 가장 작성하기 편한 문항부터 작성하면 됩니다. 예를 들어, 교과나 비교과 활동이 많다면 2번 믄힝(전공 적합성)부터 작성하는 것이 더 편할 수 있습니다(제일 글자 수도 많고 그렇기 때문에 가장 중요하게 평가받는 경향이 있습니다. 어찌 보면 매도 먼저 맞는 게 마음이 편하니까 이걸 먼저 완성해 놓으면 다른 문항은 껌(?)처럼 여겨집니다).

진로가 뚜렷하고 향후 학업 계획이 구체적으로 설계가 되어 있다면 4번 문항(자율 문항)을 먼저 작성해도 됩니다(참고로 입학사정관 중에서 4번 문항을 먼저 보는 비율이 꽤 됩니다. 왜냐하면 학종 지원자는 진로의 명확성을 바탕으로 교과나 비교과 활동을 했을 것으로 예상하기 때문입니다.). 다만, 최종 검토는 앞에서부터 차례로 하는 것이 더 편리합니다.

• 자기소개서 작성 시기는 빠를수록 좋습니다.

1학년과 2학년은 방학을 이용해서 작성하는 것이 좋습니다. 학기별로 활동한 내용을 정리하는 의미에서 방학을 이용하여 뼈대를 만들고 살을 붙이며 작성하는 것이 필요합니다.

먼저 1번과 3번까지의 공통 문항을 작성합니다. 그 다음에 자율 문항인 4번은 가고자 하는 대학의 차년도 모집요강을 기준으로 작성하면 됩니다.

발등에 불이 떨어져서 가장 급한 3학년은 1학기 주말을 이용해서 작성하는 것이 좋습니다. 1~3번의 공통 문항과 지원하고자 하는 대학의 확정된 모집요강을 참조하여 4번 자율 문항을 작성하면 됩니다.

흔히 여름방학하고 8월에 많이 작성하는데, 아무래도 급하게 쓰게 되고 퇴고 횟수가 적어 좋은 글이 나오기가 쉽지 않습니다. 변하지 않는 진리는 많이 고칠수록 문맥이 부드럽고 좋은 글이 된다는 것입니다. 다만, 평상시에 작성이 안 된 고3 학생의 경우는 그렇다고 자기소개서 작성에 너무 많은 고민과 시간을 쓰지는 마십시오. 시간은 부족하고 학습 등 그 외에도 할 게 많기 때문입니다. 따라서 최대한 집중해서 단기간에 끝내는 것이 더 중요합니다.

❷ 자기소개서 단계별 직접 작성법: 7단계

이제 다음과 같은 7가지 단계의 순서를 바탕으로 직접 자기소개서 작성을 해 보겠습니다. 반드시 그대로 따라서야 도움이 됩니다.

1단계	핵심 내용 추출하기

↓

2단계	핵심 내용 모으기

↓

3단계	뼈대 완성하기
4단계	살 붙이기
5단계	보충하기
6단계	소명할 내용 추가하기
7단계	퇴고하고 완성하기

① 1단계: 핵심 내용 추출하기

먼저 학생부와 연구보고서(탐구보고서), 포트폴리오 자료 등을 가져다 놓고 본인이 생각하기에 의미가 있거나 남들과는 다른 차별점 또는 강점이 있는 핵심 사항을 형광펜(또는 빨간색 등 구분이 가능한 펜)으로 칠합니다.

② 2단계: 추출한 핵심 내용 모두 모으기

형광펜으로 칠한 그 내용을 포스트 잇을 활용하여 핵심 키워드만을 추출하여 화이트 보드 또는 본인 방의 벽면 등에 모두 붙입니다.

③ 3단계: 문항별로 구분하여 모은 후 '뼈대' 완성하기

자기소개서 각 문항별(1~4번 문항)로 나누어 포스트 잇을 구분하여 붙입니다. 구체적으로 1번은 전공 관련 학습활동 위주로, 2번은 전공 관련 교과 및 비교과 연계 활동 위주로, 3번은 인성 관련 활동(봉사활동 등) 위주로, 4번은 학습 계획 및 진로 계획(서울대 등은 독서 활동) 위주로 구분하여 붙입니다. 만약, 중복된다고 생각하는 사항이 있다면 우선 해당되는 문항에 모두 붙입니다.

④ 4단계: 구체화를 통한 '살' 붙이기 및 내용 조정

문항별로 다 구분했으면 기본적인 뼈대가 완성된 것입니다. 이제 살을 붙여봅시다. 아까 작성했던 포스트 잇의 핵심 키워드를 바탕으로 아래의 개별

활동을 단계별로 정리하는 내용을 참고하여 별도의 노트에 각 문항별로 동기, 과정, 결과, 변화, 후속 실천 활동 등을 구체적으로 작성합니다. 더불어 앞서 문항 간 중복된 사항은 우선 그 내용을 구체적으로 작성한 후, 해당 문항의 글자 수와 문항 내 다른 활동과의 연계 측면을 적절히 고려하여 해당 문항에서 그 내용을 삭제하거나 다른 문항으로 그 내용을 옮기거나 하는 조정 작업을 추가적으로 실시합니다.

⑤ 5단계: 부가적 내용 보충하기

학생부에 없거나 적혀 있다 해도 내용이 빈약한 항목 중 보충해야 할 중요한 활동 사항이 있으면 추가적으로 내용을 보강합니다. 예를 들어 교외 동아리 활동, 교외 봉사활동, 교외 수상, 해당 대학의 진로 체험 및 캠프 활동, 관련 자격증, 독서 활동 등이 있으면 추가로 그 내용을 채워 넣습니다.

⑥ 6단계: 소명할 내용 추가하기

• 이 단계는 모든 학생이 해당되는 것은 아닙니다. 다만, 대학에서 입학사정관이 평가할 때 학생부에서 미심쩍거나 의심스러운 부분, 약점이 될 만한 부분이 있다고 생각되는 학생은 자기소개서에 미리 소명하는 게 필요합니다. 왜냐하면 서류 평가할 때도 그렇지만 면접에서도 물어볼 수 있기 때문입니다. 그러므로 위 사항에 대해 소명하는 것은 이를 미리 대비하거나 희석시키는 차원의 성격도 있습니다. 물론 그렇다 하더라도 소명 내용을 기술하는 것은 개인의 선택사항입니다.

• 소명이 필요할지 모르는 내용에 대한 예시를 기술해 보겠습니다.

   - 첫 번째는 학생부 출결 상황에서 무단 사항(지각, 결과, 결석)이 1~2회 정도 있는 경우입니다(회수가 3회 이상이면 대학에 따라 명시적 또는 정성적 감점을 할 수 있기 때문에 소명 내용을 작성하는 것이 무의미 할 수도 있음). 또한 교사가 되고 싶은 교대나 사범대 지원자는 질병 사항이 많은 경우에도 해당됩니다.

   - 두 번째는 학생부 진로 희망 사항에서 진로 희망이 학년이 올라 갈 때마다 자주 변경이 된 경우가 해당됩니다. 이 경우에는 진로가 변경된

이유를 구체적이고 합리적이며 타당하게 근거와 사례를 들어 작성할
필요가 있습니다.

- 세 번째는 학적 사항에서 전학을 한 경우입니다. 주로 특목고, 자사고
에서 일반고로 간 경우가 해당될 것입니다. 아무래도 학교의 교육과
정과 활동 등이 다를 수 있기 때문에 변화된 학교에서의 교과 및 비교
과 활동에 대해 내용을 기술해 주는 것이 좋을 것입니다. 또한 전학을
간 이유 등도 기술하는 것이 필요합니다.

이 외에도 개별적으로 사항이 다르기 때문에 더 있을 수 있습니다.

⑦ 7단계: 퇴고하고 완성하기

마지막으로 해당 문항별로 글자 수(제한 글자 수의 최소 80% 이상인지 여
부)를 점검하고 맞춤법과 문법, 맥락에 맞게 문장을 고치고 전체적으로 다듬
는 작업을 합니다. 지원하는 대학 이름과 전공 이름도 맞게 써 져 있는지 다
시 확인합니다. 그 후, 선생님 또는 부모님, 전문가를 통해 몇 차례(보통 3회
이내)의 피드백을 받고 수정하여 최종적으로 완성합니다.

❸ 자기소개서 개별 활동별 내용 작성법: 3단계~7단계

자기소개서 개별 활동별 내용 작성은 단계별로 최소 3단계에서 최고 7단
계로 확장하여 작성하는 것이 좋습니다.

① 3단계: 동기, 과정, 결과

- 동기: 왜 했는가?
- 과정: 어떻게 했는가?
- 결과: 무엇을 했는가?

② 4단계: 동기, 과정, 결과, 변화

- 동기: 왜 했는가?
- 과정: 어떻게 했는가?
- 결과: 무엇을 했는가?
- 변화: 그 후로 나는 어떻게 변화했는가?

③ 5단계: 동기, 과정, 결과, 인지, 후속 활동

- 동기: 왜 했는가?
- 과정: 어떻게 했는가?
- 결과: 무엇을 했는가?
- 인지: 무엇을 알게 되었는가?
- 후속 활동: 그 후로 어떤 활동을 추가로 했는가?

④ 6단계: 동기, 과정, 결과, 인지, 감정, 후속 활동

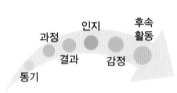

- 동기: 왜 했는가?
- 과정: 어떻게 했는가?
- 결과: 무엇을 했는가?
- 인지: 무엇을 알게 되었는가?
- 감정: 무엇을 느끼게 되었는가?
- 후속 활동: 그 후로 어떤 활동을 추가로 했는가?

⑤ 7단계: 동기, 과정, 결과, 인지, 감정, 반성, 후속 활동

- 동기: 왜 했는가?
- 과정: 어떻게 했는가?
- 결과: 무엇을 했는가?
- 인지: 무엇을 알게 되었는가?
- 감정: 무엇을 느끼게 되었는가?
- 반성: 과정, 결과를 볼 때, 무엇이 문제였는가?
- 후속 활동: 반성 후 어떤 활동을 추가로 했는가?

④ 자기소개서 작성 시 유의해야 할 감점 사항

자기소개서를 작성할 때 다음 3가지 감점 사항에 유의해야 합니다.

- 첫째, 작성 분량이 해당 문항에 제시된 총 글자 수의 80% 미만일 경우입니다. 예를 들어 문항 당 1,000자 이내인데 800자 미만으로 작성한 경우입니다. 이 경우 해당 평가 영역에서 최하점을 주거나 명시적 감점 또는 정성적 감점을 합니다. 이는 다른 평가 영역에도 영향을 줄 수 있습니다. 학생의 기본적인 태도와 준비가 미흡하다고 보기 때문입니다.

- 둘째, 해당 문항에 내용을 전하는 글자는 적고 순서를 나열하는 숫자나 기호(111, 가나다, 1234 등), 생략 부호(…), 느낌표(!!!) 등을 사용하는 경우입니다. 이럴 경우에도 해당 평가 영역에서 최하점을 주거나 명시적 또는 정성적 감점을 합니다. 마찬가지로 다른 평가 영역에도 영향을 주는데, 학생의 기본적인 태도와 준비가 미흡하다고 보기 때문입니다. 대개 원서접수에 임박해서 우선 지원해놓고 나중에 자기소개서를 작성하는 경우인데, 이런 지원자가 매년 꼭 있습니다. 반드시 원서접수 후 자기소개서 수정 기간(보통 원서접수 마감 후 이틀 정도)에 내용을 채워 넣어야 합니다.

- 셋째, 대학교명과 학과명(전공)을 잘못 기입하는 경우입니다. 보통은 자율 문항인 4번 문항에 많이 쓰고 있습니다. 왜냐하면 4번 문항이 지원 동기, 학업 계획, 향후 계획을 물어보는 경우가 많기 때문입니다. 예를 들어 가천대학교를 지원하는데 명지대학교를 기입하거나 해당 대학교에는 없는 전공을 기입하는 경우입니다. 또 컴퓨터과학과를 컴퓨터공학과로, 중국학과를 중어중문학과로 잘못 작성하는 경우도 있습니다. 보통 수시가 6회이고 비슷비슷한 대학교를 지원하며, 내용을 복사해서 붙여넣기 하는 경우가 많기 때문에 생기는 현상입니다. 이 경우에도 인성 또는 발전 가능성 평가 영역(학교마다 다를 수 있음)에서 최하점을 주거나 정성적 감점을 합니다. 다른 평가 영역에도 영향을 줍니다. 이 역시 학생의 기본적인 태도와 준비가 미흡하다고 보기 때문입니다.

자기소개서의 단계별 작성법 핵심 Point

❶ 3가지 활동 법칙(동기 – 과정 – 결과)에 따라 기술하라.

❷ 3가지 변화 법칙(알고, 느끼고, 후속 활동)에 따라 기술하라.

❸ 양괄식(결론 – 이유 – 사례 – 결론) 서술이 기본이다.

❹ 공간이 부족할 때는 두괄식(결론 – 이유 – 사례)도 무방하다.

❺ 문장을 '저는 ∼' 으로 시작하지 마라.

❻ '첫째, 둘째, 셋째∼' 로 기술하는 것이 가독성이 높다.

❼ '소제목'을 달면 가독성이 높아진다.

❽ 글자 수는 '제한 숫자의 80% 이상' 작성하라.

❾ 대학교명과 학과명(전공)을 잘못 기입하면 감점을 받는다.

❿ 퇴고 전 2명이, 3번 이상 반드시 꼼꼼히 교정을 보아야 한다.

자기소개서 작성을 위한 3단계 준비 절차

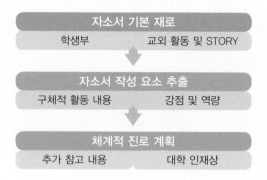

자기 소개서 작성을 위해서는, 먼저 자기소개서 기본 자료인 학생부와 교외 활동 포트폴리오, 본인만의 스토리를 모아야 합니다. 다음으로는 앞의 자료를 바탕으로 자기소개서 작성 요소를 추출해야 합니다. 이때 구체적 활동 내용, 본인의 강점 및 역량 정리, 체계적 진로 계획을 중심으로 추출하여 작성합니다.

마지막으로 추가 참고 내용을 정리합니다. 대학의 인재상, 전공 학과의 특징 및 비전, 필요 역량 등을 정리해서 준비합니다.

자기소개서에는 본인의 인성, 역량, 열정 등을 작성하는데, 다음과 같이 정리하면 좋습니다.

인성은 개인 항목으로 장단점, 가치관, 봉사활동을 정리합니다. 역량은 본인만의 스토리 항목으로 성공과 실패 경험, 문제해결 경험, 본인의 특기, 차별화된 강점 등을 정리합니다. 마지막으로 열정은 비전 항목으로 지원 동기, 포부, 진로 설계 등을 정리합니다.

자기소개서 1번 문항 솔루션 + 사례 분석

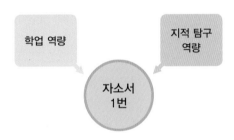

1. 고등학교 재학기간 중 학업에 기울인 노력과 학습 경험에 대해 배우고 느낀 점을 중심으로 기술해 주시기 바랍니다. (1,000자 이내)

- 자기소개서 1번 문항을 통해 평가 영역 중 학업 역량과 지적 탐구 역량 등을 평가합니다.
- 자기소개서 1번 문항에는 다음과 같은 내용이 들어가는 것이 바람직합니다.
  ① 지적 호기심
  ② 자기 주도성
  ③ 학습 경험
  ④ 학업 능력
  ⑤ 후속 학습 활동

♣ 1번 문항(학업 역량) 기록지(MPRA) ♧

교과 & 학습활동 명	
M: 동기(motive)	학습활동을 하게 된 동기(이유)는 무엇인가?
P: 과정(process)	학습활동을 위해 어떤 노력(차별화된 학습법 등)을 했는가?
	학습활동을 하면서 어려웠던 점은 무엇인가?
R: 결과(result)	활동을 통해 무엇을 새롭게 알게 되었는가?
	학습활동을 통해 무엇을 새롭게 느꼈는가?
A: 실행(action)	새롭게 배우고, 느낀 점을 바탕으로 어떤 후속 활동(실천, 변화)을 했는가?

학업 역량은 학습 경험 및 성장, 발전 가능성으로 구분할 수 있으며, 학습 경험 및 성장은 다시 성적 향상을 위한 자기 주도적 노력, 자신만의 학습법, 전공 교과의 성취, 후속 학습 활동으로 나눌 수 있습니다. 주의할 점은 학습 경험과 노력이 반드시 내신 등급이 좋은 과목을 중심으로 기술하라는 의미는 아닙니다.

발전 가능성은 학습 곤란과 어려움의 경험, 문제해결 역량으로 나눌 수 있습니다.

❶ 1번 문항의 의미

자기소개서 1번은 '학업 노력의 경험 및 성과에 관한 자기 주도성'을 평가하는 문항입니다. 학생이 대학교에 진학하여 자기 주도적으로 학습하고 수학할 수 있는 주체적인 능력, 즉 학업 역량을 갖추고 있는지를 알아보고자 하는 것입니다. 이 때문에 대학교에 따라서는 1번 문항을 가장 중요시하기도 합니다.

대학교의 평가는 객관식보다는 주관식 평가가 많습니다. 주관식 평가는 논술형 또는 서술형으로, 주어진 논제에 대해 구체적으로 기술하거나 주어진 텍스트에 대해 문제풀이와 해석을 하고 그에 대해 타당성 있게 논거를 제시했는지를 판단하는 평가입니다. 따라서 이를 위해서는 지원할 전공 분야나 관련 분야에 몰입해 본 경험을 고등학교 수준에서 기술하거나, 교과 수업시간에 학습한 내용을 응용하거나 심화하여 학습해 본 경험을 기술하는 것이 필요합니다. 또 일반 동아리 활동이나 자율동아리 활동 또는 특별활동을 통해서 본인이 수행한 다양한 교과 연계 경험을 기술하는 것도 필요합니다. 특히, 이들 활동이 세부 능력 및 특기사항에 서술한 내용을 구체화하는 것이거나 증명하는 것이라면 평가에 더 도움이 됩니다.

학업은 누구나 열심히 합니다. 따라서 학업 관련 서술은 '배우고 느낀 점을 중심으로' 본인이 전공 관련 학습에서 잘한 것, 잘하는 것, 성장한 것을 구체적으로 증명하듯이 제시하는 내용이어야 합니다.

참고로 여기서 잘한다는 의미는 내가 좋아해서 학습 활동한 것을 입학사정관도 그 학습활동을 좋게 봐주는 것을 의미합니다.

❷ 1번 문항의 질문 목적

1번 문항의 질문 목적은 다음 3가지로 요약할 수 있습니다.

> ① 자기주도적 학습 능력을 갖춘 인재 선발
> ② 교과 수업 충실도 파악
> ③ 교과 성적 향상을 위한 사교육 정도 확인

1번 문항의 목적은 2015개정 교육과정의 인재상인 '창의융합인재'와 그 인재상을 뒷받침하는 역량인 자기주도역량을 평가하기 위한 것입니다.

❸ 1번 문항 작성법

1번 문항 작성법은 다음 3가지로 정리할 수 있습니다.

① 전공 관련 교과목 위주로 작성하기

가급적 지원하는 전공 관련 교과목 위주로 작성합니다.

② 내용별로 구분하여 작성한 후 합치기

앞에서 서술한 자기소개서의 3가지 활동인 '동기, 과정, 결과' 그리고 3가지 변화인 '알고, 느끼고, 새로운 실천으로의 연결하기' 법칙을 한꺼번에 쓰는 것은 수험생 입장에서 상당한 부담이 됩니다. 따라서 각 요소를 별도로 나눠 쓴 뒤 나중에 합치는 방법을 권장합니다. 예를 들어, 동기「200자 + 과정 200자 + 결과 200자 + 3가지 변화 400자 = 1,000자」(쪽단에도 중복하여 입력하기)로 작성하는 방법입니다. 물론 내용별로 글자 수를 조정해도 됩니다. 단 동기는 많이 쓰지 않도록 주의하기 바랍니다. 동기가 너무 장황하면 핵심(결과, 변화)이 잘 드러나지 않기 때문입니다.

위의 작성법이 자신의 학습활동과 잘 맞지 않는다면, 양괄식(결론 – 원인 – 사례 – 결론)으로 작성해도 됩니다. 물론 이 경우에도 글자 수를 각 항목별로 250자씩 나눠서 작성한 뒤 합치는 것이 좋습니다.

③ 합친 것을 퇴고하고 수정하여 완성하기

마지막으로 동기, 과정, 결과, 변화를 1,000자에 맞춰 글자 수를 조정하여 초안을 완성하고 퇴고를 합니다. (퇴고에 대한 구체적인 내용은 7. 자기소개서 마무리 및 퇴고 참조)

❹ 1번 문항 평가 요소 및 주안점

1번 문항의 평가 요소 및 주안점은 다음 4가지로 정리할 수 있습니다.

① 전공 관련 교과목에 대한 관심도 및 역량 파악

교과목 역량 관련해서는 보통 "교내 경시대회에서 우수상을 수상했다." "내신 성적이 전보다 올랐다." "모의고사(6, 9월 평가원 실시만 쓸 것)에서 등급이 올랐다."는 식의 내용을 많이 쓰는데, 중요한 것은 여기에 동기 부분, 즉 왜 공부를 했고 성적이 올랐는지를 설명하는 것입니다.

> 예
> 어떤 계기와 원인, 경험으로 지적인 호기심(관심)이 생겼고, 그 지적 호기심(관심)을 만족시키고 신장시키기 위해 어떻게 공부했더니 전공 관련 교과목 성적이 향상되었습니다.

② 자기주도적 학습법에 대한 타당성

공부하는 방법이 중요한 것이 아니라 그 방법을 통한 성장과 변화가 드러나야 좋은 평가를 받을 수 있다는 점을 명심해야 합니다.

> **예**
> - 인터넷 강의를 이용하여 자기주도 학습을 했다.
> - '멘토-멘티' 활동을 통해 공부했다.
> - 학생들끼리 스터디를 구성해서 공부했다.
> - 집에서 기르는 고양이나 강아지를 옆에 놓고 타인에게 설명하듯이 가르쳤다.
> - 거울을 보고 나에게 스스로 가르치는 방법을 이용했다."와 같은 서술도 있습니다.

③ 학습 환경에 대한 적응 및 극복 노력

> **예**
> - 주변에 학원이 없어 방과 후 프로그램을 이용했다.
> - 기숙사 자습실에서 학습 플래너 계획대로 공부했다.

④ 전반적인 학습 태도 및 성실도

이 항목은 학교생활기록부의 내신 등급, 세부 능력 및 특기사항, 행동 특성 및 종합의견을 참고해서 평가하는 경향이 강합니다.

❺ 1번 문항 작성 시 유의 사항

1번 문항 작성 시 유의 사항은 다음 6가지로 정리할 수 있습니다.

① 가능한 한 전공 관련 교과목을 명시하고 그 과목 위주로 작성합니다.

문항에 전공 관련 과목이 없더라도 전공 관련 과목을 적는 것이 여러모로 유리합니다. 국문과에 지원할 수험생이 과학 성적이 올랐다고 쓰면 좋은 평가를 받을 수 없습니다. 다만, 국어, 영어, 수학은 반드시 들어가야 한다는 생각은 피하시기 바랍니다. 오히려 전공 관련 과목을 구체적으로 정리하는 것이 더 좋은 평가를 받습니다.

② 일반적인 내용보다는 자신만의 구체적인 내용을 적는 게 좋습니다.

'열심히 공부 했다', '수업 시간에 충실했다', '자율학습 시간에 열심히 공부했다'는 식의 서술 내용은 평범하고 일반적이어서 평가자의 눈에 전혀 띄지 않습니다.

③ 상투적이고 전형적인 문구를 피해야 합니다.

"사교육을 받지 않고 ~"로 시작하는 말이나 속담, 격언 등의 지나치게 상투적이고 전형적인 문구는 평가자에게 그다지 신뢰감을 주지 않는 문구이므로 가급적 적지 않는 게 좋습니다. 이로 인해 글자 수만 차지하고 오히려 평가에 부정적인 인상을 줍니다.

④ 일반적이고 추상적인 표현을 피해야 합니다.

학력 향상과 관련된 경험을 적을 때는 단순히 '열심히 공부했다', '수업에 충실했다'는 식의 일반적이고 추상적인 표현은 피하는 것이 좋습니다. 오히려 자신만의 독특한 공부법이나 공부 과정(사실의 인과관계), 즉 어떤 방식으로 공부했는지, 수업에 충실하기 위해 어떤 노력을 기울였는지, 그리고 그러한 노력으로 어떤 결과를 가져왔는지를 기술하는 것이 필요합니다.

⑤ 사실 관계를 진솔하게 표현해야 합니다.

만약 특목고나 자사고에서 내신 성적이 오르지 않아 중간에 일반고로 전학한 학생의 경우에는 성적이 전에 다니던 학교보다 급격히 오를 가능성이 높습니다. 이 경우 전학 사실에 대한 언급 없이 자신만의 독특한 학습법으로 성적이 향상되었다고 서술하면 오히려 신뢰도를 떨어트려 전체적인 평가에 악영향을 끼칠 수 있으므로 구체적인 과정(사실의 인과관계)을 진솔하게 기재하는 것이 바람직합니다.

⑥ 자기주도적으로 실시한 활동은 무엇이든 적어 둡니다.

1번 항목에 적을 만한, 전공 교과목과 관련된 학습 활동이 별로 없는 학생도 있을 수 있습니다. 그럴 경우에는 전공 교과목과 직접적인 관련이 없더라도 교내 수상, 동아리 활동, 독서 활동, 진로 활동, 봉사활동 등 가릴 것 없이 자기 주도적으로 실시한 활동을 모두 적는 것도 괜찮은 방법입니다. 다만 어떤 방법과 과정으로 자기주도 학습을 했고, 그 결과와 변화는 어땠는지를 구체적으로 기술하는 것이 좋은 평가를 받는 POINT라고 할 수 있습니다.

👤 작성 사례 분석

■ 1번 항목에서의 평범한 사례

> 저는 고등학교에서 교과 성적이 좋았습니다. 그 중에서 국어와 수학 과목은 모두 1등급을 받았습니다. 교내 수상으로는 교내 독서 감상문 대회에서 금상을 받았고, 수학경시대회에서 장려상을 수상했습니다. 동아리 활동은 수학 탐구회 활동을 했습니다. 동아리는 2학년 때부터 했습니다.

코칭▶ 전형적인 스타일로 사실을 나열만 하고 내신 성적의 결과만을 말하는 형태입니다. 모두 보면 결과만이 나열되어 있고 그 결과가 나오게 된 동기, 과정의 구체성 등이 보이지 않고 있습니다.

■ 학업역량을 파악하기 어려운 사례

> 〈사범대 지리교육과 지원〉
>
> 친구들에게 지리의 개념을 설명해 주면서 인정을 받게 되었고, 자신감이 생겨서 교내 지리경시대회에 나갔습니다. 그런데 장려상이라는 결과가 나와 많이 놀랐습니다. 그 후 욕심이 생겨 이후부터 한국지리, 세계지리 등을 더 열심히 공부했습니다. 그 결과 3학년 경시대회에서는 금상을 받을 수 있었습니다. 꾸준히 노력하면 결실을 얻을 수 있다는 것을 느낄 수 있었습니다.

코칭▶ 많은 학생들이 이렇게 작성합니다. 그러므로 상투적이라는 느낌을 지울 수 없습니다. 오히려 경시대회 준비 과정을 좀 더 구체적으로 기술한다면 학습경험, 지적 호기심을 충족해 가는 과정에 대해 명확히 확인할 수 있을 것 같습니다.

■ 학습 방법만이 강조된 사례

〈사회과학대학 경제학과 지원〉

저는 수학을 매우 좋아합니다. 고등학교 입학 후 수학 공부를 더 깊게 배우기 위해 방과후학교로 수학 심화반을 신청했습니다. 첫시간에 선생님이 내주신 10문제 중 2문제밖에 맞히지 못하는 제 자신에게 매우 충격을 받았습니다. 그 이후 개념 중심의 내용 정리를 하고 이것을 바탕으로 문제를 푸는 학습을 계획했습니다. 또한 매일 수학선생님께 질문을 하면서 어려운 문제에 대해 고민했습니다. ...(이하 중략.)

🗨️**코칭▶** 학습 방법, 학습 계획 등의 일반적인 기술에서 탈피하여 좀 더 깊이 있게 공부할 수 있는 방법, 그렇게 사고 할 수 있는 학습법, 방법 등을 작성하는 것이 더 좋았을 것이라는 아쉬움이 있습니다.

〈사례 1. 토목환경공학과 지원자〉	〈수정 사항〉
저는 문화고등학교에 <u>특수반이 있는 것을 사전에 알고 처음부터 무작정 특수반에 들어갔습니다.</u> 하지만 내가 무엇을 위해 공부를 해야 하는지 몰랐고 목표의식도 없어지면서 공부에 대한 관심이 줄어들었습니다. 그저 교내 행사와 대회에 열심히 참여하고 수업시간에 열심히 듣는 성실함만 있었습니다.	특수반을 사전에 알고 들어갔는지, 공부하고자 들어갔는지 내용이 명확하지 않음. 특수반이 무엇이고, 왜 갔는지에 대한 설명이 필요함.
다른 과목들보다 유난히 <u>힘들어했던</u> 과목 중의 하나인 물리는 심도 있고 수준 높은 단어들로만 구성되어 있었기에 포기했습니다. 하지만 물리 선생님께선 등급을 위한 물리 수업이 아닌 학생들의 물리라는 과목과 공학이라는 학문에 대한 호기심을 키우기 위해 영화나 관련 다큐멘터	'어려워했습니다'로 수정 (부정적이고 단정적 용어사용 전환)

248

리를 보여주시거나 유익한 책들을 소개해주셨습니다. 저같이 순수과학 분야에 포기하려는 아이들에게 소개해주신 책이 바로 『물리학자는 영화에서 과학을 본다』라는 책입니다.

수십 가지 영화에서 과학적인 시각으로 옥에 티들을 찾아가는 책입니다. 이 책을 읽음으로써 물리를 어렵게만 생각하던 편견이 깨질 수 있었습니다. 또한 '사이언스 토픽'이라는 물리 동아리에 가입하게 되면서 태양전지의 작동원리, 전자기파 송수신 등 수업시간에 배운 내용을 토론하였습니다. 또한 동아리 시간에 토론한 '태양전지 작동원리'라는 주제로 과학창의력대회에 참여하게 되었습니다. 리더로서 각자의 역할분담을 나눠주었고 솔선수범하여 리포터를 작성하여 은상을 받을 수 있었습니다. 이런 영향으로 물리에 대한 관심이 더 커졌고 3학년 때 물리Ⅱ를 선택하여 깊이 있는 공부를 더 하고 싶었습니다.

물리는 공대를 전공하기 위해서 가장 기초적인 과목입니다. 기초가 부실하면 제대로 된 건물이 들어설 수 없습니다. 남들은 힘들다고 포기하지만, 저에게는 새로운 세상을 보게 하는 눈을 만들어 주었습니다. <u>아직은 모든 것이 서툴고 부족합니다. 그리고 갈 길이 멀다는 것을 알고 있습니다. 하지만 차분히 준비해 나갈 것입니다. 진정한 성취감이 무엇인지 알고 있기에 늘 그 자리에서 멈추지 않고 끊임없이 한 걸음 한 걸음 앞으로 도전해 나갈 것입니다.</u>

'어려워하는'으로 수정(부정적이고 단정적 용어사용 전환)

굳이 기술하지 않아도 되는 사족으로 보임.

〈사례 2. 교대 지원자〉

〈수정 사항〉

1학년 1학기를 보내면서 <u>저는 저의</u> 생활 태도를 되돌아보게 되었습니다. 아침잠이 <u>많았던</u> 저는 아침 시간을 제대로 활용하지 못했고, 평일과 주말의 생활 패턴 차이가 컸습니다. 그런 잘못된 생활 습관에 대해 반성했고 그 부분을

중복 ⇨ 제

축약 ⇨ 많아

개선하기 위해 '북모닝'에 참가해 '40분 책읽기, 15분 영어 단어 외우기'를 계획해 실천해 나갔습니다. 처음엔 어려움이 있었지만 점차 개선되는 스스로를 보면서 무엇이든 노력만 한다면 해낼 수 있다는 뿌듯함을 느낄 수 있었습니다. 또한 아침 시간의 활용으로 영어 어휘 경시대회에서 수상을 할 수 있었고 어느 시간도 허투루 보내지 않고 활용하는 법을 배울 수 있었습니다.

　생활 습관이 개선되면서 목표했던 학습량을 달성하는 데 여유가 생겼고 그 시간은 저에게 다양한 활동을 할 수 있는 기회가 되었습니다. 또한 제가 공부를 하는 데 있어서 여러 학습법을 시도해 볼 수 있는 시간적 여유가 되기도 했습니다. 과목마다 적절한 학습법이 있다는 생각이 들었고 <u>그를 사용함으로써</u> 훨씬 더 빠르게 이해하고 집중력 있게 암기하는 저를 발견할 수 있었습니다. 화이트 학습법, 커닝페이퍼 만들기, 그림 그리기 등 다양한 방법을 생각해보고 시도해봤지만 무엇보다 여러 과목에 두루 적용되고 가장 저에게 맞는 학습법은 '가르치기'<u>이었습니다.</u> 그 과목에 대해 정리 노트를 작성한 후, <u>누군가에게</u> 읽어주고 가르쳐주는 방식으로 공부했고 주말에 빈 교실을 활용해 칠판에 적어가며 암기했던 부분을 복습했습니다. 나아가 수업시간에도 가르치기 학습법을 사용할 기회가 많이 있었는데, 특히 가장 기억에 남는 시간은 영어 시간이었습니다. 지문을 완벽히 분석하고 유의어와 반의어, 내용과 관련된 속담 등을 찾아보면서 누군가를 가르치기 위해서는 제가 먼저 완벽히 이해하고 준비가 되어야 합니다는 것을 깨달았습니다. 또한 같은 반 친구의 입장에서 수업을 해야 합니다는 생각에 혹시 친구들이 집중을 하지 않을까 걱정도 했지만 적절한 자료와 <u>제스츄어</u> 등을 활용했을 때, 집중도가 높아지는 것을 확인할 수 있었습니다. 그리고 교사가 되었을 때, 여러 가지 방법을 고안해 아이들에게 맞는 지도법을 마련하고,

그것을 활용함으로써

였습니다(축약)
친구에게(대상 명확)

'제스처'가 바른 외래어임.

250

	〈수정 사항〉
예체능 교과를 결합해 수업을 진행해 보고 싶다는 생각이 들었습니다.	(1,089자) 내용 추가 필요

〈사례 3. 사범대 국어교육과 지원자〉

저는 고등학교 진학 후 전 과목을 필기노트로 만들고 시중에 나온 기출문제를 여러 번 풀며 1학년 1학기 2번의 시험을 준비했습니다. 하지만 두 번 모두 제가 들인 노력에 비해 점수가 잘 나오지 않았습니다. 그러다 보니 좀 더 넓고 깊게 공부할 수 있는 방법에 대해 고민하게 되었습니다. 여름 방학 때 저는 선생님께 공부 방법에 대해 조언을 구했습니다. 그때, 선생님께서는 "공부에서만큼은 네가 가진 걸 남에게 줄 때 진정 네 것이 되는 거야." 라고 말씀하셨습니다. 저는 '남에게 준다는 것'에서 깊게 감명을 받아 여름방학이 끝나자마자 멘토-멘티 프로그램에 꾸준히 참여했습니다. 처음 2주는 단순히 내가 알고 있는 것을 가르쳐줌으로써 보람을 느끼는 일이라고만 생각했는데, 시간이 갈수록 좀 더 많은 것을 자세히 가르쳐주기 위해 스스로 공부량을 늘리는 모습을 보고 멘토-멘티 프로그램이 성적 향상 그 이상의 의미를 가지고 있다고 느꼈습니다. 그러다가 생각의 방향을 조금 달리하게 된 일이 있었습니다. 저는 주로 예시를 통해 개념을 가르쳐주는 방식을 사용했는데 흥선 대원군의 쇄국 정책을 가르쳐준 날, 친구가 문제를 풀다가 "왜 쇄국 정책이 개혁 정책 안에 포함 돼?" 하는 질문과 함께 개념만 배우니 적용이 힘들다는 말을 했습니다. 그때 저는 단순히 많이 가르쳐주는 것이 좋은 것이 아니라는 것을 알게 되었습니다. 또 저도 '나와 맞는 공부방식'을 찾아 헤맸듯이 가르치는 것도 가르치는 방식이 가장 중요하다는 걸 알게 되었습니다. 그래서 따로 멘티를 신청해 배우는 입장이 되어 단순 개념 위주	저는(삭제 필요) 저는(삭제 필요) 담임 선생님 또는 국어 선생님으로 (명확하게 하는 것이 바람직함)

가 아닌 문제 응용을 위해 다각도로 개념을 바라보도록 가르쳐주는 방식을 터득했습니다. 덕분에 다음 멘토링을 진행할 때에는 설명이 쉽다, 이해가 잘된다는 호평을 받았고 2,3학년 때도 멘토-멘티 활동에 꾸준히 참여하게 되었습니다. 저는 이렇게 고민하고 조언을 구하고 답을 얻는 과정을 겪으면서 스스로가 가르치는 것에 흥미와 재능이 있고 교사라는 직업을 목표로 잡겠다는 확신을 가지게 되었습니다.

국어교사(무슨 과목인지 구체적으로 기록 필요)

(1,083자) 내용 추가 필요

◀코칭▶

1. 전체적으로 나뉘는 구간이 없어서 답답함. 문단을 내용에 따라 적절히 나누는 것이 필요함
2. 국어교사가 진로인데 국어 교과에 대한 내용을 알기 어렵고, 전과목이나 국사 과목에 대한 학습 내용이 들어가 있어 집중도가 흐트러짐. 따라서 국어 교과에 관한 학습 방법, 과정, 내용, 결과, 변화, 후속 활동이 들어가는 것이 더 바람직함.

▶ 자기소개서 1번 문항 솔루션 핵심 Point

❶ 1번 문항은 주로 '학업역량'을 평가한다.
❷ 1번 문항은 전공 관련 교과목 위주로 작성하라.
❸ 본인만의 구체적인 학습 방법 내용과 결과를 보여줘야 한다.
❹ 변화는 '배우고 느낀 것을 실천하는 활동' 위주로 작성하라.

자기소개서의 실수 유형

자기소개서 실수 유형은 여러 가지가 있을 수 있으나 9가지로 정리해 보겠습니다.

자기소개서 작성 시 실수 유형 9가지

① 늘려쓰기　　　　　　　② 즉흥적 감정 표현
③ 유아독존형 확신　　　　④ 자화자찬형 인재로 기술
⑤ 맞춤법 엉망 및 줄임말 사용　⑥ 선천적 능력을 과장 강조
⑦ 당연한 말 쓰기　　　　　⑧ 우리만 어필
⑨ 결과만 기술

❶ 늘려 쓰기입니다.

굳이 한 문장으로 작성할 수 있는 것을 3~5문장으로 늘려 핵심 없이 뻥튀기 하는 표현은 자제해야 합니다.

❷ 즉흥적 감정 표현입니다.

활동이나 경험 후 그냥 '느꼈다. 슬펐다. 기뻤다' 등의 표현만 있고 구체적 내용이 부족하면 설득력이 떨어집니다.

❸ 유아독존형 확신입니다.

구체적인 근거나 역량의 제시 없이 '우수합니다, 탁월합니다, 자신있습니다, 확신합니다'라는 표현을 쓰게 되면 신뢰성이 떨어집니다.

❹ 자화자찬형 인재로 기술하는 것입니다.

유아독존형과 비슷합니다. 본인이 스스로 '인재, 적임자, 합격 예정자'로 작성하는 경우입니다.

❺ 맞춤법 엉망 및 줄임말 사용입니다.

맞춤법 체크를 하지 않아 어법에 맞지 않거나 습관적으로 사용하던 사이버상의 약어나 비속어를 작성하는 경우입니다. 예를 들어 인강, 야자, 동방 등이 해당됩니다.

❻ 선천적 능력을 과장 강조하는 경우입니다.

본인의 강점을 선천적 요소에 근거해 과장해서 길게 설명하면 검증이 쉽지 않기 때문에 평가에 미 반영됩니다.

❼ 당연한 말만 나열하는 것입니다.

'저는 약속을 잘 지킵니다. 저는 학교 수업에 충실 합니다' 등을 사례로 들 수 있습니다.

❽ 나의 활동이 아니라 우리의 활동만 어필하는 경우입니다.

동아리나 수상 대회에서 본인이 아니라 소속된 단체인 우리만을 설명하여 개인의 역할은 보이지 않고 단체에 묻어가는 경우입니다.

❾ 결과만을 기술하는 것입니다.

동기, 과정에서의 도전과 어려움, 극복이 없이 결과만을 작성하는 경우입니다. 예를 들어 "내신 1등급을 받았습니다.", "경시대회에서 금상을 수상 했습니다." 등이 해당됩니다.

자기소개서 2번 문항 솔루션 + 사례 분석

2. 고등학교 재학 기간 중 본인이 의미를 두고 노력했던 교내 활동을 배우고, 느낀 점을 중심으로 3개 이내로 기술해 주시기 바랍니다. 단, 교외 활동 중 학교장의 허락을 받고 참여한 활동은 포함됩니다.(1,500자 이내)

❶ 2번 문항의 의미

2번 문항은 자기소개서에서 가장 중요한 문항입니다. 배점도 제일 커서 글자 수가 다른 문항과 다르게 1,500자입니다. 물론 대학교에 따라서는 1번 항목을 가장 중요시하기도 하므로 절대적인 것은 아닙니다. 평가 영역별로는 주로 전공 적합성 영역을 평가하는 문항입니다. 또한 면접에서도 전공 적합성 영역 평가 질문으로 가장 빈번하고 우선적으로 물어볼 수 있는 문항입니다.

2번 문항을 작성하기 위한 원천 자료로는 학교생활기록부에 기록된 것 중에서 다음 4가지를 고려할 필요가 있습니다.

① 지원 전공 관련 교내 경시대회 수상 중 최고상 수상 내역

전공 관련 교내 경시대회에서 최고상을 수상한 것은 남들과 비교해 볼 때

두드러진 활동입니다. 따라서 이에 대한 구체적인 활동 내용이 자기소개서에 적힌다면 입학사정관은 그 내용을 학생부에서 다시 확인을 할 수 있습니다. 또한 학년이 올라감에 따라 수상 내용이 상승한다면 보다 좋은 평가를 받을 수 있습니다.

② 전교 임원 또는 학급 임원(2회 이상 또는 1년 이상) 재임 중 공약을 실천한 내용

전교 임원이나 학급 임원 활동 경력은 상대적으로 인성 평가(리더십) 영역에서 좋은 평가를 받습니다. 무엇보다도 공약을 실천한 내용이 학생부의 자율 활동이나 행동 특성 및 종합 의견에 일부라도 기록된다면 그 내용은 신뢰성을 입증합니다. 이러한 내용을 바탕으로 구체적인 과정과 결과, 학교나 학급의 변화까지 가져온 내용이 들어간다면 남들보다 차별화된 평가를 받습니다.

③ 지원 전공 관련 일반 동아리 또는 자율동아리에서 2년 이상 활동한 내용 중 특이사항이나 본인만의 장점

동아리 활동은 창의적 체험 활동에서 가장 중요한 활동 중의 하나입니다. 또한 동아리 활동은 전공 적합성 영역 평가에서 가장 눈 여겨 보는 평가 항목 중의 하나입니다. 전공 관련 일반 동아리에서 2년 이상 꾸준하게 활동한 구체적 내용이 있거나 자율동아리를 창설 또는 적극적인 활동 내용이 있다면 다른 지원자와 차별화됩니다.

④ 지원 대학에서 주최 또는 주관했던 전공 체험 활동, 캠프, 모의 면접, 미래 대학 프로그램 등에 참여한 실적

교육부의 '고교 교육(정상화) 기여 대학 지원 사업'에 선정된 대학들은 고교-대학 연계 프로그램의 일환으로 전공 관련 체험 활동, 캠프, 모의 면접, 미래 대학 프로그램 등을 실시합니다. 물론, 대학별로 실시하기 때문에 시간과 지리 등의 접근적 한계가 있습니다. 만약 본인이 지원하는 대학의 전공 관련 활동, 캠프, 모의 면접 등에 참여했다면 그러한 내용을 기록하는 것이 정성적 평가에 도움이 됩니다. 왜냐하면 그 행사와 프로그램을 기획, 운영하는 사람이 여러분을 평가하는 입학사정관, 전공 교수일 확률이 높기 때문입니다. 물론, 타 대학의 전공 관련 프로그램에 참여한 것도 전공과 관련해서 본인에게 도움이 되었다면 해당 대학명을 밝히지 말고 그 내용을 선별하여 기술하는 것도 긍정적인 평가를 받는 데에 필요합니다.

❷ 2번 문항의 질문 목적

2번 문항의 질문 목적은 다음 3가지로 요약할 수 있습니다.

> ① 지원자의 특징과 장점이 드러나는 활동을 통해 해당 모집 단위의 전공 적합성 확인
> ② 학교 내에서 수행한 비교과 활동(교과 연계 활동)을 통한 지원자의 역량 파악
> ③ 지원자의 특장점이 드러나는 교내외 활동을 통한 진로 역량 파악

❸ 2번 문항 작성법

2번 문항 작성법은 다음 3가지로 정리할 수 있습니다.

① 3가지 활동 정하기 – 우선순위로 구조화하기, 소제목 달기

본인이 가장 내세우고 싶은 활동을 1순위로 하고, 그 다음으로 내세우고 싶은 활동을 2순위, 마지막을 3순위로 구조화해서 작성합니다. 예를 들어, (자율)동아리 리더로 활동하여 단체 최우수상을 수상한 사실은 1순위, 전교 부회장 활동 및 공약 반영 활동은 2순위, 소논문(연구보고서, R&E) 작성 및 장려상 수상은 3순위 식으로 작성합니다.

작성할 때는 활동 순위별로 첫째, 둘째, 셋째 식으로 순서를 구조화하여 작성하는 것이 평가자들의 가독성을 높이는 데 도움이 됩니다. 평가자는 서류를 검토하는 시간이 한 지원자 당 10~20분 내외로 평가하는 경우가 많기 때문입니다. 또 3가지 활동을 총괄하는 소제목을 다는 것도 가독성을 높이는 데 도움이 됩니다. 단, 각 활동별로 소제목을 다는 것은 권장하지 않습니다. 소제목이 많으면 핵심 요소가 분산되어 가독성을 방해할 수 있기 때문입니다. 마지막으로 활동 3개가 직간접적으로 연계되어 작성되면 더 좋은 평가를 받습니다.

② 활동과 내용별로 구분하여 작성한 후 합치기

3가지 활동의 동기, 과정, 결과 그리고 3가지 변화인 알고, 느끼고, 새로운 실천으로 연결하는 과정을 한꺼번에 쓰는 것은 자기소개서나 글을 별로 써본 경험이 없는 수험생들에게는 상당히 부담됩니다. 따라서 항목별로 나눠서 쓰고 다 쓴 것을 합치는 방법이 좋습니다. 예를 들어, 우선 1개 활동 당 500자를 배당한 뒤 1개 활동을 더 세부적(동기 100자 + 과정 100자 + 결과 100자 + 3가지 변화 200자 = 500자)으로 나눕니다.

물론 내용별로 글자 수를 조정할 수 있습니다. 다만, 앞서 언급했듯이 동기를 너무 장황하게 나열하는 것은 피해야 합니다.

이렇게 작성하는 것이 자신의 활동과 잘 맞지 않다면, 활동별로 양괄식 (결론 – 원인 – 사례 – 결론)으로 작성해도 됩니다. 이 경우도 글자 수를 각 항목별로 적절하게 나눠서 작성한 후 합치는 것이 좋습니다.

③ 합친 것을 퇴고하고 수정하여 완성하기

마지막으로 첫째 활동, 둘째 활동, 셋째 활동을 1,500자에 맞춰 적절히 글자 수를 조정하여 초안을 완성하고 퇴고합니다.

❹ 2번 문항 평가 요소 및 주안점

2번 문항의 평가 요소 및 주안점은 다음 4가지로 정리할 수 있습니다.

① 전공과 관련된 비교과 활동에 대한 관심도 및 역량 파악

> 예
> 동아리에서 단체 최우수상을 수상했다.

② 자기 주도적인 활동에 대한 열정

> 예
> • 자율동아리를 창설하여 활동했다.
> • 스스로 '멘토–멘티' 활동을 구성해서 활동했다.

③ 리더십 활동

전교 임원을 했거나 학급 임원을 2회 이상 한 경우에 작성하는 것이 좋습니다. 단 공약을 적극 반영하여 실천한 결과가 구체적으로 드러나야 평가에 좋은 영향을 줍니다.

④ 비교과 활동 환경에 대한 적응 및 극복 노력

비교과 활동 환경으로는 특히 정보 소외 지역인 농어촌이나 도서벽지가 해당됩니다.

> **예**
>
> 우리 지역은 농촌 지역이어서 교과 연계(비교과) 체험 활동이 제한적이었다. 학교 시설도 여건상 열악했다. 그래서 본인이 중심이 되어 지역 연합 또는 인근 도시 지역과 연계한 '도농 교류 자율동아리'를 구성하고, 지역 내 단체의 도움을 받아 전공과 관련된 직간접적인 활동을 실시했다. 이를 통해 3가지의 변화(알고, 느끼고, 새로운 실천으로의 연결)를 가져왔습니다.

❹ 2번 문항 작성 시 유의 사항

2번 문항을 작성할 때 유의사항은 다음 4가지로 정리할 수 있습니다.

① 교내 활동을 4개 이상 쓰는 경우

교내 활동은 3개 이내로 쓰라고 했으므로 질문 문항조차 이해 못하는 무성의한 자기소개서로 간주될 수 있으니 조심해야 합니다. 반대로 1개만 쓰는 경우도 있는데, 구체적인 경험과 내용이 풍부하면 모를까 그렇지 않다면 좋은 평가를 받기 어렵습니다. 따라서 2~3개가 적당합니다. 단 활동 개수를 정하여 평가하는 대학교도 있으므로 그와 같은 대학교 지원자는 반드시 3개를 쓰는 게 좋습니다. 물론 개수를 떠나서 활동을 구체적이고 효과적으로 작성하는 것이 가장 중요합니다.

② 1번 문항의 자기주도 학습 내용과의 중복

실제로 지원한 전공 분야와 관련하여 구체적이고 차별화된 활동을 그 동기와 결과, 변화를 중심으로 기술한다면 좋은 평가를 받을 수 있습니다.

③ 대학교 입학 후 계획

활동이 상대적으로 미흡하여 써야 할 내용이 별로 없다는 생각에 대학교 입학 후 계획에 대한 내용(4번 문항)을 적는 지원자가 있는데, 이러한 기술은 해당 문항의 논점을 벗어나는 것으로 평가자들은 부적합하다고 판단하여 평가에 마이너스를 줄 수 있습니다.

④ 학교장이 허락하지 않은 활동

학교장이 허락하지 않은 활동이라고 해도 우선 기록하는 것이 좋습니다. 물론 부가적으로 기록하는 것이지 그 내용이 주가 되면 안 됩니다. 주 내용은 어디까지나 학교생활기록부에 한 줄이라고 기록되어 있는 내용이어야 합니다. 즉 학교생활기록부에 기록된 활동을 더욱 확장하고 발전시키는 의미에서 부가적으로 교외 활동을 기록하라는 것입니다.

참고로 일부 대학교는 활동을 교내외 구분 없이 평가하기도 합니다. 마찬가지로 일부 대학교에서는 학교장이 허락하지 않은 교외활동을 아예 평가하지 않습니다. 앞에서 언급했듯이 정성적 평가에서는 사교육을 유발하거나 규정을 위반하지 않는 범위에서 진행한 활동은 평가자에게 어떤 식으로든 영향을 준다는 점을 염두에 두어야 합니다.

[학교생활기록부 기재 금지 / 예외적 기재 허용 사항]

기재 금지 사항	예외적 기재 허용 사항(학교장 승인 경우)
• 외부대회 수상 • 해외 봉사활동 내역 • 외부 기관이 주최 및 주관한 체험 활동 • 논문, 도서 출간, 발명특허 등	• 교육 관련 기관(교육부 및 직속 기관, 17개 시도 교육청 및 직속기관, 교육지원청 등)에서 주최 및 주관한 행사 • 외부 기관이 주최 및 주관한 체험 활동 중 청소년 단체 활동, 진로 활동, 봉사활동 등

♣ 2번 문항(전공 적합성) 기록지(MPRA) ♧

활동 명	(3가지 개별적으로 작성)
M: 동기(motive)	활동을 하게 된 동기(이유)는 무엇인가?
P: 과정(process)	활동을 위해 어떤 노력을 했는가? 활동을 하면서 어려웠던 점은 무엇인가?
R: 결과(result)	활동을 통해 무엇을 새롭게 알게 되었는가? 학습활동을 통해 무엇을 새롭게 느꼈는가?
A: 실행(action)	새롭게 배우고, 느낀 점을 바탕으로 어떤 후속 활동(실천, 변화)을 했는가?

■ 교외 활동의 연계성을 확인하기 어려운 사례

저는 모 기업에서 주최하는 광고 포스터 전시회에 참여했습니다. 전시회에 포스터를 제출하려면 주제를 먼저 정해야 했습니다. 하지만 좋은 아이디어가 생각나지 않아 계속 광고 구상에 대해 생각해 보고, 잠깐 잠깐 생각난 것을 메모하기 시작했습니다. 그리고 저는 시사문제에 관심을 가질 필요가 있다고 생각하여 모 지역 언론사에서 주관하는 고교생 시사토론 프로그램에 참여했습니다. 국내에서 이슈(issue)가 되는 시사문제들을 골라 자료를 수집하고 분석하여 주장의 근거를 마련했습니다. (출처: 대학 자료집)

코칭▶ 위의 교외 활동의 사례는 학교생활기록부에 기록이 되는 학교장 승인 하에 이루어진 활동이라는 것을 확인할 수 없기(교육기관 주관 행사가 아니라 언론사 주관임) 때문에 대학에 따라 평가에 미반영 될 수 있습니다. (지원 대학 입학처에 확인이 필요함)

■ 활동 참여 사실만을 나열식으로 열거한 사례

저에게 의미 있는 활동은 첫째, 외국어 노래경연대회가 열렸을 때 사회자에 지원한 것입니다. 친구들과 선생님들의 응원을 받아 무대에 섰었지만 큰 학교행사를 망칠까봐 걱정이 커졌습니다. 둘째, 또래학습 멘토-멘티 프로그램입니다. 저는 기초가 부진한 친구들을 위해 수학과목 멘토로 활동했습니다. 셋째, 1학년 때 교내 과학경시대회에 참가하여 동상을 수상한 것입니다. (출처: 대학 자료집)

코칭▶ 글자 수를 고려하고 3가지 활동을 다 써야한다는 압박감 때문에 자세한 과정, 배움, 느낌, 후속 활동의 내용이 없고 단순히 열거하는 식으로 작성이 되어 구체성이 부족해 보이는 사례입니다.

〈사례 1. 토목환경공학과 지원자〉

〈수정 사항〉

첫 번째는 '사이언토피아'라는 동아리활동입니다. 평소 물리적 현상에 대해 <u>호기심이 많았던</u> 저는 갈릴레오 갈릴레이 실험을 하게 되었습니다. 단면적이 같은 나무토막과 쇠붙이를 준비하여 학교 옥상에 가서 떨어뜨려 보면서 물리법칙에 대해 조금씩 알아갔습니다. 친구들과 축구공의 마그누스 원리에 대해서 쉽게 이해하기 위해 공을 차기도 했고 팀을 나누어 만유인력과 중력 가속도법칙을 직접 증명하는 실험을 하면서 생기는 문제점들에 관해 토론하며 친구들과 견해 차이가 생기기도 했습니다. 이런 모습을 보신 선생님께서는 자기 생각이 옳다고만 하지 말고 상대방의 의견에도 귀를 기울여야 합니다라고 말씀하셨습니다. 또한 실험하다 보면 당연히 실패할 수도 있습니다라고 하시면서 처음부터 다시 점검하라고 하셨습니다. 그래서 친구들과 자료를 만들며 각자의 이견을 조율해 나갔습니다. 이런 과정을 거치면서 일상에서 발생하는 수많은 일에 물리법칙이 많이 적용되고 있습니다는 것을 알고 난 후 공부를 더 하고 싶어졌습니다. 아직은 미흡하지만, 차분히 공부하면서 물리법칙이 우리 곁에 수많은 영향을 끼치고 있습니다는 것을 보여줄 것입니다.

'호기심이 많아'로 수정

두 번째는 제 별명은 만화 캐릭터인 '빼꼼'입니다. <u>빼꼼은 이기적인 생각보다는 친구들을 항상 먼저 생각하고 고민을 들어주는 캐릭터이기에 저와 같습니다고 별명을 붙여주었습니다.</u> 학교 내에서 왕따와 폭력이 잦았고 화장실에는 각종 쓰레기로 넘쳤기 때문에 이를 방지하고자 2학년 때 학생회 선거에 출마하였습니다. 공약으로 '폭력과 쓰레기가 없는 깨끗한 학교'라는 주제로 초점을 맞추고 홍보를 하였으나, <u>준비 부족과 안일한 마음으로</u> 패배하였습니다. 너무 충격이 커서 며칠 동안 아무것도 하지 못하고 자책감과 열등감에만 빠져 있었습니다. 하지만 평상시 제가 즐겨 읽던 책의 저자

전교 부회장 활동으로 수정하고 그 활동을 보충하는 것으로 '빼꼼'을 활용할 것. 2학년 반장 활동이 3학년 부회장 활동에 영향을 줬고 도움을 줬다는 것 명시 예 2학년 반장 공약은 ○○○였고 그것을 실천했더니 △△△하게 교실이 변했다. 이 성공 경험에 힘입어 3학년 부회장 선거에 나서게 되었습니다.

구체적으로 기술하고 필요성이 없으면 삭제하거나 수정할 것. 부정적인 용어는 가능한 한 쓰지 않는 게 좋습니다.

김병만 씨의 '꿈이 있는 거북이는 지치지 않습니다.'라는 그 한마디가 친구들을 위해 큰 힘이 되고자 했던 저에게 다시 동기부여가 되었습니다.

3학년으로 진학하면서 다시 학생회 선거에 출마하기로 마음을 먹고 실패를 거울삼아 준비를 더욱 더 철저히 했습니다. 다시 '폭력과 쓰레기가 없는 깨끗한 학교' 등의 공약을 내건 포스터를 만들고 전교 학급을 돌아다니며 자신의 진심을 전했습니다. 그리하여 전교 부회장에 당선될 수 있었습니다. 당선된 후 학생회 회의에서 그린과 레드POINT 상벌점 제를 도입하고 자치순찰대를 편성하여 교내 폭력과 위험요소들을 줄이자고 주장을 하였습니다. 하지만 지금까지 없었던 교칙을 새로 만들 수 없다며 반대를 하였습니다. 그러나 철저히 준비하여 다음 회의에서 취지와 제도 도입의 효과에 관해 설명하고 승낙을 받아 교칙을 바꾸게 되었습니다. 처음에는 학우들의 반발이 너무 심해 매우 힘들었지만 다른 한편으로는 자치순찰대 활동을 꾸준히 하면서 다니기 편한 학교가 되어 가자 저를 비난했던 친구들이 오히려 제 우군이 되고 격려를 해주었습니다. 이러한 제도 하나가 어떻게 학교를 변화시키는지 직접 보았습니다. 저는 제가 한 말에 대해서는 책임을 지고 실천하고 불의와 싸우는 자가 될 것입니다.

어떤 준비를 했는지 준비에 대한 구체성이 없음.

지나치게 비장한 느낌을 줌. '저는' 삭제.
'제가'는 '스스로 또는 '자신, 본인' 등으로 수정

〈사례 2. 교대 지원자〉

〈수정 전〉

　평소 여러 매체에서 역사 왜곡 문제와 청소년들의 부족한 역사의식에 대해 방영할 때, 많은 안타까움을 느꼈었습니다. 그래서 올바른 역사관을 가진 사람이 되어 친구들에게 전하고 싶어 VANK에 가입했고 그런 저를 믿어준 친구들 덕분에 2학년 때 동아리 회장이 될 수 있었습니다. 하지만 예상치 못했던 정원 외의 부원들의 입부와 그들의 무관심한 태도를 보며 사이버 외교관 프로그램을 수행하기에는 무리가 있습니다는 생각이 들었습니다. 이는 기존의 부원들과 새 부원들 모두가 분리되지 않고 함께 흥미를 가지고 할 수 있는 활동을 계획해야겠다는 결심으로 이어졌고 한 명 한 명 모두와 이야기를 나누며 자체적인 활동을 꾸려나갔습니다. 더불어 활동에 대해 어려워하고 두려워하는 친구들을 위해 다양한 자료를 활용하고 ppt를 만들어 흥미를 가지고 쉽게 이해하도록 노력하는 과정에서 비록 많은 시간이 들고 힘들었지만 아는 것을 남과 나눌 때 그 지식이 더 제 것이 되고 값진 것이 된다는 것을 알 수 있었습니다. 에세이 작성, ppt 발표, 토론 등의 활동을 해나가면서 처음에 무관심했던 부원들이 어느 누구보다 열성적으로 변하는 것을 느꼈고 교외 캠페인에 나가 창원 시민들에게 지식을 나누기 까지 성장하는 모습을 볼 수 있었습니다. 누군가가 성장하는 것을 지켜보고 도와주는 것에 대해 보람을 느끼고 뿌듯해 하는 스스로를 보면서 올바른 역사관을 가진 선생님이 되어 아이들을 역사를 통해 배운 지혜를 내면화한 세계인으로 성장시키고 싶다는 사명감을 되새겼습니다. (748)

　책을 좀 더 재미있게 읽을 수 있고 국어라는 과목에 새로운 접근을 할 수 있지 않을까 싶어 참가했던 북(BOOK) 캠프를 통해서 독서토론을 접할 수 있었습니다. 스스로가 완벽히 준비를 하고 적절한 근거를 들어 의견을 내세우는 것도 중요하지만 상대방의 의견을 경청하고 그 사이에 소통하면서 얻는 것이 굉장히 크다는 점이 뜻깊었습니다. 그런 배움으로 흥미가 생겨 교내 독서 토론대회에 참가했습니다. 주어진 책이 동화책이라 처음엔 당황했지만, 책을 읽을수록 동화책은 작가가 전달하고자 하는 것을 집약적으로 그림과 함께 담아낸 책이라는 생각이 들었고 숨은 뜻을 찾아내면서 희열을 느끼기도 했습니다. 아기돼지 삼형제 이야기를 늑대의 입장에서 담아낸 책을 바탕으로 늑대를 다수의 고정관념으로 인한 사회적 약자로 보았으며, 다문화 가정과 이중 격투기 선수 일화의 예를 이끌어 내며 입체적 이해를 경험했습니다. 토론을 통해 단지 겉모습만 보고 상대를 대하는 것이 얼마나 큰 오류를 범할 수 있는지를 다시 한 번 깨달았고 어떤 일에 비판적인 시각을 가지고 다양한 관점에서 바라볼 줄 아는 사람으로 성장할 수 있었습니다. (560)

친구들과 함께 초등 교육 동아리를 만든 것은 나태해질 수 있는 스스로를 다잡고 서로에게 배움을 얻을 수 있는 좋은 경험이었습니다. 특히 기출 문제를 이용해 자유롭게 친구들과 의견을 나누면서 나의 생각을 남과 나눌 때 더 크게 돌아온다는 것을 느낄 수 있었습니다. 문제에 대한 의견을 피력하면서 저 스스로가 놀랄 정도로 좋은 근거를 제시한 것이나, 토론 중 나온 좋은 의견들을 심층적으로 토의한 것은 사고의 폭이 넓어지고 교사관이 뚜렷해지는 경험이었기 때문입니다. 그리고 무엇보다 기억에 남는 활동은 인근 초등학교를 방문한 일이었습니다. 선생님께서는 저희에게 어떤 선생님이 되고 싶은지 생각해보았으면 좋겠다는 말씀과 더불어 슬럼프, 지도법, 학교 업무 등에 관한 진솔한 말씀을 해주셨습니다. 아이들이 직접 꾸민 교실을 보고 선생님의 말씀을 들으면서 교사에 대한 꿈을 되새겼고 수많은 인간관계가 이루어지는 학교에서 무엇보다 배려하는 사람이 되어야겠다는 다짐을 하게 되었습니다. (489)

⟨수정 후⟩

첫째, VANK 동아리 활동입니다. 평소 여러 매체에서 역사 왜곡 문제와 청소년들의 부족한 역사의식에 대해 방영할 때, 많은 안타까움을 느꼈습니다. 그래서 올바른 역사관을 가진 사람이 되어 친구들에게 전하고 싶어 VANK에 가입했고 활동의 진정정과 친구들의 지지 덕분에 2학년 때 동아리 회장이 될 수 있었습니다. 하지만 예상치 못했던 정원 외의 부원들의 입부와 그들의 무관심한 태도를 보며 사이버 외교관 프로그램을 수행하기에는 무리가 있습니다는 생각이 들었습니다. 이는 기존의 부원들과 새 부원들 모두가 분리되지 않고 함께 흥미를 가지고 할 수 있는 활동을 계획해야겠다는 결심으로 이어졌고 한 명 한 명 모두와 이야기를 나누며 자체적인 활동을 꾸렸습니다. 또한 활동에 대해 어려워하고 두려워하는 친구들을 위해 다양한 자료와 ppt를 만들어 흥미를 가지고 쉽게 이해하도록 노력하는 과정에서 오히려 아는 것을 남과 나눌 때 그 지식이 더 제 것이 되고 값진 것이 됩니다는 것을 알 수 있었습니다. 에세이 작성, ppt 발표, 토론 등의 활동을 해나가면서 처음에 무관심했던 부원들이 어느 누구보다 열성적으로 변하여, 교외 캠페인에 나가 창원 시민들에게 지식을 나누기까지 성장하는 모습을 볼 수 있었습니다. 누군가가 성장하는 것을 지켜보고 도와주는 것에 대해 보람을 느끼고 뿌듯해하는 스스로를 보면서 올바른 역사관을 가진 선생님이 되어 아이들을 역사를 통해 배운 지혜를 내면화한 세계인으로 성장시키고 싶다는 사명감을 되새겼습니다. (748)

둘째, 독서 토론 활동입니다. 책을 좀 더 재미있게 읽을 수 있고 국어라는 과목에 새로운 접근을 할 수 있지 않을까 싶어 참가했던 북 캠프(BOOK CAMP)를 통해서 독서 토론을 접할 수 있었습니다. 스스로가 완벽히 준비를 하고 적절한 근거를 들어 의견을 내세우는 것도 중요하지만 상대방의 의견을 경청하고 그 사이에 소통하면서 얻는 것이 굉장히 크다는 점이 뜻깊었습니다. 그런 배움으로 흥미가 생겨 교내 독서 토론 대회에 참가했습니다. 주어진 책이 동화책이라 처음엔 당황했지만, 책을 읽을수록 동화책은 작가가 전달하고자 하는 것을 집약적으로 그림과 함께 담아낸 책이라는 생각이 들었고 숨은 뜻을 찾아내면서 희열을 느끼기도 했습니다. 아기 돼지 삼형제 이야기를 늑대의 입장에서 담아낸 책을 바탕으로 늑대를 다수의 고정관념으로 인한 사회적 약자로 보았으며, 다문화 가정과 이중 격투기 선수 일화의 예를 이끌어 내며 입체적 이해를 경험했습니다. 토론을 통해 단지 겉모습만 보고 상대를 대하는 것이 얼마나 큰 오류를 범할 수 있는지를 다시 한 번 깨달았고 어떤 일에 비판적인 시각을 가지고 다양한 관점에서 바라볼 줄 아는 사람으로 성장할 수 있었습니다. (560)

셋째, 초등교육 동아리 활동입니다. 친구들과 함께 초등교육 동아리를 만든 것은 나태해질 수 있는 스스로를 다잡고 서로에게 배움을 얻을 수 있는 좋은 경험이었습니다. 특히 기출 문제를 이용해 자유롭게 친구들과 의견을 나누면서 나의 생각을 남과 나눌 때 더 크게 돌아온다는 것을 느낄 수 있었습니다. 문제에 대한 의견을 피력하면서 스스로가 놀랄 정도로 좋은 근거를 제시한 것이나, 토론 중 나온 좋은 의견들을 심층적으로 토의한 것은 사고 폭이 넓어지고 교사관이 뚜렷해지는 경험이었기 때문입니다. 그리고 무엇보다 기억에 남는 활동은 인근 초등학교를 방문한 일이었습니다. 선생님께서는 어떤 선생님이 되고 싶은지 생각해 보라는 말씀과 슬럼프, 지도법, 학교 업무 등에 관한 말씀을 해주셨습니다. 아이들이 직접 꾸민 교실을 보고 선생님의 말씀을 들으면서 교사에 대한 꿈을 되새겼고 수많은 인간관계가 이루어지는 학교에서 무엇보다 배려하는 사람이 되어야겠다는 다짐을 했습니다. (489)

자기소개서 2번 문항 솔루션 핵심 Point

❶ 2번 문항은 '전공 적합성 영역'에 대한 평가이다.

❷ 자기소개서에서 '가장 중요한 항목'이다. (배점이 가장 크다.)

❸ '의미'를 부여한 활동은 3개 이내로 하라. (단, 1개는 곤란하다.)

❹ 가장 중요한 활동을 제일 먼저 기술하라.

❺ 교내 활동을 먼저 적고 교외 활동을 추가하라.

자기소개서 최악의 형태 6가지

최악의 자기소개서는 6가지 형태가 있습니다.

> **최악의 자기소개서 6가지 형태**
>
> ① 빈약한 내용에 두서없이 나열만 되어 있는 자소서
> ② '저는'이라고 시작하는 진부한 자소서
> ③ 국어 실력이 부족한 자소서
> ④ 베낀 내용이 많아 어색한 자소서
> ⑤ 초점이 흐린 애매모호한 자소서
> ⑥ 전공과 관련없는 활동을 장황하게 서술한 자소서

❶ 빈약한 내용에 두서없이 나열만 되어 있는 자기소개서입니다.

기본적으로 빈약한 내용에 자기소개서 문항에서 요구하는 글자 수 (1,000자 또는 1,500자)도 못 채웠고, 그나마 내용은 전공과 연결되어 있지 않고 실제 평가에 도움이 되지 않는 모두 단편적 내용이나 결과 위주의 나열만 되어 있는 자기소개서입니다.

❷ '저는' 또는 '나는' 이라고 시작하는 진부한 자기소개서입니다.

예컨대 "나는 무슨 과목이든 열심히 했고 앞으로도 잘 할 것이다."라는 진부한 표현이 해당됩니다. 이미 자기소개서이므로 굳이 나는 또는 저는 이라고 시작할 필요도 없습니다. 자주 쓸수록 글의 초점만 흐트러트릴 수 있습니다. 또한 글자 수만 잡아먹을 수 있습니다. 마지막으로 사례에서 첨언하자면 '모든 과목을 잘했다'는 것 보다는 전공 분야에 해당 되는 과목에 대한 성적과 그에 따른 활동이 구체화 되는 것이 바람직합니다.

❸ 국어 실력이 부족한 자기소개서입니다.

기본적인 맞춤법에 어긋나고, 오자 및 탈자, 띄어쓰기가 엉망인 것은 왠지 성의가 없어서 읽고 싶지 않을 수 있습니다. 따라서 반드시 퇴고가 필요합니다. 이런 퇴고를 할 때에는 다른 사람이 봐 주는 것이 더 좋습니다. 왜냐하면 본인이 볼 때는 글의 오류가 잘 보이지 않기 때문입니다. 친구, 부모님, 선생님 등을 통해 오류를 수정하는 것이 바람직합니다.

❹ 베낀 내용이 많아 어색한 자기소개서입니다.

인터넷 서핑을 통해 많은 자료와 글감을 모을 수 있습니다. 그러나 인터넷에서 좋은 글을 베끼면 전문가가 볼 때에는 다 티가 납니다. 또한 친구의 자기소개서를 부분적으로 각색한 경우에도 글의 흐름이 어색해서 들통이 납니다. 따라서 본인의 글을 진솔하게 작성하는 것이 필요합니다.

❺ 초점이 흐린 애매모호한 자기소개서입니다.

문항을 잘 이해하지 못해 다른 내용을 쓰거나 같은 말이 여러 번 반복되고 문장을 길게 늘여 결론이 무엇인지 알 수 없는 애매모호한 자기소개서가 해당됩니다. 또한 문맥에 맞지도 않고 쓸데없이 부정어를 2중, 3중으로 쓰면 도저히 무슨 의도인지 알기 어려울 때가 있습니다. 물론, 적절한 이중 부정은 강한 긍정이라는 효과를 볼 수도 있습니다.(예를 들어, 해보지 아니하면 절대로 알 수 없습니다.) 그렇지만 이렇게 이중과 삼중의 부정이 많은 자기소개서는 입학사정관을 다소 피곤하게 만들 수 있습니다. 이리 되면 기본적으로 정성 평가이므로 전체 평가에서도 좋지 않은 영향을 줄 수밖에 없습니다.

❻ 전공과 관련 없는 내용을 장황하게 서술한 자기소개서입니다.

전공과 관련된 활동이나 경험의 내용이 "빠져있거나 전공과 관련 없는 취미활동의 결과만을 장황하게 늘어놓는 자기소개서는 입학사정관을 헷갈리게 합니다. 주로 자기소개서 2번 항목에서 이런 실수를 많이 합니다. 따라서 지원 전공과 관련된 핵심내용만 채우는 것이 바람직합니다. 짧은 시간동안 정확한 판단을 해야 하는 입학사정관의 입장에서 생각해 볼 필요가 있습니다.

자기소개서 3번 문항 솔루션 + 사례 분석

　자기소개서 3번 문항은 학생들이 작성하기도 어렵고, 평가하는 입학사정관들도 가장 힘들어 하는 문항 중의 하나입니다. 왜냐하면 학생들이 고교 생활동안 누구나 경험했을 내용을 물어보는 것인데 비해 막상 작성하려고 하면 어떤 내용을 선정하고 그 내용을 구체적으로 작성하는 것이 어렵기 때문입니다. 또한 구체적으로 작성한다고 하더라도 남들과 비슷해져 버리는 특성을 지니고 있기 때문입니다.

　그러다 보니 남들과의 차별화를 위해 개연성 없는 비약적인 내용으로 작성하는 경우도 나타납니다. 이렇듯 자기소개서가 자기 소설로 변경되는 문항이기도 합니다.

① 3번 문항에서 작성할 내용

　3번 문항에서 작성할 내용은 학교생활기록부에 기록된 것 중에서 다음 5가지를 고려할 필요가 있습니다.

① 봉사활동 실적

- 교내 : 남들이 하기 싫어하는 배식 당번, 쓰레기 분리수거, 문단속 당번 등을 2회 이상 실천한 구체적 내용
- 교외 : 1년 이상 복지센터, 지역아동센터, 양로원 등지에서 꾸준히 활동한 실적

② 전교 임원 또는 학급 임원 2회 이상 재임 중 공약을 실천한 내용

다른 문항과 중복돼도 관계없지만, 더 구체적으로 적어야 합니다.

③ 봉사동아리 중 2년 이상 활동한 구체적인 내용

자율동아리 활동도 관계없습니다.

④ 교내 봉사상(또는 모범상 등) 2회 이상 수상한 동기, 과정, 결과, 변화 등을 기록한 구체적 내용

⑤ 행동 특성 및 종합 의견에서 드러나는 인성 관련 구체적인 코멘트

단, 한 줄이라도 활동의 의미를 구체화하는 과정을 적는 것이 필수적입니다.

❷ 3번 문항의 질문 목적

3번 문항의 질문 목적은 다음 3가지로 정리할 수 있습니다.

① 지원자의 인성 역량 확인

이는 학교의 인재상과도 연결되어 있습니다.

② 인성을 겸비한 인재 선발

다른 전형(특히 정량 평가 되는 학생부교과, 수능 정시)과 구별되는 학생부종합전형만의 차별화된 선발 목적 중 하나로, 공부만 잘하는 이기적인 학생이 아니라 인성을 겸비한 인재를 선발한다는 의미입니다.

③ 개인의 인격적 성숙과 공동체적 가치 실현 여부

나눔과 배려 등은 주로 봉사활동에서 드러나는 경우가 많습니다. 그러므로 학교생활 중 봉사활동이 차지하는 의미와 그 활동을 통해 학생이 겪은 다양한 변화를 직간접적으로 파악하는 것입니다. 특히 개인의 인격적 성숙과 공동체적 가치 실현의 성장 여부를 봅니다.

❸ 3번 문항 작성법

3번 문항 작성법은 다음 2가지로 정리할 수 있습니다.

① 배려, 나눔, 협력, 갈등 관리 등의 사례를 구분하여 기록하기

단, 갈등 관리는 가능한 제외하는 것이 좋습니다. 사례는 위 ❶의 5가지 작성 내용을 참고합니다.

② 각 항목을 2가지씩 융합하여 작성하기

여기서 말하는 융합은 배려, 나눔, 협력 사례를 단순히 모아놓은 조합을 의미하는 것이 아닙니다. 융합은 배려, 나눔, 협력이 모두 녹아들어서(화학적으로 결합하여) 하나의 인성적 성장이 가시적으로나 은연중에 드러나는 활동으로 전환되는 것을 의미합니다.

실제로는 배려와 나눔을 융합하거나 협력과 갈등 관리를 적절하게 융합하는 것이 좋습니다. 배려와 나눔의 융합은 봉사활동을 통해 드러내는 것이 기술하기에 다소 편할 것입니다. 특히 갈등 관리만 단독으로 작성하는 것은 권장하지 않습니다.

자기소개서 3번 문항의 항목별 작성법은 다음 2가지 방법을 활용하면 많은 도움이 됩니다. 첫째, 항목은 4단계 방법인 양괄식으로 작성하는 것이 좋습니다.

> **양괄식 4단계 방법: 결론 → 이유 → 사례 → 결론**

> **사례** 저는 열정이 가득한 사람입니다. 왜냐하면 전공 분야 활동을 깊이 있고 다양하게 했기 때문입니다. 예를 들어, 전공 동아리 활동을 2년 넘게 했고, 자율동아리를 창설하여 활동했으며, 경시대회에서도 대상을 받았기 때문입니다. 따라서 저는 열정이 넘치는 사람입니다.

만약 자기소개서 개별 항목에 적는 양이 많으면, 글자 수 제한을 감안하여 두괄식 3단계 방법으로 작성합니다.

> **두괄식 3단계 방법: 결론 → 이유 → 사례**

> **사례** 저는 열정이 가득한 사람입니다. 왜냐하면 전공 분야 활동을 깊이 있고 다양하게 했기 때문입니다. 예를 들어, 전공 동아리 활동을 2년 넘게 했고, 자율동아리를 창설하여 활동했으며, 경시대회에서도 대상을 받았기 때문입니다.

둘째, 자기소개서에는 활동에 대한 동기, 경험, 과정(사실의 인과관계), 결과가 기술되어야 합니다. 또한 활동을 통해 나타난 인지적, 감정적인 변화와 새로운 실천으로 연결되는 과정이 필요합니다. 이를 위해 다음과 같은 3가지 활동과 3가지 변화 법칙을 활용하면 큰 도움이 됩니다.

> ① 3가지 활동: (동기 → 과정 → 결과) + 변화
> ② 3가지 변화: 알고 → 느끼고 → 새로운 실천으로의 연결 법칙

❹ 3번 문항 평가 요소 및 주안점

3번 문항의 평가 요소 및 주안점은 3가지로 정리할 수 있습니다.

① 구체적 사례 중심: 스토리, 에피소드 – "구체적으로 사례가 드러나는가?"

'배려, 나눔, 협력, 갈등관리'의 『4가지 중 2가지 또는 1가지만 선택하여 기

술하는 경우도 있음』을 고려하여 정성적으로 평가합니다. 단 구체적인 사례 중심의 기술인지를 중점적으로 평가합니다.

② **봉사활동에서 보이는 열정과 자기 주도성: "봉사활동에서 열정과 자기 주도성이 보이는가?"**

　예 봉사활동 실천을 위한 자율동아리를 창설하여 활동했다.

③ **교외 봉사활동 실적의 진정성과 충실성: "교내외 봉사활동에서 진정성 과 충실성이 나타나는가?"**

　학교장이 허락하지 않은 교외 봉사활동 실적도 평가합니다. 그러니 교외 활동도 마음껏 작성해도 됩니다. 다만 '목표 - 동기 - 과정 - 결과 - 변화' 등 을 구체적으로 기술해야 합니다.

④ 3번 문항 작성 시 유의 사항

　3번 문항 작성 시 유의할 점은 다음 4가지로 정리할 수 있습니다.

① 4가지 항목 중 '갈등 관리'는 쓰지 않는 것이 좋습니다.

　갈등 관리만을 쓰는 학생이 전체의 80% 이상입니다. 갈등은 흔하며 기억에 오래 남습니다. 그래서 그나마 작성하기 쉽게 보여서 그렇습니다. 문제는 내 용이 천편일률적으로 비슷하다는 것입니다. 예를 들면, "학교 축제, 동아리 활 동, 학급 이벤트, 생활 등에서 학생들 간에 갈등이 일어났는데, 그 갈등을 본인 이 중재해서 해결되었습니다."는 식의 내용입니다. 게다가 그 많은 학생들 중 에서 갈등을 일으킨 가해자와 피해자는 다른 학생이고 자신은 늘 중재자로 등 장합니다. 이런 탓에 평가를 하는 입학사정관은 갈등 관리 관련 기술이 적힌 부분을 스킵(skip)하고 넘어가고 싶을 정도입니다. 물론 본인이 갈등을 주거 나 피해를 받은 내용도 있지만 그 내용이 식상한 것은 다르지 않습니다.

　해결 과정 또한 구체적이지 않고 애매모호하거나 근거 없이 놀라운 반전 을 일으켜 해결되는 경우가 많습니다. 따라서 갈등관리는 자신에게 의미가 있다고 하더라도 전략적으로 접근하여 되도록 작성하지 않는 것이 좋습니다. 괜히 글자 수만 잡아먹는 최악의 한 수가 될 수 있습니다.

② 2번 문항의 교내 및 교외 활동 내용과 중복 주의

실제로 자신에게 중요한 의미가 있고 차별화되며, 그 활동의 '목표 – 동기 – 과정 – 결과 – 변화'를 2번 문항에서보다 더 구체적으로 기술할 수 있다면 작성해도 무방합니다. 특히 사회복지학과나 아동(보육)학과, 유아교육학과, 간호학과, 보건학과, 교육학과 등 사범 계열의 봉사와 인성 활동이 직간접으로 연결되는 전공에 지원하는 학생이 이에 해당됩니다.

③ 봉사활동의 시작 동기

봉사활동을 부모나 친구, 형제 등에게 억지로 끌려가서 시작한 경우도 많습니다. 그리고 그 내용을 그대로 기술하는 것이 의미가 없는 것은 아닙니다. 이것이 학생부종합전형만의 독특한 매력이라고도 할 수 있습니다. 그렇지만 평가자 입장에서 보면 전략적인 접근을 할 필요가 있습니다. 이 경우 '과정 – 결과 – 변화'를 구체적인 에피소드(EPISODE)나 스토리(STORY)로 담아 전달하면 진정성이 배가되어 평가에 좋은 영향을 줄 수 있습니다.

④ 학교 안팎의 장애우를 지속적으로 돕는 활동

나눔, 배려 활동을 극대화하는 사례로서 학교나 학교 외의 장애우를 지속적으로 돕는 활동을 종종 보게 됩니다. 주의할 점은 학교생활기록부의 행동 특성 및 종합의견, (교사)추천서 등에 기록되지 않은 것이라면 입증하기 어려워 신뢰도를 높이기 힘들다는 것입니다. 반대로 학교생활기록부나 추천서에 기록되어 있는 것은 신뢰도와 진정성을 높일 수 있습니다.

♣ 3번 문항(인성 역량) 기록지(MPRA) ♧

활동 명	
M: 동기(motive)	활동을 하게 된 동기(이유)는 무엇인가?
P: 과정(process)	활동을 위해 어떤 노력을 했는가?
	활동을 하면서 어려웠던 점은 무엇인가?
R: 결과(result)	활동을 통해 무엇을 새롭게 알게 되었는가?
	학습활동을 통해 무엇을 새롭게 느꼈는가?
A: 실행(action)	새롭게 배우고, 느낀 점을 바탕으로 어떤 후속 활동(실천, 변화)을 했는가?

■ 활동 참여만 작성한 사례

> 지역아동센터에서 공부를 가르쳐주면서 교육봉사를 하였습니다. 맨 처음 시설에 갔을 때는 생각보다 지저분하여 바로 아이들과 함께 청소부터 시작하였습니다. 8살 두명을 가르쳤는데 사탕과 과자를 활용하여 수업을 하였고 호응도 좋았습니다. 저와 수업했던 아이들이 저에게 계속 애정을 표시하였습니다. … 계산적인 모습이 없는 아이들의 순수함이 좋았습니다. 세상이 이랬으면 좋겠다고 생각합니다.

코칭▶ 위 학생은 배려, 나눔, 협력, 갈등 관리 중에 어떠한 것을 기술했는지조차 불분명 합니다. 군이 분류를 하자면, 본인이 재능 기부를 한 사례이기 때문에 배려와 나눔에 관한 내용이라고 할 수는 있겠지만 구체적으로 느꼈던 점이 무엇이었는지, 그 과정에서 어떤 점이 성장했고 발전하였는지에 대한 고민이 나타나 있지 않습니다. 단순히 어떠한 활동을 했었는지에 대한 소개 글에 불과하며, 그 학생이 왜 좋았는지, 그 학생은 지원자를 왜 좋아하게 되었는지에 대한 과정조차 생략되어 있어 배경을 이해하기가 쉽지 않습니다. 교육봉사를 통해 느낀 점과 본인이 성장할 수 있었던 역량 등을 기술했더라면 지원자의 성품이나 인성을 이해하는 데 도움이 되었을 것 같아 아쉬움이 많이 남습니다.

〈사례 1. 토목환경공학과 지원자〉	〈수정 사항〉
평상시 영어와 관련된 교내 활동에는 모두 참여할 만큼 영어에 대한 흥미가 많았습니다. 친구들과 어울려 토론하고 활동하는 것을 좋아했기 때문에 활동 위주의 국제교류 동아리에 가입하게 되었습니다.	'호기심이 많아'로 수정

처음에 미국의 Democracy Prep이라는 고등학교와 교류를 맺고 안부 편지를 주고받으며 자기 나라의 전통놀이를 UCC로 만들어 보내며 작은 것이나마 우리나라를 홍보할 기회를 가지기도 하였습니다.

이러한 활동들이 너무나 즐거움이 되었고 적극적으로 참여하다 보니 자연스레 동아리를 대표하는 조장이 되었습니다. 그러다 동아리에서 미국의 고등학교와 홈스테이를 할 기회가 생겼습니다. 그러나 동아리 친구들은 겁을 내며 쉽게 참여하는 것에 대해 거부감을 가졌습니다. 하지만 이런 기회는 쉽지 않고 어학에 대한 두려움을 가지지 말고 한번 부딪쳐 보겠다고 친구들을 설득하였고 참여하기 시작하였습니다. 준비하는 과정은 쉽지 않았습니다. 하지만 자신감을 얻을 수 있고 글로벌 친구도 사귈 좋은 기회를 놓치기 <u>싫었던 저는</u> 친구들에게 홈스테이의 장점을 설명하며 친구들이 적극적으로 동참할 수 있도록 하였습니다. 또한, 홈스테이 하는 동안 외국인 친구들과 경주지역을 함께 다니면서 영어로 통역해줄 사람이 필요하였지만 아무도 지원을 하지 않았습니다.

'싫었기 때문에'로
수정
'저는' 삭제

이번 기회에 영어에 대한 두려움을 확실히 극복하고자 제가 직접 지원을 하게 되었습니다. 처음에 합니다고 하였을 때 어디서부터 준비를 해야 할지 막막하였습니다. 인터넷을 활용하여 경주지역 문화재 소개가 영어로 된 원본을 찾기도 하였으며 선생님들께 도움을 요청하여 직접 대본을 영어로 써보기도 하였습니다. 홈스테이하기 전까지 매일 발음연습과 대본을 외우면서 준비를 하였습니다. 이러한 노력 끝에 비록 실수도 많이 하고 서툴렀지만, 외국인 친구들에게 영어로 설명해 줄 수 있었고 두려움이 어느덧 자신감으로 바뀌는 것을 느낄 수 있었습니다. <u>두려워하면 아무것도 얻을 수 없다는 것을 직접 체험하면서 느낀 뜨거운 열정을 가지고 뚜벅뚜벅 앞으로 전진해나갈 것입니다.</u>

과도한 감정 표현
및 불필요한 내용
삭제

〈사례 2. 교대 지원자〉

〈수정 전〉

　학생회 간부로서 학교의 크고 작은 일을 주관하고 선생님과 친구들의 소통을 돕는 역할을 했던 것은 잊지 못할 경험이었습니다. 특히 축제 준비 위원으로 활동했던 시간은 학교에서 이루어지는 하나의 일을 만들기 위해 많은 사람의 노력과 준비가 필요했다는 것을 알게 해주었습니다. 장소와 시간, 프로그램 선정부터 시작해 점검, 지도, 정리에 이르기까지 정말 많은 과정이 있었지만 그 중에서도 축제 장소에 대해서는 어려움이 많았습니다. 선생님들께서는 학교의 체육관을 활용했으면 좋겠다는 입장이었고 친구들은 인근의 초등학교를 빌렸으면 좋겠다는 입장이었습니다. 수차례의 학생회의와 분임회의를 걸쳤지만 의견은 좀처럼 모아지지 않았고 결국 축제 장소는 학교 체육관으로 정해졌습니다. 학교 축제 특성상 전교의 각 반이 모두 참가해야하는 프로그램이 있었는데, 모든 인원이 이동하기에 좁은 체육관 탓에 많은 불만이 있었습니다. 그 사이에 회의를 통해 친구들에게 최대한 선생님의 입장과 학교의 사정을 설명하고 이해시키기 위해 노력했고 보다 많은 친구들이 축제를 즐겁고 안전하게 즐길 수 있도록 반별 이동 동선을 만들었습니다. 이동 동선을 만들면서 무엇보다 고려했던 점은 친구들의 안전이었습니다. 좁은 장소인데다가 기계장비가 들어오고 약 34명의 팀이 매 공연마다 이동해야했기 때문이었습니다. 그래서 유기적으로 넘어가는 큰 틀을 만들어 각 지점마다 다른 간부들이 팀장으로서 위치하도록 했고 부분마다 스태프를 배치해서 축제가 원활하게 진행될 수 있도록 했습니다. 만약 각자 맡은 부분에서 서로를 믿고 제 역할을 해내지 못했다면 축제는 원활하게 진행되지 못했을 것입니다. 축제를 통해서 작은 부분 하나도 모두가 적극적으로 책임감 있게 수행해야 전체가 만들어질 수 있다는 것과 어려운 일도 모두가 함께 한다면 쉽고 빠르게 해결된다는 것을 배울 수 있었습니다. 또한 전교생 모두가 좁은 장소에서 움직여야 하는 상황에서도 짜증내지 않고 서로를 위해 자리를 비켜주고 잡아주는 모습을 보며 어느 때보다 배려의 미덕을 느낄 수 있었습니다. (1,008자)

↓

〈수정 후〉

　학생회 간부인 축제준비위원장으로서 학교의 크고 작은 일을 주관하고 선생님과 친구들의 소통을 돕는 역할을 했던 것은 잊지 못할 경험이었습니다. 특히, 축제준비위원으로 활동했던 시간은 학교에서 이뤄지는 하나의 일을 만들기 위해 많은 사람의 노력과 준비가 필요하다는 것을 알게 해줬습니다. 장소와 시간, 프로그램 선정부터 시작해 점검, 지도, 정리에 이르기까지 정말 많은 과정이 있었지만 그 중에서도 축제 장소 선정은 어려움이 많았습니다. 선생님들께서는 학교 체육관을 활용하자는 입장이었고 친구들은 인근의 초등학교를 빌리자는 입장이었습니다. 수차례의 학생회의와 분임회의를 걸쳤지만 의견은 좀처럼 모아지지 않아, 결국 축제 장소는 학교 체육관으로 정해졌습니다. 학교 축제 특성상 전교의 각 반이 모두 참가해야하는 프로그램이 있었는데, 모든 인원이 이동하기에 좁은 체육관 탓에 많은 불만이 있었습니다. 그 사이에 각 반을 순회하며 회의를 통해 친구들에게 최대한 선생님의 입장과 학교의 사정을 설명하고 이해시키기 위해 노력했고 보다 많은 친구들이 축제를 즐겁고 안전하게 즐길 수 있도록 반별 이동 동선을 만들었습니다. 이동 동선을 만들면서 무엇보다 고려했던 점은 친구들의 안전이었습니다. 좁은 장소인데다가 기계장비가 들어오고 약 34명의 팀이 매 공연마다 이동하기 때문입니다. 그래서 유기적으로 넘어가는 큰 틀을 만들어 각 지점마다 다른 간부들이 팀장으로서 위치하도록 했고 부분마다 스태프를 배치해서 축제가 원활하게 진행될 수 있도록 했습니다. 만약 각자 맡은 부분에서 서로를 믿고 제 역할을 해내지 못했다면 축제는 원활하게 진행되지 못했을 것입니다. 축제를 통해서 작은 부분 하나도 모두가 적극적으로 책임감 있게 수행해야 전체가 만들어질 수 있다는 것과 어려운 일도 모두가 함께 한다면 쉽고 빠르게 해결된다는 것을 배울 수 있었습니다. 또한 전교생 모두가 좁은 장소에서 움직여야 하는 상황에서도 짜증내지 않고 서로를 위해 자리를 비켜주고 잡아주는 모습을 보며 어느 때보다 배려의 미덕을 느낄 수 있었습니다. (1,008자)

자기소개서 작성과 관련해 생각해 볼 문제 5가지

① 전공과 관련없는 동아리 활동을 어떻게 적합하게 시술할 것인가?
② 특정 교과목의 내신 등급 향상을 기술하는 것이 학업 역량인가?
③ 연구보고서(R&E)는 꼭 전공과 관련 있어야 하는가?
④ 활동을 통해 배우고 느낀 점이 핵심인가?
⑤ 내신 등급 언급없이 학업 역량을 표현하는 방법은 무엇인가?

❶ "전공과 관련 없는 동아리 활동을 어떻게 적합하게 기술한 것인가?"의 문제입니다.

창의적 체험 활동에서 동아리 활동은 전공 적합성을 파악하는 데에 중요한 요소로 활용됩니다. 그런데 본인의 주요 동아리 활동이 전공과 관련이 없다면 어떻게 할 것입니까? 그렇다면 그 활동 속에서 본인의 열정과 적극적인 활동 내용 등을 오히려 더 어필할 필요가 있습니다. 그러한 점을 높게 사주는 대학(예 중앙대)도 있기 때문입니다.

❷ "특정 교과목의 내신 등급 향상을 기술하는 것이 학업 역량인가?"라는 문제입니다.

자기소개서 1번(학업 역량 체크) 내용을 특정 교과목 즉 전공 관련 교과목의 내신 등급이 높고 향상되었다는 결과 위주로 나열하는 경우가 의외로 많습니다.

결과도 중요하지만 결과가 나오기 위한 과정, 어려움을 극복한 경험 등을 구체적으로 기록해 준다면 결과도 빛을 발할 것입니다.

❸ "연구보고서(R&E) 활동은 꼭 전공과 관련 있어야 하는가?"라는 문제입니다.

연구보고서(R&E) 활동은 중요하게 보는 대학(주로 상위권 대학 또는 교수 사정관이 서류 평가를 주로 하는 대학)도 있고 아닌 대학(하위권 대학 또는 채용 사정관이 서류 평가를 주로 하는 대학)도 있습니다.

기본적으로 연구보고서(R&E)는 본인이 관심 있게 보는 주제에서의 의

문사항을 연구로서 해결하는 것입니다. 따라서 전공과 관련된 것이 좋습니다. 만약 전공과 관련성이 다소 미흡하다면 연구의 동기, 목적, 연구 방법, 연구 결과, 제언 등이 체계적으로 구성되었다는 것을 적극적으로 어필하여 연구 역량이 있다는 것을 보여주는 것이 더 좋습니다.

❹ "활동을 통해 배우고 느낀 점이 핵심인가?"라는 문제입니다.

어떠한 활동을 한다고 해서 단번에 배우고 느끼는 점이 생기는 것은 아닙니다. 그러한 활동이 반복되고 다른 활동을 통해 그 경험이 오버랩 되고 의미를 가지게 되어 다른 후속 활동으로 실천(스케일 업) 될 때 오히려 그러한 점이 배가 될 수 있습니다. 그러므로 그러한 과정을 진솔하게 기록하는 것이 더 좋은 평가를 받습니다.

❺ "내신 등급 언급 없이 학업 역량을 표현하는 방법은 무엇인가?"라는 문제입니다.

내신 등급은 학업 역량을 나타내는 주요 지표입니다. 그러나 자기소개서 1번 항목에서 꼭 그것을 부각시키지 않아도 됩니다. 내신 등급은 이미 학생부에서 확인이 됩니다. 따라서 학습태도, 자신 만의 학습법, 학습을 통한 지적 호기심 발생과 해결 과정 등을 구체적으로 써 준다면 금상첨화가 됩니다.

자기소개서 3번 문항 솔루션 핵심 Point

❶ 3번 문항은 '인성 영역'을 평가하는 항목이다.
❷ '교외 활동'은 학생부에 흔적이 있다면 마음껏 적어도 된다.
❸ '갈등 관리' 사항은 가능한 기술하지 마라.
❹ 행동 특성 및 종합 의견에 적힌 것을 구체화하라.
❺ 학교 임원, 봉사상 수상 사실을 중심으로 기술하라.

자기소개서 4번 문항 솔루션 + 사례 분석

4. (서울대학교) 고교 재학 기간(또는 최근 3년간) 읽었던 책 중 자신에게 가장 큰 영향을 준 책을 3권 이내로 선정하고 그 이유를 기술하여 주십시오. (1,500자 이내): 도서 당 500자 이내

(강원대학교) 고등학교 재학 기간에 읽은 책 중에서 자신에게 가장 큰 영향을 준 책을 2권 선정(책명, 저자)하고 내용 요약이 아닌 그 책을 읽게 된 계기, 책에 대한 평가, 자신에게 준 영향을 중심으로 기술해 주시기 바랍니다. (1,400자 이내): 도서 당 700자 이내

- 서울대학교 선정 이유: 각 도서별로 띄어쓰기를 포함하여 500자 이내로 작성
- 강원대학교 선정 이유: 단순한 내용 요약이나 감상이 아니라, 읽게 된 계기, 책에 대한 평가, 자신에게 준 영향을 중심으로 기술.

선정 도서			선정 이유
도서명			
저자/역자			
출판사			

4. (일반 대학교) 지원 동기 및 향후 학업 · 진로 계획을 기술해주시기 바랍니다.
   (대학에 따라 1,000자 또는 1,500자 이내)

【주요 대학교의 자율 문항】

대학	자율 문항	글자 수
연세대/ 경희대/ 건국대/ 중앙대/ 한국외대	해당 모집 단위에 지원하게 된 동기와 이를 준비하기 위해 노력한 과정이나 지원자의 교육 환경(가정, 학교, 지역 등)이 성장에 미친 영향 등을 경험을 바탕으로 구체적으로 기술하시오.	(1,500자 이내)
고려대	해당 모집 단위 지원 동기를 포함하여 고려대학교가 지원자를 선발해야 하는 이유를 기술해 주시기 바랍니다.	(1,000자 이내)
서강대	지원 전공을 선택한 이유와 대학 입학 후 학업 또는 진로 계획에 대해 기술하기 바랍니다.	(1,000자 이내)
성균관대	다음 중 하나를 선택하여 기술해 주시기 바랍니다. • 본인의 성장 환경 및 경험이 자신에게 미친 영향 • 지원 동기 및 진로를 위해 노력한 부분 • 본인에게 영향을 미친 유 · 무형의 콘텐츠(인물, 책, 영화, 음악, 사진, 공연 등)	(1,000자 이내)
서울시립대	지원 동기와 향후 진로 계획에 대해 구체적으로 기술해 주시기 바랍니다.(※ 학부 · 과 인재상을 고려하여 작성)	(1,000자 이내)
동국대	해당 전공(학부, 학과)에 지원한 동기와 입학 후 학업 계획 및 향후 진로 계획에 대해 기술해 주시기 바랍니다.	1,000자 이내
홍익대	지원 동기 및 대학 입학 후 학업 계획과 향후 진로 계획에 대해 기술하세요.	1,500자 이내
단국대	지원 학과와 관련하여 자신이 가지고 있는 학업 능력이나 끼(재능), 관심, 열정 등에 대해 기술해 주시기 바랍니다.	1,000자 이내
성신여대	고교 재학 기간 동안 어떤 꿈(비전)을 갖고 학교생활에서 어떻게 노력해 왔으며, 대학 입학 후 그 꿈을 실현하기 위한 학업 및 진로 계획에 대해 기술해 주시기 바랍니다.	1,000자 이내

동덕여대 (디자인, 미술 계열)	고등학교 재학 기간 중 본인이 의미를 두고 노력했던 자신의 창의적 활동을 통해 얻어진 1개의 결과물을 첨부하고, 그에 대해 자유롭게 기술해 주시기 바랍니다. (단, 창의적 활동을 통해 얻어진 결과물은 글, 이미지, 조형물 등 분야의 제한이 없으나 입시미술 또는 교과와 관련된 외부 수상 작품은 제출할 수 없음)	1,000자 이내
카이스트	위 문항 외에 추가적으로 작성하고 싶은 내용을 자유롭게 기술해 주시기 바랍니다. • 작성 내용 예시 – 카이스트 지원 동기 또는 이유 – 인문학적 소양을 갖추기 위한 노력이나 경험 – 지원자의 환경(가정, 학교 등)이 본인에게 미친 영향이나 역경 극복 사례 등	1,500자 이내
디지스트	디지스트에 자신을 소개하여 주십시오. • 아래의 작성 내용의 예시를 참고하여 자유 기술 – 디지스트 지원동기 혹은 향후 계획(학업, 진로, 꿈 등) – 고교 생활 중 자신에게 가장 큰 영향을 미친 체험 활동이나 경험 – 미래 과학기술 리더로서의 본인의 자질 – 자신의 도전적 호기심이나 창의적 호기심에 대한 기술 – 자신의 분야를 스스로 개척하려는 열정에 대한 기술 – 자신의 따뜻한 인성과 나눔의 리더십에 대한 기술	3,000자 이내
서울교대/ 춘천교대 진주교대/ 한국교원 (초등교육)	초등 교사에게 필요한 자질이 무엇이라고 생각하는 지 쓰고, 그 자질을 갖추기 위해 어떤 노력을 해왔는지를 구체적으로 기술해 주시기 바랍니다.	1,500자 이내
부산교대	예비 초등 교사가 되는 데 있어 자신의 성장과정과 환경이 삶에 어떠한 영향을 미쳤는지 기술하고 교직 수행에 도움이 된다고 여겨지는 다양한 재능을 실천 사례와 더불어 서술하시기 바랍니다. 반대로 보완할 약점도 함께 기술하여 주시기 바랍니다.	1,500자 이내

※ 자율 문항은 변경될 수 있으니 반드시 확정된 모집요강을 참고하시기 바랍니다.

❶ 4번 문항의 질문 목적

4번 문항은 서울대학교와 일반 대학교로 구분하여 기술합니다. 또 4번 문항은 대학교에 따라 가장 배점이 높은 중요 항목으로 취급되기도 하며, 입학사정관에 따라서는 자기소개서를 읽을 때 가장 먼저 보는 항목이기도 합니다. 이것은 학생부종합전형이 진로에 대한 구체성, 명확성을 기반으로 하는 전형이기 때문입니다.

4번 문항의 질문 목적은 다음 3가지 항목으로 정리할 수 있습니다.

(1) 서울대학교

① **전공 적합성과 지적 수준 파악:** 지원자가 선택한 책 3권을 통해 전공 적합성과 지적 수준을 추가적으로 파악하고자 합니다. 이런 이유로 '자기소개서 안의 자기소개서'라고도 불립니다.

② **독서 사실 및 발췌 능력 파악:** 선택한 책을 제대로 읽었는지 여부를 확인하고 내용의 핵심을 발췌하는 능력을 파악하고자 합니다.

③ **독서를 통해 변화한 모습 확인:** 지원자가 독서를 통해 어떤 모습으로 변화했는지 구체적으로 알고자 합니다.

(2) 일반대학교

① **진로 설계의 계획성 파악:** 지원 동기를 통해 진로 설계의 계획성을 파악하고자 합니다.

② **입학 후의 학업 역량 예측:** 구체적인 학업 계획을 통해 대학교 입학 후의 학업 역량을 예측하고자 합니다.

③ **진로 설계 역량 파악:** 진로 계획의 구체성과 명확성을 통해 지원자의 진로 설계 역량을 파악하고자 합니다.

❷ 4번 문항 작성법

4번 문항 작성법 역시 '서울대학교'와 '일반 대학교'로 구분하여 기술합니다. 기본적으로는 학교생활기록부에 기록된 역량을 기반으로 작성하는 것이 좋습니다. 다음 3가지 항목으로 정리할 수 있습니다.

(1) 서울대학교

① **독서 목록 권수:** 가능한 한 3권을 다 적는 게 좋습니다. 물론 3권 이내이므로 2권만 적을 수도 있습니다. 그러나 본인의 역량을 제대로 드러내려면 3권의 핵심 내용을 구체적으로 적는 것이 더 낫습니다. 독서 목록은 면접에서 활용됩니다.

② **목록 구성:** 3권의 구성은 전공 관련 2권, 다른 계열의 교양 1권이 좋습니다. 목록은 학교생활기록부 독서 활동 상황(9번)에 기록된 것으로 합니다. 전공 관련 2권은 기초적인 내용이 아니라 심화적인 내용을 선택하는 것이 좋습니다. 다시 말하면 전공 관련 책은 기초적이거나 기본적인 내용이 아니라 난이도가 대학교교 전공의 개론 수준이거나 그 보다 약간 낮은 수준의 응용 서적이면 됩니다. 학교생활기록부에서 2학년 또는 3학년 1학기에 읽은 책이 좋습니다. 만약 진로가 바뀌었다면 그 내용을 책으로 드러내는 것도 한 방법입니다. 다른 계열의 교양 1권은 본인의 열정과 지적인 관심, 소양지식의 축적을 보여주는 것이 좋습니다. 이렇게 계열을 넘나드는 융합, 통섭은 향후 본인의 창의성을 높이는 데에도 효과가 있습니다.

③ **내용 구성:** 책의 줄거리를 적을 필요는 없습니다. 중요한 것은 '독서 동기- 책 평가 – 영향(변화)'입니다. 굳이 따지자면 가장 중요한 것은 본인에게 준 영향(변화)입니다. 평가자는 책의 줄거리를 알고자 하는 것이 아니라 그 책을 통해 지원자에 나타난 인지적, 감정적, 새로운 실천으로의 연결 변화를 알고자 하기 때문입니다.

(2) 일반 대학교

'지원 동기', '학업 계획', '진로 계획', '성장 과정 및 노력'의 4가지 유형으로 구분하여 각각 작성한 후 내용을 조합하는 것이 바람직합니다.

① **지원 동기:** 전공 관련 교과목 수업과 성취, 주변 사람들의 권유, 전공 관련 진로 체험 등을 많이 활용합니다. 또한 학교생활기록부 독서 활동 상황에

서 본인이 읽었던 전공 관련 책의 핵심, 평가, 영향을 받아서 생긴 변화 등을 삽입하는 것도 한 방법입니다. 지원 동기는 전공에 대한 열정과 관심이 드러나도록 반드시 구체적으로 작성해야 합니다. 해당 대학의 홈페이지를 통해 인재상 등의 정보를 활용하는 것도 한 방법입니다.

② **학업 계획:** 학업 계획은 지원하는 해당 대학교와 학과 홈페이지에서 관심 분야 커리큘럼, 관심 분야 전공 교수 검색(강의과목, 책, 논문 등), 학과의 차별화된 프로그램, 동아리 등을 참고하여 본인 진로와 연결하여 구체적으로 기술합니다. 주의할 점은 단순히 토익, 토플 등의 영어 공부를 하겠다는 기술은 하지 말아야 한다는 것입니다. 학업 계획은 이어지는 진로 계획과 밀접하게 연계되어 일관성을 유지하는 것이 바람직합니다.

③ **진로 계획:** 진로 계획은 학과 홈페이지에서 소개하는 향후 진로를 참고하여 작성하는 것이 편리합니다. 그 외에 자격증, 직업, 취업할 곳, 연구소, 대학원 등을 구체적으로 검색하여 작성하는 것도 도움이 됩니다. 전공 관련 고교 선배들을 활용하는 것도 한 방법입니다. 다만 단순히 대학원에 진학하겠다는 기술은 피하는 것이 좋습니다.

④ **성장 과정 및 노력:** 지원자의 성장 과정이 해당 대학과 전공을 지원하는 데에 어떠한 영향을 미쳤는지 그리고 어려움(역경)이 있었다면 그 어려움을 어떻게 극복했는지를 파악할 수 있는 항목입니다. 이 항목에서는 성장 과정에서의 하나의 사건 또는 경험을 하나의 스토리로 풀어서 전개해나가는 것이 바람직합니다.

❸ 4번 문항 작성 시 유의사항

4번 문항 작성 시 유의점은 다음 5가지로 정리할 수 있습니다.

① 2번 문항 전공 적합성 활동과의 중복

2번 문항의 전공 적합성 활동 내용과 일부 중복될 수 있으나 실제적으로 지원한 전공 분야와 관련된 내용을 중심으로 구체적인 활동과 결과, 변화 내용을 지원동기와 학업계획 등에 기술할 수 있습니다. 이때 '프랙탈(fractal)'을 극대화하는 효과를 노리는 것이 좋습니다. 참고로 '프랙탈(fractal)'은 작은 구조가 전체 구조와 비슷한 형태로 끝없이 되풀이되는 구조를 의미하는데, 평가자에게 강조하고 싶은 핵심 사항을 반복적으로 제시하여 은연중에 긍정적인 이미지를 심는 기술을 말합니다. 드라마의 간접 광고나 라디오, 텔레비전 방송의 스폿(SPOT) 광고와 같은 맥락입니다.

② 학업 계획의 구체적 이유

학업 계획을 보면 많은 학생들이 "대학교에 입학해서 전공과 토익, 토플, IBT를 ○○점 획득하는 것을 목표로 공부하고 대학원에 진학하겠다."라고 기술하는 경우가 여전히 많습니다. 그런데 왜 영어 점수가 필요하고, 왜 그 점수를 목표로 하는지는 나와 있지 않습니다. 또 대학원에 진학하는 이유도 명확하지 않습니다. 이러한 이유를 구체적으로 기입하는 것이 필요합니다.

③ 진로 계획의 구체적 이유

진로 계획에서도 전공분야의 공부를 마치고 졸업하여 취업하거나 대학원에 진학하겠다는 식의 일반적인 내용이 아직도 많습니다. 그러나 예를 들어, 물리학을 전공하여 연구원으로서의 기여를 꿈꾼다면 물리학 분야 중 어떤 분야에 관심이 많고, 왜 관심이 많으며, 그 이유는 무엇이고, 향후 어떻게 우리나라에 기여하고 싶다는 것을 구체적으로 기입하는 것이 바람직합니다.

④ 진로 변경 사유

만약 중간에 진로가 변경되었다면 4번 문항에서 사유를 기술하는 것이 좋습니다. 예컨대, 기계 공학자에서 건설공학자로 진로가 변경되었다면 어떤 계기로 바뀌었으며 그 후에 어떤 노력을 했는지를 언급해야 합니다. 면접에서 이 내용을 가지고 질문할 가능성이 높기 때문입니다.

⑤ 고교–대학교 연계 프로그램 참여

지원 대학교의 '고교–대학교 연계 프로그램'에 참여한 내용을 진로 동기 항목으로 기재하면 좋습니다. 해당 대학교에 진학하고 싶은 적극성과 열정을 인정받을 수 있기 때문에 정성적인 면에서 가점 사항으로 평가받을 수 있습니다. 해당 사항으로는 미래 대학교, 면접 캠프, 자기소개서 컨설팅, 전공(학과) 체험, 자유학기제 체험, 캠퍼스 투어, 동아리 멘토링 등이 있습니다. 단 지원하는 대학교가 아니라면 적지 않거나 대학교 명칭 대신 ○○지역 대학교라고 바꿔 적는 게 좋습니다.

♣ 4번 문항(진로 역량) 기록지(MPRA) ♣

진로 및 학습계획	
M: 동기(motive)	진로 결정을 하게 된 동기(이유)는 무엇인가?
P: 과정(process)	진로/학습 계획 설계를 위해 어떤 노력을 했는가?
	진로/학습 계획을 설계하면서 어려웠던 점은 무엇인가?
R: 결과(result)	진로/학습 계획 설계를 통해 무엇을 새롭게 알게 되었는가?
	진로/학습 계획 설계를 통해 무엇을 새롭게 느꼈는가?
A: 실행(action)	새롭게 배우고, 느낀 점을 바탕으로 어떤 후속 활동(실천, 변화)을 했는가?

【진로 설계를 위한 만다라트 계획표 활용하기】

오타니 쇼헤이[1]가 하나마키히가시 고교 1학년 때 세운 목표 달성표

몸 관리	영양제 먹기	FSQ 90kg	인스텝 개선	몸통 강화	축 흔들리지 않기	각도를 만든다	공을 위에서 던진다	손목 강화
유연성	몸 만들기	FSQ 130kg	릴리즈 포인트 안정	제구	불안정함 없애기	힘 모으기	구위	하체 주도로
스테미너	가동역	식사 저녁 7수저(가득) 아침 3수저	하체 강화	몸 열지 않기	멘털 컨트롤 하기	볼 앞에서 릴리즈	회전 수업	가동역
뚜렷한 목표, 목적을 가진다	일희일비 하지 않기	머리는 차갑게 심장을 뜨겁게	몸 만들기	제구	구위	축 돌리기	하체 강화	체중 증가
핀치에 강하게	멘털	분위기에 휩쓸리지 않기	멘털	8구단 드래프트 1순위	스피드 160km/h	몸통 강화	스피드 160km/h	어깨 주위 강화
마음의 파도를 만들지 말기	승리에 대한 집념	동료를 배려하는 마음	인간성	운	변화구	가동역	라이너 캐치볼	피칭 늘리기
감성	사랑받는 사람	계획성	인사하기	쓰레기 줍기	부실 청소	카운트볼 늘리기	포크볼 완성	슬라이더의 구위
배려	인간성	감사	물건을 소중히 쓰기	운	심판을 대하는 태도	높게 낙차가 있는 커브	변화구	좌타자 결정구
예의	신뢰받는 사람	지속력	플러스 사고	응원받는 사람이 되자	책 읽기	직구와 같은 폼으로 던지기	스트라이크에서 볼을 던지는 제구	거리를 이미지한다

※ FSQ, RSQ는 근육 트레이닝용 머신 (출처) 스포츠닛폰

계획 1			계획 2			계획 3	
			계획 1	계획 2	계획 3		
계획 4			계획 4	핵심 목표	계획 5	계획 5	
			계획 6	계획 7	계획 8		
계획 6			계획 7			계획 8	

만다라트는 가로, 세로 9칸씩 모두 81칸의 사각형을 그리며 시작합니다.
맨 가운데에 최종 목표를 적고 그걸 둘러싼 8칸에 실천 계획을 키워드 중심으로 씁니다.

1) 일본 출신 미국 메이저리그 LA 에인절스 소속 야구선수로 투수와 타자를 동시에 하는 실력파 선수

〈만다라트 작성법 실제〉

2등급 이상 받기	도구 과목 1등급	교실 맨 앞에 앉기	매일 1시간 영어 공부	매일 영어로 생각 하기	어학 연수 계획 세우기	직능원 홈피	(대학)학과 홈피	선배 도움 받기
꾸준히 노력	학교 공부	규칙적 수면	유튜브 활용 하기	영어 공부	매일 단어 10개	경제 신문 읽기	진로 탐색	진진 선생님 상담 하기
과제 미리 하기	수업후 복습 1시간	오답 노트 작성	일주일 1회 미드 시청	외국인 친구 만들기	영어로일기 쓰기	부모님 친구	유니버 활용	커리어넷, 워크넷
인사 하기	역지 사지	긍정 마인드	학교 공부	영어 공부	진로 탐색	여행 잡지	교양책 읽기	게임 적당히
물건 소중히	운	항상 준비	운	연구원	취미	영화 보기	취미	음악 듣기
자신 사랑	항상 웃음	남 돕기	멘탈	외모 관리	인간 관계	일기 작성	동아리 활동	맛집 탐방
뚜렷한 목표 의식	냉정함 유지	일희 일비 않기	교복 단정	머리 깔끔	피부 관리	가족 사랑	친구 사랑	양심
포커 페이스 연습	멘탈	행복한 기억 회상	식후 산책	외모 관리	자세 바르게	언행 부드 럽게	인간 관계	자주 연락
유산소 운동	목표 의식 점검	듣는 걸 많이	저녁은 적게	뱃살 조심	보습 철저	베프 챙기기	손해 보기	한번씩 쏘기

※ 본인에 맞게 작성하고 실천해 보면 많은 도움이 됩니다.

자기소개서 4번 작성 사례 분석

■ 전공에 대한 관심을 형식적으로 표현한 사례

〈로봇공학과 지원〉

　초등학교 때 로봇대회에 참가한 경험이 있는데 이를 계기로 로봇 설계와 제작에 관심을 갖게 되었습니다. 고등학교 1학년 때 실시한 문/이과 성향 검사, 직업 흥미 검사를 통해 기계와 로봇 관련 학과가 저의 적성과 흥미에 맞는 진로임을 알았습니다. 학과 진로 시간에는 커리어 넷의 진로 프로그램을 통해 로봇 공학자에 대한 정보를 얻었고, 귀대학교 홈페이지를 통해 로봇공학과를 알게 되었으며, 이 학과에서 체계적인 학습과 연구를 통해 저의 꿈을 펼쳐야겠다고 다짐했습니다. (출처: 대학자료집)

코칭 ▶ 구체적으로 어떠한 분야를 연구하는 로봇공학자가 되고 싶은지 명확하게 보여주지 않고 있으며 기술된 내용이 초등학교 활동으로 현재는 확인이 어렵습니다. 지원 전공에 대해 형식적 탐색이 아닌, 본인만의 구체적인 탐색의 과정이 드러났다면 긍정적 평가를 받았을 것입니다.

■직업계획을 단순하게 기술한 사례

〈회계학과 지원〉

　저는 수학 교과 내신이 계속 1등급일 정도로 수학을 좋아하고 잘합니다. 또한 오래 앉아서 공부할 수 있는 인내와 끈기를 가지고 있습니다. 회계학과에 진학하여 기초 수학과 경제학을 두루 섭렵하여 기본기부터 차근차근 다진 후 공인회계사 시험을 통해 빛나는 회계사가 되고 싶습니다. 회계사가 된 뒤에는 시스템이 잘 구축되어 있는 큰 회계법인에 입사하여 3년 정도 겸손하게 일을 배울 것이고 이후에는 마음이 맞는 동료들과 함께 개인적으로 법인 사무실을 내고 일하고 싶습니다. (출처: 대학자료집)

코칭 ▶ 진로 계획은 단순히 직업 계획을 순서대로 작성하는 것이 아닙니다. 진로는 본인이 관심을 두고 있는 분야에 대해 진지하게 고민하고 구체적으로 생각을 넓혀 가는 과정에서 드러나야 합니다. 수학을 잘한다고 모두 회계사가 될 수는 없습니다. 그러므로 회계사가 왜 되고 싶은지, 회계사가 되어서 사회에 어떤 공헌을 하고 싶은지가 들어가는 것이 더 바람직한 작성 방법입니다.

〈사례1 토목환경공학과 지원자〉

<u>저는</u> 건설 환경에 대한 관심은 누구보다도 크다고 생각합니다. 제가 사는 경주는 한국수력원자력과 한국원자력환경공단 같은 규모가 크면서 한편으론 위험한 건축시설들이 많이 있어서 이런 건물들에 대해서 자연스레 호기심이 생겼습니다. 또한, 경주는 비가 올 때마다 도시를 가로지르는 형산강 근처 산업도로가 자주 통제되어 많은 불편을 겪고 있습니다. 이런 모습을 보면서 왜 이렇게 불편을 주게 건설을 하게 되었을까 호기심이 생기면서 도시 문제를 해결하는 데 무엇이 좋을지 생각하게 되었고 이러한 관심과 고민이 건설 환경 분야에 관심을 가지는 계기가 되었습니다. 건설관리 분야는 건설프로젝트를 효율적으로 수행하기 위해 제반 기술, 방법, 관리체계를 연구하는 학문입니다. 현재 건설 기술은 다양화, 첨단화, 세계화, 되어가는 환경 변화에 부응하여 건설 산업의 3대 기능인 설계, 시공, 유지관리에 대한 학문적 기초를 관련 서적과 전문 교수님 강의를 통해 실력을 쌓을 것입니다. 최근 건설은 대형화 고층화해가는 추세이므로 건설에서 가장 중요한 측량학과 건설공학의 전공기초 과목인 도면 작성과 파악 및 이해에 관한 기초지식이 함양된 토목제도 및 CAD에 대해서 현장에서 도움이 되도록 깊이 있는 공부를 할 것입니다. 이러한 건설 기술의 바탕이 되기 위해선 도시화와 환경 문제를 간과할 수 없으므로 건설할 때 환경오염을 방지하는 하천환경 생태학 분야에 대해서도 섬세히 공부할 것입니다. 또한, 입학하면 ○○대학교 1학년 때 Global Village 강좌를 꾸준히 수강하여 기본적인 지식을 충분히 쌓을 것입니다. <u>3학년부터는 본격적으로</u> 전공분야를 원서로 공부해야 하므로 해외교환 학생 프로그램으로 미국 연수를 가기 위해 <u>입학하기 전부터 TOEFL IBT 90점 이상을 달성하기 위해 꾸준히 공부하여</u> 2학년을 마치고 연수를

〈수정 사항〉

'저는' 삭제 (불필요)

확실하지 않은 경우 학년을 명기할 필요 없음.

토플과 IBT의 성격이 다르므로 점수를 별개로 기입할 것. 90점 이상을 받으려고 하는 구체적 이유도 추가할 것.

갈 것입니다.

　꿈이 높다 생각할 수도 있습니다. 하지만 꿈을 꾸지 않는 자는 실패할 권리도 없다고 봅니다. 비록 실패합니다 해도 두려워하지 않고 정직하게 앞으로 나아 갈 것입니다.

장황한 미사여구 삭제(불필요함)

자기소개서 4번 문항 솔루션 핵심 Point

❶ 4번 문항은 '발전 가능성' 영역에 대한 평가이다.

❷ '학교, 학과에 대한 관심'을 구체화된 내용으로 제시하라.

❸ 본인만의 '차별화된 진로 계획'을 기술하라.

❹ (서울대) 독서는 계기, 평가, 영향 중 '영향'이 가장 중요하다.

❺ 지원 동기에 '타당성(근거)'을 부여하라.

자기소개서 수정 사례

수정 전

> 부모님은 힘들고 어려운 생활 속에서도 저희 남매의 학교생활을 부족함 없이 학업에 열중할 수 있도록 <u>뒷바라지 하시고 안정된 가정을 꾸리기 위해 노력하시는 성실하시고 당신들의 의견보다는 자식들의 생각을 더 중요시</u> 하여 생각하십니다.

🔊**코칭▶** 문장이 너무 길어졌습니다. 또한 연결 어미를 잘못 사용하여 전반적으로 어색한 문장이 되었습니다.

수정 후

> 부모님은 힘들고 어려운 생활 속에서도 저희 남매의 학교생활을 부족함 없이 학업에 열중할 수 있도록 뒷바라지 해 주셨습니다. 부모님께서는 항상 당신들의 의견보다는 자식들의 생각을 더 중요하게 생각하셨습니다.

🔊**코칭▶** 문장은 단순한 게 가독성을 높입니다. 따라서 간단하게 줄이는 게 필요합니다. 한 문장의 길이는 2줄이 한계라고 생각하십시오. 만약 한 문장이 3줄 이상이 되면 잘못 쓴 거라고 생각하고 줄여야 됩니다.

자기소개서의 마무리 및 퇴고

❶ 자기소개서 마무리 및 퇴고 방법 3가지

① 완성된 초안 재검토

완성된 초안을 다시 한 번 꼼꼼히 재검토해야 합니다. 주목해서 볼 사항은 맞춤법과 띄어쓰기, 높임말, 불필요한 사족, 표준어 사용 여부, 오탈자 교정 등입니다. 맞춤법과 띄어쓰기 오류는 한글 프로그램에서 빨간색 밑줄이 그어지니 그 부분을 참고합니다.

[자기소개서에서 자주 틀리는 맞춤법]

되 VS 돼	되:'되다'에서 '다'를 제외한 것 예) 되고 VS 돼고 ⇨ (되고 ○)	돼: '되어'의 준말 예) 인턴사원이 됐다.(○) 　　되서 vs 돼서 (돼서 ○)
든지 VS 던지	든지: 이것과 저것을 선택할 때 예) 포기하든지 계속하든지 결정 　　하라는…	던지: 지난 일을 떠올릴 때 예) 얼마나 덥던지…
맞겨 VS 맡겨	맞겨: '맞다' 그렇다, 옳다, 사람이나 물건을 예의로 받아들이다. 등 예) 반갑게 맞아 주었다.(○) 　　두 번째가 맞았다.	맡겨: '맡기다'의 준말 예) 물건을 맡기다. 맡겼다. (○) 　　맡겨 주세요.(○)

몇 일 VS 며칠	몇 일: 없는 말 예 몇 일 동안 그 작업에 매달려…(×)	며칠: 맞는 말 예 며칠 동안 그 작업에 매달려…(○)
의례 VS 으레	의례: '의식'과 같은 말 예 국민의례	으레: '당연히'라는 뜻의 부사 예 방학이면 으레 봉사활동을 했다.
역활 VS 역할	역활: 없는 말 예 역활을 하다.(×)	역할: 역을 나누어 맞는다. 예 리더의 역할을 했다.(○)
안 VS 않	안: '아니'의 준말 예 해외로 어학 연수를 안 갔다.	않: '않다', '아니하다'의 준말 예 해외로 어학 연수를 가지 않기로 했다.
읍니다 VS 습니다	–읍니다: 없는 말 예 팀 과제의 발표를 주로 했읍니다. (×)	–습니다: 계속되는 동작, 상태를 나타내는 종결 어미 예 팀 과제의 발표를 주로 했습니다. (○)

아울러 가독성을 높이는 작업도 필요합니다. 예를 들어 전교 회장, 부회장 등을 지내면서 '교내의 학교 폭력을 줄이겠다.'는 공약을 내걸었다면 '교내폭력이 전에는 ○○%였는데, 자신이 당선되어 활동한 뒤 ○%로 감소했다.'는 식으로 실제적이고 양적인 수치를 제시하여 가독성을 높입니다.

② 피드백(코치) 받기

본인의 1차 검토가 끝났으면 선생님이나 선배님, 부모님 등에게 피드백(코치)을 부탁합니다. 선생님은 학교 국어 선생님이나 담임 선생님, 진학 경력이 많은 선생님 위주로 피드백을 받습니다. 주의할 것은 자기소개서 내용이 절대로 타인(같은 학교 친구나 다른 학교 친구, 종교 친구, 학원 친구 등)에게 공개되지 않도록 주의해야 합니다. 자신도 모르게 표절 피해를 볼 수 있기 때문입니다. 따라서 피드백을 받는 사람은 2명 이내가 좋습니다. 너무 많으면 논점의 방향이 흔들릴 수 있습니다.

선생님의 직접 첨삭은 선생님의 독특한 문체가 드러나 대교협과 대학교 자체 기준에 의한 '유사도 검사'에 걸릴 수도 있습니다. 여러 학생을 첨삭해주다 보면 문체가 비슷하여 걸릴 수 있기 때문입니다. 따라서 본인이 수정할 부분에 대한 내용만 선생님의 조언을 받으십시오. 일부 대학교에서는 이러한 유사도 검사에 걸릴 경우 해당 학교와 교사, 학생에게 불이익을 줄 가능성도 있으니 주의해야 합니다.

참고로 유사도 검사는 주민등록번호를 기준으로 검색합니다. 따라서 본인은 여러 대학을 쓰거나 재수생 이상인 경우, 과거 작성했던 본인의 내용을 써도 검색 대상이 아니므로 걸리지 않습니다.

③ 수정 전후 비교표 만들기

끝으로 피드백을 통해 수정하거나 첨가할 사항에 대해 비교표를 만들어 수정 전후를 비교해 보고 추가 작성과 피드백 및 재검토를 반복합니다. 그래야 자기소개서를 작성하는 실력과 역량을 향상시킬 수 있습니다. 자기소개서는 대학교에 입학할 때만 쓰는 것이 아니라 대학교 재학 중 공모 대회나 인턴 지원 시에도 필요합니다. 또 졸업 후 입사지원 시에도 자기소개서는 필수사항이므로 자기소개서 작성 역량을 지속적으로 신장시키는 것은 매우 중요한 일입니다.

❷ 자기소개서 작성 시 마지막으로 유의할 점 15가지

① 표절은 절대 금지

표절은 절대 금물입니다. 자기소개서는 대교협에서 3년여의 자료를 데이터베이스로 만들어 보관하기 있기 때문에 학교 선배의 것을 쓰는 것도 걸립니다.

표절 판정 기준은 대교협의 유사도 판정 기준과 해당 대학교의 자체 기준에 따릅니다. 다음 유사도 검색 시스템 흐름도를 참고하면 도움이 될 것입니다.

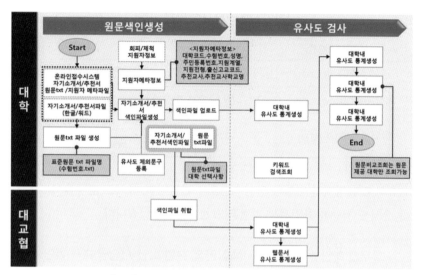

[그림] 유사도 검색 시스템 흐름도 (출처 : 대교협)

유사도 검사 결과(자기소개서)

출력일시 : 2015-09-23 19:51:56

학년도	전형시기	구분
2016	수시(1차)	자기소개서

◆ 검사문정보

지원대학	수험번호	모집전형	이름	출신고교	최대유사도
					7.59%

◆ 비교문정보

학년도	지원대학	수험번호	모집전형	이름	출신고교	유사도
2015						7.59%

◆ 원문내용

[검사문]	[비교문]
모의고사 성적과 비교하면 내신 성적이 만족스럽게 나오지 않던 저는 공부 방법에 관해 선생님과 상담하게 되었습니다.저의 학습법과 노트 정리를 찬찬히 살펴보신 선생님께서 지적하신 부분은 꼼꼼함이었습니다.개념의 전체적인 이해나 문제의 방법은 잘 알고 있으면서도 중요한 조건들을 간과하여 결과적으로 한 문제를 틀리는 경우가 많았기 때문입니다.<br style="mso-data-placement:same-cell;"> 노트 왼쪽에 주제를 쓰고 오른쪽에 주제에 관한 사항을 다섯 가지 이상 책을 보지 않고 기술하는 연습을 꾸준히 했습니다.처음에는 답답하고 힘들었지만, 이 방법을 통해 내가 간과하고 놓친 것이 무엇인지 확인할 수 있었고 그 부분을 정리하고 다시 반복해 확인하니 시험에서 실수를 줄여 성적 향상으로 이어졌습니다.<br style="mso-data-placement	가장 예민한 시기라서 그런지 실제 만나서 하는 말과 뒤에서 하는 말이 다를 때가 많았고 편 가르거나 친구 사이를 가로는 이간질까지도 두려워하지 않는 급우들이 발견 되었습니다.한 친구의 말만 듣고 그 편이 되어 다른 친구를 일방적으로 왕따 시키는 경우가 많았는데 그럴 때마다 화해를 시키며 중립을 유지하려 노력 했지만 오히려 저에게 화근이 되어 양쪽판 모두 저를 오해 하는 피치 못할 상황이 벌어지기도 했습니다.저는 오히려 그 러서지 않고 적극적으로 문제를 해결해야 하겠다고 생각 했습니다.함께 모여 이야기 하면 전체의 감정에 동요 될 수 있으니 다 한명씩 만나 대화하는 방법을 썼습니다.받아 먹음은 한 반메

[그림] 자기소개서 유사도 판정 기준 (출처 : 대교협)

[자기소개서 유사도 판정 기준]

유사도 판정 수준	표절 비율	비고
위험 수준(Red zone)	30% 이상	표절 가능성 수준 높음
의심 수준(Yellow zone)	5% 이상 ~ 30% 미만	표절 우려 수준
유의 수준(Blue zone)	5% 미만	표절 가능성 낮음 / 통상적 글 작성 수준

유사도 판정에서 위험과 의심수준으로 판명되면, 유사도 검증을 실시합니다. 유사도 검증을 확인하는 방법은 크게 5가지가 있습니다.

> • 유무선 확인 / 현장 실사 / 심층 면접, 본인 확인 / (담임)교사 확인 등

유사도를 확인하는 가장 흔한 방법은 유무선(전화)으로 확인하는 것입니다. 즉, 본인과 담임교사에게 전화를 걸어 우선 확인을 합니다. 전화로 확인이 어려운 경우는 대학에 따라 현장을 직접 방문해서 심층면접을 통해 자초지종을 확인합니다. 그 후 입학전형위원회를 소집하여 심의, 의결합니다.

[대학별 유사도 검색 결과(예시)]

대학	유사도율	표절 내용
A	88.0	인터넷 등 공개된 자료 표절, 불합격 처리
B	48.8	동일 고교 이전 학년도 지원자 자기소개서 표절, 불합격 처리
C	26.4	동일 학원 첨삭 지도에 의한 표절 판정, 서류 평가 제외
D	25.4	교사가 준 샘플 자기소개러를 그대로 다른 학생이 표절
E	4.48	• A의 자기 소개서 내용 중 타 대학에 지원한 동일 지역 타 고교 재학생(B, C)의 원문과 10여 개의 문장 일치 • 구체적인 문장상의 표현, 단어 선택의 일치를 비롯, 몇 개의 어절 추가를 제외하고 나머지 내용이 모두 일치 • 학원 선생님의 이메일, 조언 등을 참고 하였고, 그 과정에서 다른 친구들도 그 부분을 참고하여 유사도가 나온 사실을 소명

[표절 수준에 따른 처리 기준(예시)]

표절 수준	정 의	처리 기준
A	유사도 판정 수준에 따른 위험 수준(Red zone) 해당자 중 다음의 경우에 해당되는 자 • 표절의 의도성이 뚜렷하여 표절의 질이 매우 불량하다고 판단되는 경우 • 구체적이고 개인적인 내용을 표절한 경우로 개인적인 경험의 내용 및 사실이 연속적으로 다수 발견됨.	서류 평가 만점 점수에서 10% 감점
B	유사도 판정 수준에 따른 의심 수준(Yellow zone) 해당자 중 다음의 경우에 해당되는 자 • 표절의 의도성이 뚜렷하여 표절의 질이 다소 불량하다고 판단되는 경우 • 구체적이고 개인적인 내용을 표절한 경우로 개인적인 경험 내용 및 사실이 일부 발견됨.	서류 평가 만점 점수에서 5% 감점
C	유사도 판정 수준에 따른 유의 수준(Blue zone) 해당자 중 다음의 경우에 해당되는 자 • 표절의 의도성이 뚜렷이 나타나지 않으며 표절 정도가 미약하다고 판단되는 경우 • 표절한 내용이 일반적인 경우로서 다른 추천서의 내용 및 형식을 참조하여 본인의 내용으로 변형한 경우	서류 평가 만점 점수에서 2% 감점
표절 아님	표절로 보기 어려운 경우(표절 내용이 매우 미약한 경우 또는 글의 내용보다는 형식을 차용한 경우 등)	감점(하향) 없음

*처리 방법: 평가자들이 표절 수준을 각각 체크한 후 평가위원회 또는 입학전형위원회에서 최종 결정하고, 처리 기준에 의해 처리합니다.

② 어려운 용어 사용은 자제

어려운 용어 사용은 자제해야 합니다. 학생 수준에 맞지 않을 수 있기 때문입니다. 꼭 용어를 써야 한다면 반드시 용어의 정의(의미)를 밝혀야 합니다.

평가자, 특히 입학사정관은 세부 전공 분야의 전문가가 아닐 가능성이 높습니다. 따라서 일반적이지 않고 상식적으로 이해하기 어려운 용어는 반드시 정의를 기술해야 합니다. 용어의 정의가 없으면 오히려 대필 의혹을 받을 수 있습니다. 예컨대 외국의 고등학교, 북모닝, 화이트학습법, 모호한 동아리 이름(피메일 동아리 등), 설명할 수 없는 과학 이론, 어려운 책이름 등이 여기에 해당됩니다. 고교 수준(교과서에 나오는)의 일반적인 용어를 쓰거나 학교생활기록부에 기록되어 있는 용어를 그대로 쓰는 것이 제일 좋습니다.

③ 표준어 사용을 생활화

반드시 표준어를 사용해야 합니다. 습관적으로 사용하는 말(보통은 축약된 줄임말 또는 비속어)이 그대로 자기소개서에 기록되는 경우가 의외로 많습니다. '인강'(인터넷 강의), '야자'(야간자율학습), '담임 샘'(담임 선생님), '동방'(동아리방) 등입니다.

④ 부정이 아닌 긍정적 표현 위주로 작성

가능한 한 긍정적인 단어 위주로 문장을 구성하는 것이 좋습니다. 부정적인 단어를 꼭 기술해야 한다면 부정적인 단어를 직접적으로 기술하는 것보다는 간접적으로 기술하기 바랍니다. 예컨대 "물리를 나름 열심히 공부해봤는데 성적이 안 나와서 포기했다.", "자율동아리를 친구들과 구성하여 활동하려 했는데 뜻대로 안 되서 친구들을 원망하고 실망하여 좌절했다."는 식의 기술보다는 "어려운 상황에 처했지만 자신이 할 수 있는 또 다른 방향으로 노력을 기울여 새로운 길을 찾았다."는 식의 기술이 좋습니다.

⑤ 대필은 절대 금지

절대로 대필하면 안 됩니다. 특히 2번 문항에서 대필하는 경우가 많습니다. 전공 관련 심화 활동을 했다는 것을 강조하고 자신만의 차별화를 부각시키기 위해 대필의 유혹을 이기지 못하는 경우가 종종 있습니다. 대필은 바로 표시가 납니다. 글에 쓰인 용어나 문장 구성은 결국 필자의 지식 수준과 성격을 반영하기 때문입니다. 어떤 경우이든 대필은 들통이 납니다. 운 좋게 평가자 한 명을 통과하더라도 나머지 한 명 또는 두 명은 반드시 의심을 하게 됩니다. 그리고 1명이라도 평가자의 의심을 받으면 입학평가전형위원회에 상정되어 다수의 평가자와 관리자의 검토를 받아야 하고, 결국은 좋지 않은 평가 결과가 나올 수밖에 없습니다.

학원 입시 컨설팅에서 절대로 들키지 않는다고 하는 말을 오히려 절대로 믿으면 안 됩니다. 컨설팅 관계자는 수험생의 인생을 절대로 책임지지 않습니다.

⑥ 늘여 쓰기 자제 및 습관 고치기

의식적이든 무의식적이든 문장을 습관적으로 늘여 쓰는 것을 자제하시기 바랍니다. 왜냐하면 글자 수만 잡아먹고 평가할 때 가독성도 많이 떨어지기 때문입니다. 늘여 쓰는 사족의 형태는 두 가지로 나타납니다.

첫째, 모호한 사족을 많이 달아 글자 수가 늘어납니다. 예를 들어 "앞으로 나아갈 것입니다. 전진할 것입니다. 포기하지 않을 것입니다. 비록 많이 힘들고 어려웠지만, 책임감과 성실함을 갖고 나아가겠다."는 식입니다.

둘째, 어미를 늘이는 경향이 많습니다. '이루어지는, 알게 해주었다, 보게 하는, 되게 하는, 있을 수 있는, 있게 하는 깨질 수 있었다, 더욱 더, 꾸려 나갔다, 하게 되었습니다. 만들어주었다. 늘 그 자리에서 멈추지 않고, 3학년으로 진학하게 되면서, 홍보할 기회를 가졌다, 써보기도 했다, 구해내지 못했다' 등의 문구가 이에 해당합니다.

⑦ 상투적인 내용은 작성을 자제

상투적인 속담이나 격언은 기술하지 않는 것이 좋습니다. 주로 문장을 시작할 때 많이 쓰는데 가능한 한 사용하지 말 것을 권합니다. 예를 들면 "교육의 질은 교사의 질을 뛰어넘지 못합니다."거나 "친구 따라 강남 간다.", "인간은 생각하는 갈대다." 등입니다.

⑧ 한자나 영어 사용은 자제

한자나 영어도 가능한 한 사용하지 않는 게 좋습니다. 위에서 언급한 어려운 용어를 자제하라는 것과 맥락이 같습니다. 영어와 한자 단어는 사용 어휘에 따라 이해하기 어려운 것이 있습니다. 또 영어는 스펠링이 틀릴 수 있고, 한자는 같은 음의 다른 한자로 잘못 변환되어 다른 단어로 기록될 수 있습니다. 따라서 우리말 위주로 기입하고 한자와 영어가 꼭 필요하다면 우리말 옆에 괄호를 치고 그 괄호 안에 한자와 영어를 기술하기 바랍니다. 그리고 반드시 퇴고 단계에서 한자와 영어 스펠링, 약어 등을 확인해야 합니다.

⑨ 동기, 목표, 과정, 결과, 변화 순으로 기술

일부 대학교는 문항 별로 동기와 목표, 과정(사실의 인과관계), 결과를 필수적으로 기술할 것을 요구하기도 합니다. 이 경우 한 개의 요소라도 누락하면 감점사항이 됩니다. 따라서 문항별로 '동기 – 목표 – 과정 – 결과 – 변화'를 기록하는 것을 습관화할 필요가 있습니다.

⑩ 학교생활기록부와의 일치 여부 반드시 확인

일부 대학교는 자기소개서와 학교생활기록부의 내용이 일치하지 않을 경우 감점을 하는 곳도 있습니다. 따라서 자기소개서는 반드시 학교생활기록부에 있는 내용을 기반으로 작성하는 것이 기본입니다. 또 과도한 활동이나 학교생활기록부에 기록되지 않은 교외 활동, 수상 등은 평가 시 의문이 들 경우 실제 조사를 실시할 수 있다는 점도 알아두어야 합니다.

⑪ 문항별 소제목 달기

문항별로 소제목이 있는 것을 선호하는 대학교(단국대)도 있습니다. 특히 2번 문항이 그렇습니다. 따라서 소제목을 다는 것도 자기소개서 작성 역량을 키운다는 관점에서 필요할 것으로 보인다. 소제목은 평가자들의 가독성을 높이는 데 많은 효과가 있습니다.

⑫ 형용사 또는 부사, 접속사의 과잉 사용은 피할 것

형용사나 부사의 과잉 사용은 가급적 피하기 바랍니다. '엄청난, 굉장히, 너무나도, 매우, 훌륭한, 우수한, 비약적인, 진솔한' 등의 형용사나 부사를 자주 쓰면 문항의 핵심이 흐트러지고 신뢰성과 가독성에 문제가 생깁니다. 구체적으로 쓰라는 것은 내용을 자세히 쓰라는 말이지 형용사나 부사를 남발하라는 뜻이 아닙니다.

접속사(예 그러나, 그런데, 그리고, 그럼에도 불구하고, 하지만, 그러므로 등)도 가능한 과잉 사용을 자제하는 것이 좋습니다. 문단이 바뀔 때마다 습관적으로 접속사를 사용하는 학생이 의외로 많습니다. 접속사가 너무 많으면 이러한 접속사로 인해 역시 가독성이 떨어집니다. 또한 접속사를 많이 사용하면 글자 수도 많이 잡아먹는 단점도 있습니다. 접속사는 문장이나 문단 간의 관계를 부드럽게 이어주는 것이지 핵심 내용이 아니기 때문입니다.

⑬ 존댓말 사용은 필수 아닌 선택

자기소개서에서는 굳이 존댓말로 기술할 필요는 없습니다. 예컨대 '했습니다, 합니다' 대신 '한다, 했다'라는 식의 반말로 썼다고 해서 예의가 없다고 생각하거나 평가에 나쁜 영향을 주지는 않습니다. 왜냐하면 존댓말은 평가의 주된 요소가 아니기 때문입니다. 평가의 주된 요소는 어디까지나 구체적인 내용과 결과, 변화입니다.

⑭ 지원 대학(전공)이 아닌 다른 대학(전공) 이름 작성 여부 반드시 확인

자기소개서를 작성할 때 보통 수시로 6회를 지원하기 때문에 1개 대학의 자기소개서를 작성 한 후에 나머지 5개 대학은 복사해서 붙이는 경우가 많습니다. 이럴 때 깜빡하고 지원하는 대학이 아닌 다른 대학의 이름이 적힌 채로 접수가 완료되는 경우가 있습니다. 이럴 경우 대학에 따라서는 불이익(일부 평가 항목에서 감점)을 줄 수 있습니다. 또한 입학사정관은 이러한 꼼꼼하지 못한 점을 바탕으로 정성평가이기 때문에 전체적인 서류 평가에 좋지 못한 인상을 줄 수 있으니 주의하시기 바랍니다.

전공도 마찬가지입니다. 학교에 따라 비슷하지만 이름이 다른 전공이 참 많습니다. 예컨대, 중어중문학과가 아니라 동아시아문화학과일 수 있습니다. 기계공학과가 아니라 메카트로닉공학과일 수 있습니다. 따라서 반드시 본인이 지원하는 전공이 맞는지도 면밀히 검토하여 이와 같은 실수를 하지 않도록 해야 합니다. 실수는 작지만 그 여파는 불합격으로 다가올 수 있음을 반드시 명심해야 합니다.

⑮ 제출 이후 수정 불가

일반적으로 자기소개서는 원서접수 마감 이후 1~2일 정도 수정할 시간을 주고 있습니다. 하지만 이 시간을 잊어버리거나 수정이 미처 부족하다하더라도 수정 마감 시간이 끝나면 더 이상 수정이 되지 않습니다. 간혹 수정된 내용을 대학교 입학처로 (등기)우편을 통해 보내는 학생이 있는데, 다른 학생과의 형평성 차원에서 접수를 하지 않습니다. 당연히 평가에도 미반영됩니다. 그러므로 이점을 유의해야 합니다.

자기소개서의 마무리 및 퇴고 핵심 Point

❶ 피드백(코치)이나 컨설팅 '첨삭'은 2명 이내로 하라.

❷ 표절이나 대필은 반드시 걸린다고 생각하라.

❸ 표절이나 대필은 한 사람은 물론, 해준 사람도 감점을 받는다.

❹ 표준어를 사용하라. (약어, 비속어 표현은 금물이다!)

❺ 어려운 용어는 피하고, 용어의 개념(정의)을 설명하라.

❻ 부정적 용어보다는 '긍정적 용어'를 사용하라. (긍정 〉부정)

❼ 학교생활기록부와 내용이 일치하지 않으면 '감점'을 받을 수 있다.

❽ 반드시 내용을 '존댓말'로 쓸 필요는 없다. (내용 〉예의(?))

❾ 문장력이 평가에 직접적으로 반영되지는 않는다.

대학에서 자기소개서를 평가하는 방법(예시)

대학에 따라 서류 평가(학생부, 자기소개서, 추천서)를 영역별로 포괄하여 전체로 평가하거나 자기소개서만을 별도로 빼서 평가하기도 합니다.

자기소개서만을 별도로 평가한다는 가정아래 예시 사례를 5점 척도 (A~E 또는 5~1점)라고 가정하고 다음과 같이 작성해 보았습니다.

등급	A(5)	B(4)	C(3)	D(2)	E(1)
체크		✓			

등급	평가 근거 내용
A (매우 우수)	• 매우 잘 작성됨. 독창적이고 매우 구체적임. • 지원자에 대해 매우 잘 알게 됨
B (우수)	• 잘 작성됨. • 일반적 주제와 내용이나 잘 작성함. 지원자에 대해 잘 알게 됨
C (보통)	• 노력은 보이나 일반적인 내용만 작성됨. • 내용에 대한 요지는 있음.
D (미흡)	• 내용에 대한 요지가 없음. • 문법이나 맞춤법적으로는 문제 없음.
E (매우 미흡)	• 내용이 너무 짧음. • 내용 기술이 모호함. • 문법이나 맞춤법이 엉망임. • 내용에 대한 과정, 변화, 실천 등의 구체성이 전혀 없음.

자기소개서 작성 체크리스트
최종 점검 (+/-)

[표절 수준에 따른 처리기준(예시)]

순	문항	평가 (√)		
		상(+)	중	하(-)
1	본인이 직접 진정성 있게 작성했는가?			√ (결격)
2	지원 동기의 근거가 분명한가?			√ (감점)
3	장래 학업 계획, 진로 계획이 구체적인가?			√ (감점)
4	구체적 사례 없이 나열식으로 되어있는가?			√ (감점)
5	남들과 다른 특별한 강점을 구체적으로 일관성 있게 드러내고 있는가?	√		
6	전공과 관련된 지적 호기심, 탐구심이 드러나는가?	√		
7	학업 노력과 학습 경험 과정이 구체적으로 드러나는가?	√		
8	인터넷에서 찾은 것을 그대로 표절했나?			√ (결격)
9	사자성어, 영어, 전문용어를 구체적 설명 없이 작성했나?			√ (감점)
10	맞춤법과 띄어쓰기 등의 어법에 맞게 작성했나?			√ (감점)
11	글자 수 등 주어진 양식에 맞춰 작성했나?			√ (감점)
12	해당 문항의 정확한 이해를 바탕으로 작성했나?			√ (감점)
13	학생부에 근거한 자료를 토대로 작성했나?			√ (결격)
14	문항별로 같은 내용이 중복되어 작성되진 않았나?			√ (감점)
15	경험과 활동을 통해 성장하고 변화한 모습이 구체적으로 드러나는가?	√		

16	주어진 환경(가정, 지역, 학교)에서 자기 주도적으로 노력한 모습이 구체적으로 드러나는가?	✓		
17	문제를 스스로 발견하고, 창의적으로 문제를 해결한 과정과 결과가 드러나는가?	✓		
18	본인의 현재 가지고 있는 능력과 앞으로 보완해야 할 역량이 구체적으로 드러나는가?	✓		
19	선생님으로부터 피드백을 받고 퇴고를 했는가?	✓		
20	0점 처리 내용이 작성되어 있는가?			✓ (결격)

상(+): 8개 문항, 하(-): 12개 문항 / 상(+): POSITIVE 하(-): NEGATIV

자기소개서 작성 체크리스트를 문항별로 자세히 살펴보겠습니다.

① **"본인이 직접 진정성 있게 작성했는가?"**는 본인이 직접 작성하지 않으면 결격으로 불합격이 될 수 있습니다. 교사의 퇴고는 되지만 대필이나 과도한 첨삭은 본인이 아닌 다른 사람이 작성했다고 의심을 받을 수 있습니다.

② **"지원 동기의 근거가 분명한가?"**는 보통 자기소개서 4번 자율 문항에서 평가됩니다. 지원동기가 명확하지 않고 구체적이지 않으면 설득력이 떨어질 수 있습니다.

③ **"장래 학업 계획, 진로 계획이 구체적인가?"**도 역시 자기소개서 4번 자율 문항에서 평가됩니다. 학업 계획과 진로가 일반적으로 전공 공부, 토익 공부, 대학원 진학 또는 취업으로 기록되는 경우는 역시 평가자에게 큰 감흥을 주지 못하기 때문입니다.

④ **"구체적 사례 없이 나열식으로 되어있는가?"**는 모든 문항에서 해당됩니다. 많은 학생들이 여전히 동기, 과정, 변화에서의 어려움, 도전과 과제 등에 대해 구체적이지 않고 결과만을 나열하는 경우가 많습니다. 왜냐하면 훈련이 안되어 있어 그렇습니다.

고3이 되어 원서접수 한 달 전인 8월에 작성하지 말고 제발 평소에 미리 작성해 보시기 바랍니다. 고3이 아니라 고2 겨울방학, 고2 겨울방학이 아니라 고1 겨울방학에 작성해 보고 수정하면 더 좋은 자기소개서가 완성됩니다.

무엇보다도 실천이 중요합니다. 이러한 작은 실천이 대학에서도 중요하고또한 필요합니다. 왜냐하면 취업을 하기 위해서도 필수적으로 필요한 것이 자기소개서이기 때문입니다. 취업을 대비하는 습관을 미리 준비한다는 의미도 있습니다.

⑤ **"남들과 다른 특별한 강점을 구체적으로 일관성 있게 드러내고 있는가?"**는 모든 문항에 해당되는 사항입니다. 자기소개서는 결국 평가자를 설득해서 면접에서 볼 수 있도록 하는 것이 생명입니다. 남들과 차별화 되지 않는다면 평가자가 자기소개서에 눈을 오래 둘 이유가 없습니다. 반대로 강점이 드러난다면 합격에 유리해집니다.

⑥ **"전공과 관련된 지적 호기심, 탐구심이 드러나는가?"**는 주로 2번과 1번에 해당되는 항목입니다. 1번은 학업 역량인데, 학업을 하면서 생기는 지적 호기심, 탐구심을 발견하고, 2번에서 그 호기심, 탐구심을 해결하는 창체 활동, 독서 활동 등이 구체적으로 드러나면 좋은 평가를 받습니다.

⑦ **"학업 노력과 학습 경험 과정이 구체적으로 드러나는가?"**는 1번 항목에서 평가됩니다. 학업을 하면서 오는 슬럼프, 어려움, 문제 상황을 해결하기 위한 노력, 학습법 등이 구체적으로 드러난다면 평가에 긍정적으로 영향을 미칩니다.

⑧ **"인터넷에서 찾은 것을 그대로 표절했나?"**는 자기소개서의 평가 핵심인 진정성과 관련됩니다. 인터넷 포털에는 많은 정보가 들어 있습니다. 좋은 글귀나 합격사례를 그대로 표절했을 경우에는 감점 또는 심하면 불합격이 될 수 있으니 그러한 유혹을 떨쳐버려야 합니다.

⑨ **"사자성어, 영어, 전문용어를 구체적 설명 없이 작성했나?"** 는 본인의 강점이나 특징을 드러내려는 의도로 사용되는 경우가 많습니다. 그러나 입학사정관은 만물박사가 아닙니다. 일반적으로 쓰이지 않는 용어는 무조건 설명을 달아줘야만 어느 정도 이해를 할 수 있습니다. 따라서 가능한 전문용어는 꼭 필요한 경우를 제외하고는 가급적 사용을 자제하는 것이 바람직합니다.

⑩ **"맞춤법과 띄어쓰기 등의 어법에 맞게 작성했나?"** 는 기본적인 사항입니다. 퇴고도 않고 급하게 작성되었을 경우에 이렇습니다. 오타와 비문, 맞춤법에 맞지 않는 문장은 입학사정관에게 좋은 인상을 줄 수 없습니다. 이로 인해 감점을 당할 수 있습니다.

⑪ **"글자 수 등 주어진 양식에 맞춰 작성했나?"** 도 역시 기본적인 사항입니다. 모든 문항에는 글자 수가 정해져 있습니다. 보통 기준은 1,500자 또는 1,000자 입니다. 여기서 핵심은 문항 당 최대 글자 수의 최소 80%는 작성이 되어야 합니다. 예컨대 1,000자면 800자 이상은 작성을 해야 합니다. 글자 수가 이보다 적으면 대학에 따라서는 감점이나 불이익을 받을 수 있습니다.

　작성한 글자 수를 확인하려면 ① 한글파일 문서정보 - 문서통계에서 공백 포함 등으로 구분 확인 ② 사람인 글자 수 세기 ③ 네이버에서 자기소개서 글자 수 세기 ④ 해커스 잡 글자 수 세기 ⑤ 인쿠르트 글자 수 세기 ⑥ http://kidols.net/ ⑦ 잡코리아 글자 수 세기 등에서도 공백포함과 공백제외로 구분하여 확인할 수 있습니다. 이러한 글자 수를 문항별로 작성한 맨 끝에 괄호를 하고 숫자를 적어놓으면 편리합니다. 만약 중간에 수정을 한 경우에는 그 숫자도 고쳐 놓아야 합니다. 따라서 내용을 작성할 때에는 반드시 글자 수와 해당 양식에 맞춰 정확하게 작성해야 합니다.

⑫ **"해당 문항의 정확한 이해를 바탕으로 작성했나?"** 는 문항을 잘못 이해하고 다른 내용을 쓰는 경우가 종종 있기 때문입니다. 이럴 경우에도 감점이

될 수 있습니다. 예컨대 1번 문항에 전공과 관련된 학업 역량을 쓰는 것이 일반적인데, 전공과 무관한 학습 내용을 쓰면 좋지 못한 평가를 받을 수 있습니다.

⑬ **"학생부에 근거한 자료를 토대로 작성했나?"**는 자기소개서는 기본적으로 학생부에 단 한 단어, 한 줄이라도 기록된 내용 중 본인에게 의미 있는 경험이나 활동을 구체화해서 작성하는 것이기 때문입니다. 하지만 학생부에 근거 내용이 없이 자기소개서에만 기록된다면 신뢰성이 떨어집니다. 대학에 따라서는 감점을 할 수 있고 아예 평가에서 배제할 수 있습니다.

⑭ **"문항별로 같은 내용이 중복되어 작성되진 않았나?"**는 1번, 2번, 3번 문항에서의 잘못된 이해를 바탕으로 같은 내용이 중복되는 경우가 있거나 아니면 그 활동 밖에 없다고 생각해서 반복해서 작성하는 2가지 경우가 있습니다. 무엇이든 감점사항이 될 수 있습니다. 실례로 2번의 전공적합성 활동이 1번에서 그대로 중복되거나 3번의 봉사활동 경험이 2번에 그대로 중복되는 경우가 발견됩니다.

⑮ **"경험과 활동을 통해 성장하고 변화한 모습이 구체적으로 드러나는가?"**는 자기소개서의 목적에 부합하는 문제입니다. 학생부에 기록된 경험과 활동 내용을 그냥 작성하는 경우에는 성장하고 변화한 모습을 알 수 없습니다. 지원자의 성장하고 변화하는 모습이 풍부하게 드러나야만 합격자 명부에 등재될 수 있습니다.

⑯ **"주어진 환경(가정, 지역, 학교)에서 자기 주도적으로 노력한 모습이 구체적으로 드러나는가?"**는 대학에서 어느 정도 환경적 요소와 여건을 감안하여 평가하겠다는 것입니다. 만약 원만하지 않은 가정에서 성장했다면 그 어려움을 극복한 점, 지역에서의 열악한 진로 인프라 속에서도 진로 탐색을 나름 실천한 점, 학교 교육과정과 프로그램에서 소화하지 못한 호기심을 자율동아리나 독서 활동으로 해결한 점을 높게 평가해주겠다는 의미이

기도 합니다.

⑰ **"문제를 스스로 발견하고, 창의적으로 문제를 해결한 과정과 결과가 드러나는가?"**는 4차 산업혁명 시대와 밀접하게 맞물려 있습니다. 문제는 늘 도처에 산재해 있습니다. 그런데 그게 문제인지를 발견하는 것은 다른 문제입니다. 문제를 발견하는 능력이 점점 중요해지고 있습니다. 문제를 발견했다면 문제 해결 역량을 구체적으로 보여주는 것이 남들과 차별화하는 지름길입니다.

⑱ **"본인의 현재 가지고 있는 능력과 앞으로 보완해야 할 역량이 구체적으로 드러나는가?"**는 자율문항 4번에서 해소하면 좋은 체크 사항입니다. 지원 동기에서 본인이 갖춘 역량과 다소 부족한 역량을 경험과 사례를 들어 구체적으로 설명한다면 학업 계획과 진로 계획의 작성된 사항에 대해 설득력을 높일 수 있습니다.

⑲ **"선생님으로부터 피드백을 받고 퇴고를 했는가?"**는 마무리 차원의 문항입니다. 처음 작성한 자기소개서는 완벽하지 않습니다. 기본적으로 어법 문제와 문항 내용과 상이한 내용을 작성하는 문제가 있을 수 있습니다. 또한 본인의 강점이 기술되지 못하고 평범한 내용이 작성될 수 있습니다. 이러한 3가지 문제를 해결할 수 있는 것이 선생님으로부터의 피드백입니다. 이러한 피드백을 통해 자기소개서의 완성도를 높여야합니다.

⑳ **"0점 처리 내용이 작성되어 있는가?"**는 매우 중요한 사항입니다. 완성도가 높은 자기소개서를 작성했다 하더라도 0점 처리 내용이 단 한 단어, 한 줄이라도 들어가 있다면 규정에 의해 0점으로 평가해야 합니다. 따라서 처음 작성할 때부터 마무리하고 펜을 놓을 때까지 아래의 0점 처리 규정은 충분하게 숙지하고 있어야 합니다.

대입 학생부전형 자기소개서·교사추천서 유의사항

☞ 대학입시 학생부전형 자기소개서·교사추천서에 다음 내용을 작성했을 경우 서류평가에서 "0점"처리(실질적 불합격)되니 유의하시기 바랍니다.

☞ 실적 등을 간접적으로 표현하는 경우, 서류평가에서 "0점" 처리되지는 않지만 해당 내용은 평가에 반영되지 않습니다.

● 다음에 열거된 공인어학시험에 대한 성적, 등급, 수치화된 결과 등을 작성한 경우 서류평가에서 0점 처리(실질적 불합격)됩니다.

작성이 제한되는 공인어학성적(열거)

영어(TOEIC, TOEFL, TEPS), 중국어(HSK), 일본어(JPT, JLPT), 프랑스어(DELF, DALF), 독일어(ZD, TESTDAF, DSH, DSD), 러시아어(TORFL), 스페인어(DELE), 상공회의소한자시험, 한자능력검정, 실용한자, 한자급수자격검정, YBM 상무한검, 한자급수인증시험, 한자자격검정

● 수학·과학(물리, 화학, 생물, 지구과학, 천문)·외국어(영어 등) 교과명이 명시된 교외 수상실적을 작성한 경우 서류평가에서 0점 처리(실질적 불합격)됩니다.

작성이 제한되는 교외 경시대회(예시)

수학	한국수학올림피아드(KMO), 한국수학인증시험(KMC), 온라인 창의수학 경시대회, 도시대항 국제 수학토너먼트, 국제수학올림피아드
과학	한국물리올림피아드(KPHO), 한국화학올림피아드(KCHO), 한국생물올림피아드(KBO), 한국천문올림피아드(KAO), 한국지구과학올림피아드(KESO), 한국뇌과학올림피아드, 전국정보과학올림피아드, 국제물리올림피아드, 국제지구과학올림피아드, 국제생물올림피아드, 국제천문올림피아드, 한국중등과학올림피아드
외국어	전국 초중고 외국어(영어, 중국어, 일본어, 프랑스어, 독일어, 러시아어, 스페인어) 경시대회, IET 국제영어대회, IEWC 국제영어글쓰기대회, 글로벌 리더십 영어 경연대회, SIFEC 전국영어말하기대회, 국제영어논술대회

* 이외에도 대회 명칭에 수학·과학(물리, 화학, 생물, 지구과학, 천문)·외국어(영어 등) 교과명이 명시된 교외 수상실적을 작성하면 "0점" 처리

● 실적 등을 간접적으로 표현하는 경우, 서류평가에서 0점 처리되지는 않지만 해당 내용은 평가에 반영되지 않습니다.

- 해당 문구는 삭제("******"로 변경)되어 평가에 활용될 예정

평소 일본어에 관심이 많아 JPT에 응시하여 우수한 성적을 거두었습니다.	평소 일본어에 관심이 많아 ***에 응시하여 우수한 성적을 거두었습니다.
한국화학올림피아드에 참여하여 의미있는 결과를 얻었습니다.	******* 에 참여하여 의미있는 결과를 얻었습니다.

 ▲ 작성된 원문 자료

 ▲ 해당 문구 삭제 결과

한국대학교육협의회   교육부

[그림] 자기소개서 및 추천서 0점 처리 규정

자기소개서의 감점 사항 정리

감점 사항	평가 내용
타 대학 기입	해당 문항 평가 영역을 최하점으로 배점 ㉠ 발전 가능성 5점 척도에서 발전가능성을 1점으로 배점 조정
타 전공 기입	해당 문항 평가 영역을 최하점으로 배점 ㉠ 발전 가능성 5점 척도에서 발전 가능성을 1점으로 배점 조정
글자 수 대비 80% 이하	해당 문항 평가 영역 본래 획득한 점수에서 한 단계 아래로 감점하여 체크 ㉠ 인성 역량 5점 척도에서 원래 4점을 획득했다면 인성 역량을 3점으로 배점 하향 조정
문항 공란	해당 문항 평가 영역을 최하점으로 배점 ㉠ 전공 적합성 5점 척도에서 전공 적합성을 1점으로 배점 조정
이상 기재	1111, 1234, 가나다라 등과 같이 문항 내용과 상관없이 작성하는 경우에는 해당 문항 평가 영역을 최하점으로 배점 ㉠ 전공 적합성 5점 척도에서 전공 적합성을 1점으로 배점 조정
학생부 없는 내용 기술	• 확인 불가시 평가에서 배제 또는 감점 • 확인 시 평가 반영 여부를 '입학전형위원회'에서 심의 후 반영여부 결정

※ 대학에 따라 다를 수 있으니 모집요강이나 전화 확인이 필요할 수도 있습니다. 어디까지나 참고만 하십시오.

담백한 자기소개서 쓰는 방법 14가지

① '의', '것' 빼기

'의'와 '것'은 빼도 대부분 말이 됩니다. 특히 의(の)'는 일본식 표현이지만 많은 학생들이 습관적으로 사용합니다. 그러나 대부분 사족인 경우가 많습니다.

예 7명의 사람 → 사람 7명 / 그는 슬퍼했던 것이다 → 그는 슬퍼했다

② '하고 있다', '할 수 있다' 안 쓰기

'하고 있습니다' '할 수 있습니다'를 '합니다', '했습니다'로 쓰면 문장이 훨씬 담백하고 깔끔해집니다.

예 지금 가고 있습니다. → 지금 갑니다.

③ 군더더기 빼기

글은 더 쓰는 게 아니라 덜어내는 것이 중요합니다. 문법에 맞고, 문장에 군더더기가 없는 게 좋은 글입니다. 부사, 형용사, 명사를 습관적으로 많이 사용합니다. 빼도 말이 되면 어떤 거든 무조건 빼십시오. 더는 뺄 수 없을 때까지 빼도 됩니다.

예 • 내 생애 최고의 영화를 하나만 꼽으라면 '죽은 시인의 사회'를 고르겠습니다. → 내 인생 최고의 영화는 '죽은 시인의 사회'다.
  • 그녀는 너무 예뻐 → 그녀는 예뻐

④ '헛(가짜) 따옴표' 빼기

따옴표는 크게 세 경우에 씁니다. 바로 강조, 혼잣말, 인용 문장 속 인용 문장입니다. 나머지는 모두 '헛(가짜) 따옴표'입니다.

1) 그는 '공주병'에 걸렸습니다 (강조)
2) '이렇게 해도 괜찮을까' 나는 불안한 생각이 들었습니다 (혼잣말)
3) "문 사장이 내게 와서 '당신을 죽여달라'고 말했습니다"(인용 문장 속 인용 문장)

⑤ 소리 내서 읽기

자기소개서를 여러 번 소리 내서 읽어봅시다. 읽는 과정에서 만약 어색한 곳이 있다면 문제가 있는 것입니다. 그것을 자연스럽게 읽히는 단어나 문장으로 다시 고치십시오.

⑥ '관한', '대한' 안 쓰기

이것은 영어의 'About'을 번역한 말투가 습관적으로 투영되었기 때문입니다. 따라서 가급적 쓰지 않는 것이 글을 자연스럽게 합니다.

㉠ 환경에 대한 문제는 인류생존에 대한 문제와 직결된다. → 환경 문제는 인류 생존 문제와 직결된다.

⑦ 끊어 쓰기

문장은 짧고, 굵게 쓰는 게 좋습니다. 단문 형태의 글이 좋습니다. 복문 형태로서 문장이 길면 읽기 힘듭니다. 가장 좋은 글은 '리듬감'이 느껴지는 글입니다. 이렇게 하려면 글에서 강약 조절을 잘해야 합니다. 끊어 쓰기는 강약 조절의 기초입니다.

㉠ 지구에 있는 모든 동식물들이 사라지고, 황폐한 공기만 부유하면서 사람들 얼굴에서 미소가 사라졌습니다. → 지구에서 모든 동식물이 사라졌습니다. 황폐한 공기만 부유했습니다. 사람들은 미소를 잃었습니다

⑧ 능동형 문장 쓰기

피동은 당하고, 능동은 하는 것입니다. 이왕이면 능동형을 쓰십시오. 문장이 훨씬 더 자연스러워집니다. 학생들이 영어 수동태에 익숙해져서 그런지 피동형, 수동형을 많이 씁니다.

㉠ 남자 친구 고백에 내 기분은 슬퍼졌습니다. → 남자 친구 고백에 내 기분은 슬펐습니다.

⑨ 주술 호응시키기

주어와 술어의 호응은 글쓰기 기본입니다. 그러나 대단히 많은 학생이 틀립니다. 주술 관계가 헷갈리지 않으려면 문장이 짧아야 합니다. 따라서 단문 형태로 끊어 쓰라는 얘기입니다.

㉠ 전시된 작품은 주로 미술계에 발을 갓 내디딘 신진 작가들입니다. → 전시된 작품은 주로 미술계에 발을 갓 내디딘 신진 작가들 것입니다.

⑩ 접속사 안 쓰기

접속사가 많으면 글의 흐름을 방해하고 맥을 끊을 수 있습니다. 접속사는 문단과 문단, 문장과 문장 이음이 어색할 때 쓰입니다. 그러나 접속사가 많은 건, 논리가 부족한 글입니다. 따라서 글을 매끄럽게 하기 위해서는 추가 설명을 넣거나, 문장 위치를 바꿔야 합니다. 접속사는 최소화 하거나 아예 쓰지 않는 것이 좋습니다.

예 달이 떴습니다. 그러나 기분이 좋았습니다. → 달이 떴습니다. 사람들은 슬 퍼했습니다. 머릿속에 아내와 함께 봤던 달그림자가 떠올랐습니다. 기분이 좋 았습니다.

⑪ '~성(性)', '~적(的)' 안 쓰기

우리나라식 표현이 아니라 역시 일본식 표현입니다. 습관적으로 적을 붙이는 학생이 의외로 많습니다. 적을 빼도 말이 되면 뺍시다.

예 좀 더 적극적으로 참여해 봐. → 좀 더 적극 참여해 봐.

⑫ '~들' 안 쓰기

습관적으로 '~들'을 너무 자주 사용합니다. 예컨대 학생들, 사람들, 문제들, 단 점들이 해당됩니다. 굳이 '~들'을 사용하지 않아도 문맥에는 전혀 지장이 없습 니다. 한 글자도 소중한 자기소개서이므로 가능한 '~들' 사용은 자제가 필요합 니다.

⑬ 불필요한 목적어 안 쓰기

굳이 필요가 없는 목적어를 빈번하게 사용하는 경우가 많습니다. 가급적 문장 전체를 읽어보고 문맥에 어긋나지 않으면, 반복되는 '을, 를'을 사용하지 않는 것이 좋습니다.

예 선생님의 전달할 사항을 메모를 하며 → 선생님 전달 사항을 메모하며

⑭ '저는~, 저에게~' 안 쓰기

'저는~, 저에게~, 저의~' 라는 용어는 가급적 자제하시기 바랍니다. 왜냐하면 이미 자기소개서이므로 저는, 저에게~ 라는 것이 생략되어 있다고 봐도 무방 합니다. 따라서 '저는, 저에게' 라는 용어는 가능한 사용하지 마시기 바랍니다.

자기소개서 유사도 검증 관련 Q&A

Q1 내가 작성한 동일한 자기소개서를 나머지 5개 대학에 제출하면 유사도 검색 시스템에 걸리나요?

⇨ 동일한 사람이 작성한 자기소개서는 유사도 검색(주민번호 활용)에 해당되지 않아 유사도 검색 시스템에 걸리지 않습니다.

Q2 친한 친구(또는 졸업한 선배)의 자기소개서를 조금 참고해서 작성했는데 유사도에 걸리나요?

⇨ 유사도 검색 시스템에 걸릴 확률이 높습니다. 하지만 표절에 따른 평가는 다른 부분입니다. 만약 그 친구(선배)의 경험 부분을 표절한 경우에는 대학에 따라 불합격, 감점 등을 당할 수 있습니다. 반면에 자기소개서 작성 패턴만을 따라했다면 단순 인용으로 처리되어 감점 없이 평가될 수 있습니다. 간혹 담임 선생님께 첨삭 지도를 받으려고 제출한 자기소개서를 다른 급우가 베껴서 유사도 검색 시스템에 걸리는 경우도 있습니다. 이런 경우 소명은 할 수 있으나 관리 소홀에 대한 문제도 있습니다. 담임선생님도 입장이 난처해 질 수 있으니 첨삭 지도는 가급적 그 자리에서 받고 그 자리에서 바로 회수하는 것이 바람직합니다.

표절은 보여준 사람이나 본 사람을 가릴 수도 없을뿐더러 가리지도 않습니다. 둘 다 불이익을 받을 수 있으니 베끼거나 표절하는 행위 등은 가급적 삼가는 것이 좋습니다.

Q3 대학의 유사도 검색 시스템에 걸린 표절물에 대한 심사 절차와 평가는 어떻게 이뤄지나요?

⇨ 대학에 따라 비슷한 부분과 다른 부분이 공존할 수 있습니다. 대교협 유사도 검색 시스템에 걸린 결과를 각 대학에 통보하면 각 대학은 자체 규정에 따라 지원자에게 소명을 받습니다. 이 과정에서 유선확인, 현장 실사, 팩스나 이메일 또는 우편을 통한 자료확인, 담임교사 확인 등을 실시합니다. 이 자료를 바탕으로 입학전형심의위원회를 개최하여 각 위원들의 평가의견을 듣고 최종적으로 위원장이 불합격, 감점, 단순인용 등을 결정하게 됩니다.

Q4 사후 검증 제도는 무엇인가요?

⇨ 대교협과 각 대학은 합격이나 입학 이후에라도 유사도 검증을 재실시하는 사후 검증 모니터링 제도를 운영하고 있습니다. 설명 사전 검증에서 걸리지 않더라고 사후 검증에서 걸리게 되면 합격이나 입학이 취소될 수 있습니다. 따라서 남의 것을 베끼는 표절 행위는 반드시 걸린다고 생각하고 애시 당초에 하고자 하는 마음을 먹지 않는 것이 필요합니다.

Q5 자기소개서 글자 수가 공백 포함인가요? 아니면 제외인가요?

⇨ 자기소개서 글자 수는 공백을 포함해서 계산됩니다. 만약 글자 수가 넘어가면 원서접수 전산 시스템에 의해 글자 수가 잘려 나갈 수 있습니다. 따라서 글자 수는 한글 파일 - 문서 정보 - 문서 통계 - 공백 포함 글자 수를 기준으로 작성과 퇴고를 하시기 바랍니다.

'젊음'이란 꿈을 위해
무엇인가를 저지르는 것입니다.

– 앨빈 토플러 –

제5부

질의응답 편

대입 전형 관련
Q&A 25선

[질의 내용 25선]

1. 학생부종합전형은 '금수저' 전형 아닌가요?

2. 학생부종합전형은 '깜깜이' 전형 아닌가요?

3. 학생부종합전형은 할 게 너무 많아서 부담이 큰 것 같아요.

4. 어느 고등학교를 가는 게 좋을까요?

5. 연구보고서가 꼭 필요한가요? 대학교에서는 어떻게 활용되나요?

6. 연구보고서 또는 수행평가 보고서는 어떻게 작성해야 하나요?

7. 중간에 '진로와 전공'이 바뀌면 어떻게 하나요?

8. SKY 등 소위 '상위권 대학교'는 왜 학생부종합전형을 늘리나요?

9. 지방에서는 대학교 입시 정보를 어디에서 구해야 하나요?

10. 교외 활동은 하면 안 되나요?

11. 제가 원하는 동아리가 없어요.

12. 봉사 시간을 얼마나 해야 해요? 학교에서 하는 기본만 하면 안 되나요?

13. '자기소개서'를 쓰려면 너무 막막해요.

14. 학부모로서 어떻게 해야 할지 모르겠어요.

15. 대학교에서 교사 추천서는 왜 받는 건가요?

16. 대학교에서 종교계 추천서는 어떻게 활용되나요?

17. 인(IN)서울 하려면 내신 성적이 어느 정도나 되어야 할까요?

18. '세특'이 왜 중요한가요? 그리고 어떻게 준비해야 하나요?

19. 선생님께서 학생부 초안을 작성해 오라시는데 어떻게 해야 하나요?

20. 학생부 내신과 비교과 활동이 부족하면 수시에서 어떤 전형을 준비해야
    하나요?

21. 수시 6회 적용이 안 되는 대학교가 있다고 하는 데, 어느 대학교인가요?

22. 전공 적합성을 넓게(계열) 보나요? 아니면 좁게(전공) 보나요?

23. 수시 지원은 상향 지원을 해야 하나요?

24. 수시 모집은 한 대학에 한 번만 지원이 가능하나요?

25. 수시나 정시에서 교차 지원이 가능하나요?

1 학생부종합전형은 '금수저' 전형 아닌가요?

　학생부종합전형을 학부모종합전형 또는 학원종합전형으로 비꼬는 일부 의견이 있습니다. 학생이 자기 주도적으로 활동하는 기록을 하는 것이 아니라 부유한 학부모가 하라는 대로, 고액의 컨설팅 학원이 하라는 대로 한다는 의미입니다. 그러나 꼭 그렇게만 볼 순 없습니다.

　사실 정시의 수능, 수시의 논술, 교과전형, 그리고 체육특기자 전형 등 사실상 그런 관점에서 본다면 대입 전형 중 '금수저' 전형이 아닌 게 없습니다. 왜냐하면 우리나라에서 경제력이 어느 정도 이상으로 바탕이 된다면 유리하지 않은 전형이 없다고 할 수 있기 때문입니다. 오히려 학생부종합전형은 일반전형 외에 고른기회전형, 사회배려자전형, 농어촌 및 특성화고특별전형, 특수교육대상자전형 등의 특별한 자격 조건이 필요한 전형 등을 통해 대학교 진입의 문턱을 낮추게 하는 '희망의 사다리 효과'가 있다고 할 수 있습니다.

　일부 학생 얘기를 들어보면 어떤 고교에서는 소위 말하는 공부 잘하는 1등급, 서울대 갈만한 학생만 별도로 모으거나 그들에게만 수상을 몰아주고, 세특(세부 능력 및 특기사항), 행종(행동 특성 및 종합 의견)을 잘 적어준다고 하는 얘기도 있습니다. 하지만 교사들 얘기를 들어보면, 중하위권 학생은 적어주고 싶어도 활동 내용이 적어 어쩔수 없이 양이 적을 수 있다고 합니다.

　학생부종합전형이란 제도가 완벽하다고는 할 수 없습니다. 미흡한 부분은 보완하여 좋은 제도로 더 나은 제도로 변화시키는 데 모두의 관심과 노력, 정책적 뒷받침 등이 있어야 합니다.

2 학생부종합전형은 '깜깜이' 전형 아닌가요?

　학생부종합전형이 깜깜이 전형이라는 것은 평가가 어떻게 진행되는지 구체적으로 알 수 없고 공정하지 않을 거라는 오해 때문에 나타나는 말입니다. 이는 합격을 한 사람은 합격을 했으니 별다른 말이 없으나, 불합격을 하면 왜

떨어졌는지 에 대해서 해당 대학 입학처에서는 속 시원하게 알려주지 않기 때문입니다.

이러한 공정성에 대해 다음과 같이 생각해 보겠습니다.

먼저, **내용 타당성**에 대한 공정성입니다. 학생부종합전형에서 말하는 공정성은 흔히 말하는 시험을 보고 일렬로 줄을 세우는 객관성을 얘기하는 것이 아닙니다. 고등학교 교육과정을 얼마나 충실하게 모두 반영하는가에 대한 내용의 타당성에 대한 문제입니다. 반면에 수능은 고등학교 교육과정을 충실히 반영하기 보다는 전국 고3의 교실과 수업을 EBS 문제 풀이 장소와 시간으로 황폐화 시킬 수 있는 문제점이 있습니다.

둘째, **절차의 공정성**입니다. 학생부종합전형은 서류 평가, 면접 평가 등의 다수의 단계를 거쳐 선발, 즉 합격자를 발표합니다. 이와 같은 과정 속에서 평가 기준 선정, 특이 사항 처리 등을 위해 많은 입학전형심의위원회가 열리고 학교 자체 감사와 교육부와 대교협의 통제와 관리도 받습니다. 또한 서류 평가를 위한 입학사정관 선발 시 회피(지원자와 관계가 있을 때 스스로 밝힘), 제척(시스템에 의해 걸러짐)도 의무화 되어서 평가자에 대한 감시도 강화하고 있습니다. 상호 평가자에 대한 블라인드도 철저하게 진행되고 있습니다.

셋째, **대학의 평가 방법과 기준의 공정성**입니다. 사실 이 문제가 가장 큰 문제일 수 있습니다. 하지만 교육부의 고교교육정상화지원사업에 선정되는 60여개 대학들은 교육부와 대교협의 지침에 의해 평가 방법과 기준을 널리 알리도록 되어 있습니다. 그래서 각 대학은 세미나, 워크숍, 박람회, 입시 설명회, 고교연계 프로그램 등을 통해 전국의 고교 교사, 학부모, 학생에게 평가 방법과 기준을 공개하고 있습니다. 또한 서울의 주요 6개 대학은 평가 기준과 방법을 통일하기도 합니다. 물론, 공개 범위는 대학마다 다르고 그 공개 내용이 교사, 학부모, 학생에게는 여전히 미흡할 수 있습니다. 그렇지만 이런 노력의 결실이 결국은 일반인의 다수가 대학의 평가 결과에 납득할 수 있도록 되는 그 날이 오리라 믿어 의심치 않습니다.

3 **학생부종합전형은 할 게 너무 많아서 부담이 큰 것 같아요.**

무슨 대입 전형이든 준비하려고 마음을 먹으면 계획을 세워서 실행할 것들이 너무도 많습니다. 예컨대 논술전형이면 가고자 하는 대학교들의 기출문제 분석 및 풀이가 기본입니다. 또한, 인문계라면 문학, 역사, 철학, 사회 등의 기본적인 개념의 숙지와 정리가 필요합니다. 만약 자연계라면 수학, 과학 등의 과목에서 활용되고 파생되는 기본적인 개념, 법칙, 용어 구분, 풀이방법 등의 숙지와 정리가 필요합니다. 이를 활용해 예상 문제를 만들어 논술을 직접 작성하고 이에 대한 지도 교사의 퇴고와 피드백을 반복해서 좀 더 논거가 충실한 글을 쓰는 것이 관건입니다.

학생부교과전형을 준비한다면, 좋은 내신 성적을 받는 것이 필요합니다. 이를 위해서는 수업에 충실해야 하며, 예습과 복습을 미루지 말고 해야 합니다. 가독성 높은 필기는 기본입니다. 또한 시험 기간에 집중력을 잃지 않고 여러 과목 모두의 고른 성적을 위한 체력도 필수라고 할 수 있습니다. 출결을 비교과로 평가하는 대학교도 있으므로 무단 결석, 지각, 조퇴는 없어야 합니다. 또한 대학교수학능력시험을 통한 최저 기준도 있으므로 목표하는 대학교의 과목 조건에 맞게 등급을 유지하는 노력도 필요합니다.

마찬가지로 학생부종합전형을 준비한다면, 기본적으로 지원 전공과 관련한 내신 성적이 좋아야 합니다. 특히, 인문계라면 국어, 영어, 사회 과목이 좋아야 합니다. 만약 상경 계열을 지원한다면 수학성적도 좋아야 합니다. 자연계라면 수학, 과학 과목의 성적이 좋아야 합니다. 이를 바탕으로 전공과 관련된 세특 및 수상 활동, 창의적 체험 활동, 독서 활동, 인성과 관련된 내용 등이 필요합니다.

4 **어느 고등학교를 가는 게 좋을까요? (고교 선택 기준)**

고등학교를 선택하는 기준은 크게 2가지로 나눌 수 있습니다.

첫 번째는 **학생 본인의 성향 파악**입니다. 성향 파악을 위해서는 "의존적인 성격으로 공부하는 전체적인 학교와 수업 분위기에 잘 휩쓸리는지?" "독립적인 성격으로 자기 주도적으로 혼자 계획을 세워서 잘 실천하는 성격인지?"를 면밀하게 고민할 필요가 있습니다.

두 번째는 **전형별로 다른 전략을 세우는 것**입니다. 학생부종합전형을 생각한다면 내신 성적을 올리기가 비교적 용이하고 학교 내 다양한 동아리 활동과 교과 연계 프로그램, 비교과 프로그램이 많은 곳이 유리합니다. 또한 관리자의 마인드가 수능 점수 1점을 올리는 것을 목적으로 하는 정량적인 평가보다는 학생 개개인의 다양한 활동과 상담을 장려하고 1~3학년 간 모든 교사의 소통과 연계적인 활동을 장려하여 학교 문화가 활기차고 생동적인 곳이 좋습니다.

만약, 논술전형이나 학생부교과전형, 수능전형을 중심으로 준비하려고 한다면, 상대적으로 수능 최저 기준과 수능 점수가 당락에 지대한 영향을 미치므로 준비하는 학생도 많고 이에 대한 지도가 유리한 특목고(외고, 과학고, 국제고 등), 영재학교, 자율형 고교(사립고, 공립고) 등이 일반계열 고등학교에 비해 유리합니다.

5 연구보고서가 꼭 필요한가요? 대학교에서는 어떻게 활용되나요?

결론적으로 꼭 필요한 필수사항은 아니라고 할 수 있습니다. 다만, 학교의 수행 평가나 이와 관련된 대회가 있으면 적극적으로 준비하여 지원 전공 과목의 '세특'에 구체적으로 기록되는 자료로 활용되거나 수상을 통해 학생부의 교내 수상 경력에 기록되는 것으로 평가에 활용될 수 있는 측면이 있습니다.

대학교에서 활용되는 측면을 살펴보면, 연구보고서(R&E) 자체를 서류 평가에 직접적으로 반영하는 것은 쉽지 않습니다. 앞서 말한 교내 수상 경력이나 '세특' 등의 학교생활기록부에 기록되어 있는 내용을 바탕으로 간접적으로 유추하여 정성적인 평가를 할 수 있을 것으로 생각됩니다. 다만, 면접 평가에서는 직접적으로 연구보고서(R&E)에 대해 물어볼 수 있습니다. 구체적으로 연구보고서(R&E)을 작성하게 된 연구의 목적과 필요성, 연구 방법, 연구 결과와 시사점 등을 물어볼 수 있습니다.

6 연구보고서 또는 수행평가 보고서는 어떻게 작성해야 하나요?

연구보고서(R&E)는 먼저 관심 분야를 설정하고, 이를 바탕으로 선행 연구물이나 문헌을 보고 정리하여 분석하는 것이 필요합니다. 이를 바탕으로 연구 방법을 결정해야 합니다.

연구 방법은 대표적으로 3가지를 활용하는 것이 바람직합니다. 예를 들어 ❶ 설문을 통한 통계 분석(주로 %같은 비율)을 활용하는 것 ❷ 학생이나 교사를 대상으로 인터뷰한 것을 정리하는 방식으로 하는 것 ❸ 문헌을 정리해서 분석한 것을 활용하는 것 중 1개를 정한 다음 이를 바탕으로 한 연구 분석 결과를 3가지 이내로 정리하는 것이 필요합니다.

마지막으로 결론을 통해 연구 결과를 다시 3가지 이내로 요약하고 추후 후속 활동에 대한 언급을 함으로써 마무리하는 것이 좋습니다.

수행평가 보고서는 선생님이 내 주신 주제 범위 내에서 보고서 주제와 범주를 설정하고 나머지는 연구보고서(R&E) 작성과 동일합니다.

7 중간에 '진로와 전공'이 바뀌면 어떻게 하나요?

진로의 탐색이 중학교 3학년 경에 끝나서 고등학교 1학년부터는 전공에 맞는 진로 활동과 체험이 이루어지면 가장 좋습니다. 그러나 어찌 보면 고등학교 시기는 '정체성을 형성하는 시기'입니다. 다양한 진로 체험과 활동 속에서 진로와 전공이 바뀔 수 있습니다. 어떻게 보면 그것이 당연합니다. 다만, 전략적으로 접근하는 것이 필요합니다.

만약 중간에 진로와 전공이 수정되었다면 바뀌게 된 동기 또는 이유를 구체적으로 자기소개서에 기록할 필요가 있습니다. 또한 담임 선생님이 작성하시는 학교생활기록부 '행동 특성 및 종합 의견'에 그 내용이 기록된다면 더 신뢰도가 높아집니다.

서류 평가를 합격하여 통과한다면, 면접 평가에서 이러한 부분을 물어볼 수도 있으므로 면접에 대한 대비도 철저히 해야 합니다.

8　SKY 등 소위 '상위권 대학교'는 왜 학생부종합전형을 늘리나요?

학생부종합전형을 실시하는 상위권 대학교에서 학교 자체적으로 내부(종단) 연구를 분석한 결과를 살펴보면, 대부분의 상위권 대학교에서 학생부종합전형으로 입학한 학생이 다른 입학 전형(예컨대, 정시 수능전형, 수시 논술전형 등)으로 입학한 학생에 비해 그 학교에 대한 충성도(예컨대, 자퇴율 또는 반수율 등이 적은 정도)가 높았고, 적극적으로 학교생활(예컨대, 학생회 활동, 봉사활동, 진로 활동 등)을 하고 학업성취도(학점)도 상대적으로 높았습니다.

이는 학생부종합전형 선발의 주요한 평가 요소인 학업 성취도(GPA 성적)를 기본으로 리더십, 봉사활동, 동아리 활동, 진로 활동 등의 자기 주도적 진로 역량이 대학에서도 연계 발현되어서 그러한 것으로 여겨집니다. 상대적으로 다른 입학 전형(예컨대, 정시 수능전형, 수시 논술전형, 수시 학생부교과전형 등)으로 입학한 학생은 공무원 시험을 준비하는 비율이 학생부종합전형 입학생보다 높았습니다.

학생부종합전형 입학생들은 상대적으로 진로 역량을 키우는 데 적극적입니다. 공모대회, 취업, 인턴 활동, 창업 등에 더 열정적으로 참여합니다. 대학

수업은 토론식, 발표식 수업 등이 강의식보다 늘어나는 추세입니다. 또한 리포트를 제출하거나 팀별 과제할 일이 많아집니다. 학생회 활동에서도 열심입니다. 여기에서도 앞에 나서서 주도적으로 하는 경향이 높았습니다.

그러므로 학교 입장에서는 충성도와 애교심도 높고, 모든 대학 활동에 적극적이고, 학업 성취도도 뛰어난 편이니 학생부종합전형 입학생들을 선호할 수밖에 없습니다.

9 **지방에서는 대학교 입시 정보를 어디에서 구해야 하나요?**

대학 입시 정보는 다음과 같은 방법으로 취득할 수 있습니다.

① (사)한국대학교육협의회 입학전형실 대입상담센터에서 전화(유선)로 대입 상담을 무료로 해주고 있습니다. 상담 전화번호는 1600-1615 입니다. 수시와 정시 집중시기에는 밤늦게까지 상담을 받으니 참고하시기 바랍니다.

② '대학 알리미' 사이트에서 정보를 취득할 수 있습니다.

③ 대학 홈페이지에서는 대학의 인재상, 교육 방향 등을 알 수 있습니다.

④ 학과 홈페이지에서는 교육과정, 교수 소개, 학과 내 활동 내용, 향후 진로 등에 대해 알 수 있습니다.

⑤ 각 교육청 진로진학정보센터에서 대입 정보를 취득할 수 있습니다.

[전국 시도교육청 진로진학센터]

연번	지역	기관명	홈페이지
1	서울	진로진학정보센터	http://www.jinhak.or.kr
2	부산	진로진학지원센터	http://dream.pen.go.kr
3	대구	진로진학정보센터	http://jinhak.dge.go.kr
4	인천	진로진학지원센터	http://www.ice.go.kr
5	광주	진로진학정보센터	http://jinhak.gen.go.kr
6	대전	진로진학지원센터	http://http://www.edurang.net

7	울산	진학정보센터	http://jinhak.use.go.kr
8	세종	진로진학취업지원센터	http://career.sje.go.kr
9	경기	진로진학지원센터	http://jinhak.goedu.kr
10	강원	진로진학지원센터	http://career.gwe.go.kr
11	충북	진로진학지원센터	http://jinro.cbesr.go.kr
12	충남	진로진학지원센터	http://career.edus.or.kr
13	전북	진로진학센터	http://jinro.jbe.go.kr
14	전남	진로진학지원센터	http://jjne.net
15	경북	진로진학지원센터	http://jinhak.gbe.kr
16	경남	진로진학정보센터	http://jinro.gnedu.net
17	제주	진로진학지원센터	http://www.jje.go.kr

⑥ 유니헬프 또는 한국대학신문, 나침반 36.5(잡지) 등을 이용하면 진로, 직업, 전공, 점수 활용 등의 많은 정보를 취득할 수 있습니다.

⑦ 지역 대학교의 입학처(또는 입학관리본부)를 방문하여 입시 정보를 취득하는 것도 한 방법입니다. 수도권은 너무 멀고 교통비와 제반 비용이 많이 발생하나 지역 대학교는 이러한 비용을 줄일 수 있습니다. 학생부종합전형이나 입시 요강 등은 많이 표준화되어서 공통적인 정보를 많이 알 수 있습니다.

⑧ 본인 학교의 진학(부장)교사 또는 진로진학상담(부장)교사 등의 상담을 통해서 누적된 입시 정보를 취득할 수 있습니다.

⑨ 본인 고교의 선배를 통해 대학의 정보를 취득할 수 있습니다. 모교 방문의 기회, 학교 행사 일에 맞춰 선배를 초청하는 프로그램을 운영하면 됩니다.

10 교외 활동은 하면 안 되나요?

결론적으로 교외 활동은 해도 됩니다. 그러나 대부분의 활동은 교내 위주로 할 필요가 있습니다. 교내에서 많은 부분을 충족해 놓고 교외에서의 활동은 보충하는 의미가 좋습니다. 예컨대 진로 활동, 연합 동아리 활동 등이 그것입니다. 다만, 봉사활동은 교내보다는 교외가 조금 더 많은 것이 바람직합니다.

교내 위주의 봉사만을 해서는 다른 학생과의 경쟁에서 뒤떨어질 수 있습니다. 상대적으로 요즘에는 교과 성적과 세부 능력 및 특기사항이 중요해지고 있으므로 공부 시간이 부족하다고 여겨지면 교내 활동 위주로만 하고 봉사만 보충하는 식이 좋습니다.

11 제가 원하는 동아리가 없어요.

인기 동아리는 학교에서 조기에 마감되는 경우가 많습니다. 아무래도 인기 있는 전공 등이 비슷하고 이에 맞는 동아리도 개수가 한정되어 있기 때문입니다.

결론적으로 원하는 동아리가 마감되었거나 없으면 직접 만드시면 됩니다. 그것을 '자율동아리'라고 합니다. 뜻이 같은 친구들과 선배, 후배들을 모아서 동아리 계획서를 작성하고 학교에 제출하면 자율동아리가 만들어 집니다.

다만, 매년 초에 신청을 받는 경우가 많으므로 학교 내부 일정을 반드시 확인하시기 바랍니다. 자율동아리 활동을 하시면 반드시 실적, 결과물 등을 만들어 놓으시길 바랍니다.

12 봉사 시간을 얼마나 언제까지 해야 해요? 학교에서 하는 기본만 하면 안 되나요?

봉사 시간을 얼마나 해야 한다는 명시적인 기준은 없습니다. 다만, 많은 대학은 보통 100시간 내외를 묵시적인 기준으로 삼는 경향이 많은 것 같습니다. 따라서 학교에서의 기본 시간을 채우는 것만으로는 부족할 수 있습니다.

일반적인 학교에서의 기본은 대개 1년에 20시간 내외(물론, 어떤 학교에서는 봉사를 위한 기본 시간 자체가 없기도 함)이므로 2년간 하면 40시간 내외입니다. 이 시간으로는 다른 학생과의 경쟁에서 우위를 점할 수 없습니다. 이 시간으로는 학생부교과전형에서는 지원이 가능한 시간입니다. 하지만 학생부종합전형에서는 유리하다고 할 수 없습니다. 따라서 봉사 시간을 교외에서 늘려야 합니다. 교외에서의 봉사 시간은 1년에 30시간 내외 정도 하면 됩니다. 2년간 하면 60시간 내외가 됩니다.

그러므로 2년간 봉사 시간을 계산하면, 교내에서의 40시간 내외와 교외에서의 60시간 내외 해서 100시간 내외를 맞출 수 있습니다. 다만, 사회복지학과나 재활 계열 등의 지원자는 평균적으로 150시간을 넘는 학생이 다수 있으므로 이러한 점을 감안할 필요가 있습니다. 3학년 때에는 어찌되었든 내신과 수능 공부에 매진해야 하므로 봉사 활동을 최소한만 하거나 안한다는 전제 하에 작성한 계획입니다.

참고로 봉사 시간과 내용을 평가할 때에는 학년별 활동 내용과 시간을 개별적으로 평가하기 보다는 고등학교 모든 봉사 내용과 기간을 총합으로 해서 활동의 내용과 시간의 양을 분석적으로 평가하는 경향이 두드러집니다. 예컨대, 1학년 때 10시간을 하고, 2학년 때에는 70시간을 했다고 한다면, 전체 80시간을 중심으로 정량적인 부분을 고려하고 1학년 때 저조한 이유와 2학년 때 늘어난 이유와 구체적 내용에 대해 그 근거를 학생부와 자기소개서를 통해 찾고 정성적으로 평가한다는 말입니다.

13 '자기소개서'를 쓰려면 너무 막막해요.

자기소개서를 쓰는 것은 누구에게나 쉽지 않은 일입니다. 바쁜 삶 속에서 자기를 돌아보고 자기에게 대해서 기록하고 하는 것이 녹록치 않기 때문입니다. 일기도 초등학교 때나 숙제로 하는 것이지 중학교 이상이 되면 더 이상 숙제가 아닌 일기를 일부러 쓰지 않습니다. 일기를 매일매일 습관적으로 기록하는 것은 사실 누구에게나 쉽지 않습니다.

그러나 자기소개서는 매일매일은 아니더라도 조금씩 자료를 모으고 미리 기록할 필요가 있습니다. 자기소개서를 미리 작성하지 않고 많은 학생들은 고등학교 3학년 8월 달에 쓰기 시작합니다. 그 8월 달은 원서 접수 보름이나 한달 전 이지요. 시간이 촉박한 상태에서 자기소개서를 급하게 쓰니 잘 쓰여질 리 만무합니다.

고등학교 1학년부터 미리 쓰는 게 제일 좋겠지만 그것이 생각처럼 쉽지 않을 것입니다. 그러므로 제가 생각하는 최적의 시기는 고등학교 2학년 겨울방학이 가장 최적의 시기라고 생각합니다. 고등학교 2년 동안의 학교생활기록부를 출력해서 보면서 하나하나의 활동과 체험 등을 반추하면서 본인의 역할에 활동에 대해 우선 초안을 잡아놓고 구체적으로 기록해보시기 바랍니다.

자기소개서 지도서나 합격 사례 등은 우선 본인의 자기소개서를 작성해 놓고 나중에 비교해 보시기 바랍니다. 그렇다고 잘된 합격 사례를 함부로 베끼거나 하지는 마십시오. 표절에 걸릴 수 있으니까요. 어디까지나 참고만 하는 것입니다.

자기소개서 초안 작성이 끝나면 담임 선생님이나 국어 선생님에게 퇴고와 피드백을 받으십시오. 그런 다음 그 내용을 바탕으로 수정하시면 자기소개서는 완성입니다. 실천만 한다면 그리 어렵지 않은 과정입니다. 실행이 정답입니다. 바로 지금 하십시오.

14 학부모로서 어떻게 해야 할지 모르겠어요.

고민만 하지 마시고 그러한 염려를 사이버 상에서 많이 클릭하시고, 직접 밖으로 움직이셔야 합니다. 입시 정보는 각종 사이트, SNS(밴드, 페이스 북, 카페 등)에서나 각 대학교 입학처 홈페이지 등에 공개된 것이 많습니다.

요즘은 각 대학, 지자체, 대학교육협의회에서 주기적으로 기획하는 설명회나 박람회도 많이 운영하고 있습니다. 특히, 대학교육협의회에서는 수시는 7월말 ~ 8월초, 정시는 12월 초에 서울 코엑스에서 대규모 입시 박람회를 매년 개최합니다. 거의 모든 대학이 참여하므로 많은 정보를 한 곳에서 취합이 가능합니다. 이러한 행사에 자녀와 같이 참여해 보십시오. 새로운 정보 취득과 소중한 경험이 될 것입니다.

자녀 학교의 진로진학 상담교사 또는 진학교사와 상담도 주기적으로 해 보십시오. 많은 도움이 됩니다. 좋은 입시 서적을 골라 정독하는 것도 좋은 방법입니다. 좋은 입시 서적을 어떻게 골라야 할지 잘 모르시면 네이버 책 순위와 서평 내용, YES 24 순위 등을 참고하시면 됩니다.

자녀와 같이 봉사 활동을 정기적으로 하는 것도 권장해 드립니다. 봉사를 통해 좋은 추억을 쌓을 수 있고 그렇게 공유된 추억이 자녀와의 관계를 더 좋은 방향으로 이끌 수 있습니다.

15 대학교에서 교사 추천서는 왜 받는 건가요?

대학은 각 학생에 대해 진솔하고 구체적인 내용을 알고 싶어 합니다. 그러한 것을 학교생활기록부 '세부 능력 및 특기사항'이나 '행동 특성 및 종합 의견'에서 보고자 합니다. 하지만 학교생활기록부는 학생이나 학부모가 볼 수 있도록 공개되어 있습니다. 그렇기 때문에 그것을 적는 선생님은 아무래도 그러한 것을 감안할 수밖에 없습니다. 더 솔직하게 기록하고 싶어도 못 할 수 있다는 것입니다. 바로 그러한 점을 대학교는 교사 추천서를 통해 해소하는 것입니다. 교사 추천서는 밀봉되어 있으므로 어느 누구도 미리 볼 수 없습니다. 오로지 대학교 평가자만 볼 수 있습니다.

교사 추천서는 각 학생에 대한 솔직한 평가 내용을 확인할 수 있습니다. 학교생활기록부에 짧게 기록된 내용을 구체적인 내용으로 확인할 수도 있고, 학교생활기록부에 미처 적지 못한 내용을 세부적으로 확인할 수도 있습니다. 교사 추천서만으로 당락을 좌우할 수는 없지만 비슷한 조건의 학생과의 비교라고 한다면 교사 추천서를 통해 변별을 가질 수 있습니다. 또한 인성적인 부분의 평가가 구체적으로 기술된다면 더 좋은 평가를 받을 수 있거나 더 나쁘게 평가를 받아 점수를 감점하거나 결격으로 처리할 수 있습니다.

16 **대학교에서 종교계 추천서는 어떻게 활용되나요?**

　일부 종교계(개신교, 천주교, 불교 등) 대학교에서는 종교계 추천서를 기본 제출 서류로 요구하고 있습니다. 이러한 종교계 추천서는 기본적으로 제출 필수 서류로서의 자격 확인용 서류 역할을 합니다. 그러나 일부 종교계 추천서는 교사 추천서랑 같은 역할을 할 수 있습니다. 특히, 인성적으로 좋지 않은 평가가 세부적으로 기술되어 있을 경우, 거의 불합격으로 평가하는 '결격' 서류로서의 역할을 할 수 있습니다. 반대로 인성적으로 좋은 평가가 있다면 플러스 요소로서의 역할을 할 수 있습니다.

17 **인(IN)서울 하려면 내신 성적이 어느 정도나 되어야 할까요?**

　내신 성적이 어느 정도라고 하는 명확한 기준은 실상 존재하지 않습니다. 하지만 평균적인 데이터 기준으로 본다면 3등급 이내의 학생이 합격하는 비율이 높습니다. 그렇다고 해서 그 이상인 4등급, 5등급 학생은 아예 지원이 불가능한 상황은 아닙니다. 4등급, 5등급 학생의 합격 사례도 매년 나오니까요. 다만, 그 학생은 지원 전공 관련 과목의 성적이 높습니다. 예를 들어 인문계는 국어, 영어, 사회가, 자연계는 수학, 과학의 성적이 다른 과목에 비해 월등하게 높아야 됩니다. 인문계 중 상경 계열은 수학의 성적도 높아야 됩니다. 그러니 전 과목의 성적을 고르게 높이기 어렵다면 지원 전공 관련 과목을 집중적으로 공략하는 것도 한 방법입니다.

18 **'세특'이 왜 중요한가요? 그리고 어떻게 준비해야 하나요?**

　요즘 많은 대학은 세부 능력 및 특기사항(이하, 세특)을 매우 중시합니다. 학생의 내신 성적과 더불어 학업 역량과 전공 적합성, 잠재력을 볼 수 있는 항목이기 때문입니다.

한양대 같은 경우에는 자기소개서를 받지 않고, 면접 평가는 아예 없습니다. 오로지 학교생활기록부만으로 학생을 선발합니다. 이러한 한양대의 '횡단 평가'에서 기준으로 삼는 축이 바로 '세특'입니다. 그러므로 한양대를 지원하고자 하는 학생은 특히, 세특에 관심을 기울이고 세특을 바탕으로 한 연계 활동을 강화할 필요가 있습니다.

세특이 잘 쓰이도록 하는 준비 방법으로는 수업에 적극적으로 참여하는 것입니다. 강의식 수업일 경우에는 선생님과 눈을 잘 마주치고 고개를 잘 끄덕여 드리며 필기를 열심히 하여 선생님에게 좋은 이미지와 인상을 주는 것이 필요합니다.

발표식, 모둠 수업, 하부루타, 배움의 공동체 수업, 거꾸로 수업 등 다른 방법으로 수업을 하는 경우에는 발표를 하거나, 리더를 하거나 하는 등으로 본인의 적극성과 열정을 표현하시기 바랍니다. 그리고 선생님이 과제로 내 주시는 수행 평가 보고서에도 많은 정성을 기울일 필요가 있습니다. 자료 검색과 조사를 철저히 하고 그 내용을 체계적으로 근거를 적어 기록할 필요가 있습니다. 그리고 마지막으로 이러한 활동 내용을 모두 기록해 놓으십시오.

19 선생님께서 학생부 초안을 작성해 오라시는데 어떻게 해야 하나요?

이렇게 하는 이유는 크게 두 가지라고 생각합니다.

첫째, 여러분의 활동 기록을 정확하게 확인하려는 목적입니다. 학생이 많기 때문에 그때그때 활동 내용을 전부 기록하지 못할 수 있습니다. 여러분이 적어준 학생부 초안을 보고 선생님이 기록한 활동 내용과 비교해서 누락된 것을 보완하는 의미가 있습니다.

어떤 교과 선생님은 학생부 내용을 전체로 받으면 학생들에게 부담이 되니까, 한 학기 동안 또는 1년 동안 수업 시간에 본인이 했던 질문 내용만을 포스트 잇이나 쪽지로 받아서 그 질문 부분 중 특이점이나 차별화 된 강점에 대한 것을 중점으로 해서 풀어쓰시기도 합니다.

둘째, **선생님의 업무가 과중하기 때문**입니다. 선생님의 업무는 가르치고 수업 연구하는 것 외에 행정 업무, 기획 업무, 공문 처리, 회의 참석, 출장, 기타 업무 등이 상당히 많이 있습니다. 그리고 1인당 맡아야 할 학생의 수도 20명이 넘는 학교도 여전히 많습니다.

선생님의 마음이야 학생 개개인을 늘 사랑으로 관심으로 보살피고 싶으실 것입니다. 그러나 제반 여건이 녹록치 않습니다. 교사가 세심히 관찰하고 기록할 수 있는 적정한 학생의 수는 15명 이내로 알려져 있습니다. 따라서 학생 본인이 미리미리 본인의 강점과 특이점을 수첩이나 노트에 기록할 필요가 있습니다. 그리고 그렇게 기록된 내용을 바탕으로 학교생활기록부 초안을 만드시면 됩니다.

선생님이 올곧이 학생만을 위해 수업하고 연구하고, 관찰하고 평가하는 제반 교육 환경이 하루빨리 마련되기를 희망합니다.

20 **학생부 내신과 비교과 활동이 부족하면 수시에서 어떤 전형을 준비해야 하나요?**

2학년 2학기에도 다른 학생에 비해 상대적으로 내신 성적이 낮고 비교과 활동이 이렇다 하는 게 없다면 전략적으로 다른 전형을 고민해 보는 것도 필요합니다. 대표적으로 수시 논술전형과 적성전형이 있고 정시 수능전형이 있습니다.

우선 수시 논술전형과 정시 수능전형은 수능 성적이 중요합니다. 논술전형에서는 수능 최저 기준이 있는 대학이 많기 때문입니다. 수능 성적마저 낮다면 수능 최저 기준이 없는 논술전형을 준비하십시오. 한양대, 가톨릭대(의대, 간호대 제외), 성신여대 등이 있습니다(자세한 건 각 대학 모집 요강을 참조하십시오).

적성시험 전형은 간단하게 말하면 미니 '수능'이라고 합니다. 국어, 영어, 수학의 시험을 각 대학이 출제하여 평가를 하는 대학별 고사라고 할 수 있습니다. 학교에 따라 국어, 영어만 보기도 합니다. 물론, 수능 최저 기준이 있는 일부 학교(고려대 세종캠퍼스, 홍익대 세종캠퍼스)도 있습니다. 추후 폐지가 예정되어있으므로 관련 동향을 잘 살펴야 합니다.

논술전형이든 적성시험 전형이든 각 대학의 기출 문제를 분석해서 풀어보는 것이 많은 도움이 됩니다. 대학의 모집요강을 반드시 확인하시고 그에 맞게 준비하시기 바랍니다.

21 수시 6회 적용이 안 되는 대학교가 있다고 하는 데, 어느 대학교인가요?

특별법에 의해 설립되었거나 특별한 목적에 의해 설립된 대학들은 제외됩니다. 예를 들어 육군사관학교, 해군사관학교, 공군사관학교, 국군간호사관학교, 경찰대학교 등이 있습니다. 또한 카이스트, 유니스트, 지스트, 디지스트 등도 해당됩니다. 단, 포항공대는 수시 6회에 적용되는 대학입니다.

산업대학도 제외됩니다. 전국적으로 단 2곳이 있는데, 청운대와 호원대입니다.

만약, 수시를 6회 이상 지원하면 한국대학교육협의회(대교협)가 대학에 통보하고, 대학은 지원자에게 통보합니다. 6회를 초과해 지원된 원서는 접수가 자동 취소되며 전형료는 환불됩니다.

22 전공 적합성은 넓게(계열) 보나요? 아니면 좁게(전공) 보나요?

결론적으로 말씀드리면 대학별로, 전공별로 다를 수 있습니다.

대학이나 전공(모집 단위) 입장에서는 전공 적합성이라는 원 취지에 따르면 좁게(전공) 보는 게 가장 전공에 적합한 인재 선발이라고 볼 수 있습니다. 그렇지만 고교의 현실, 수도권과 지방의 교육 환경 차이, 도시와 읍면 지역의 교육 환경 차이, 해당 대학에 주로 지원하는 지원자의 풀(POOL), 특목고 · 자사고와 일반고의 교육과정과 프로그램의 차이, 전공 관련 교과목의 미개설

환경 등을 고려하여 많은 대학이 가능한 넓게 보려는 경향이 많습니다. 이렇게 해야만 현실적으로 평가할 수 있는 지원자도 많아집니다.

그럼에도 불구하고 전공 적합성 범위를 구체적으로 정리해 보면, 첫째, 계열로 넓게 보는 대학과 전공 계열은 상위권이나 중하위권 대학, 교대, 의학 및 보건 계열 대학, 공학 계열(기계공학, 전자공학, 환경공학, 신소재공학 등), 비인기 학과일 확률이 높습니다.

둘째, 전공으로 좁게 보는 대학과 전공 계열은 최상위권 대학(SKY, 포스텍)이나 특수대학(KAIST, GIST, UNIST, DGIST), 사범 계열(-교육과), 자연과학 계열(물리학, 화학, 생명과학, 지구과학, 수학과) 대학, 인기 학과일 확률이 높습니다. 물론 이렇게 구분한 것은 필자의 개인적인 경력과 경험을 바탕으로 분석한 것이고 실상은 다를 수 있으니 어디까지나 참고만 하십시오.

언론에서 공개한 것을 보면, 구체적으로 계열로 넓게 보는 대학은 성균관대, 한양대, 경희대 등입니다.

23 수시 지원은 상향 지원을 해야 하나요?

대학을 지원하는 방법은 상향 지원, 소신(약간 상향) 지원, 적정 지원, 안정(다소 하향) 지원, 하향 지원의 5가지 방법으로 나눌 수 있습니다. 수시 지원은 하향 지원이나 안정 지원이 아니라 적정 지원이나 소신 지원을 하는 것이 바람직합니다. 특히, 소신 지원은 상향 지원이라고 할 수 있긴 하지만 약간 상향의 의미일 수 있습니다. 이렇게 하는 이유는 나중에 수시에 합격해도 후회 없을 만큼의 대학을 가야하기 때문입니다.

수시에 합격하면 그 대학이 설령 맘에 들지 않아도 정시에 지원할 수 없습니다. 더군다나 수능이 잘 나온다면 나중에 땅을 치고 후회할 수 있습니다. 단, 이것은 수능을 공부한다는 전제 하에서의 지원 전략입니다.

만약 수능을 준비하지 않는다면 수능 최저가 없는 대학의 수시 학생부종합전형에서 소신 지원, 적정 지원, 안정 지원으로 6개 모두를 적절하게 분배하는 전략이 필요합니다.

24 **수시 모집은 한 대학에 한 번만 지원이 가능하나요?**

대학마다 다르나 한 대학에 여러 번 지원이 가능합니다. 정말 그 대학을 꼭 가고 싶다면 그렇게 하는 것도 방법입니다. 구체적으로 학생부교과(우수자) 전형, 학생부종합전형, 논술전형(대학에 따라 없을 수 있음), 적성고사전형 (대학에 따라 없을 수 있음) 등에 각각 지원이 가능합니다. 다만, 학생부종합 전형 간에는 중복 지원이 되는 대학이 있고, 안 되는 대학도 있습니다. 예컨 대, 중복 지원이 된다면 학교장추천전형과 일반전형에 동시에 지원할 수도 있다는 얘기입니다. 따라서 반드시 수시 모집요강을 확인하거나 해당 대학 입학처에 문의가 필요합니다.

25 **수시나 정시에서 교차 지원이 가능하나요?**

수시나 정시에 상관없이 학생부종합전형에서는 모두 가능합니다. 다만, 모집 단위나 계열 중심으로 평가할 때 이수 과목, 심화 과목 등에서 상대적으로 원 계열 학생들보다 다소 불리할 수 있습니다.

교과 성적을 주로 반영하는 학업 역량 영역에서 대학의 평가 기준에 따라 주요 전공 관련 과목 성적을 정량적으로, 정성적으로 평가하는 기준에 따라 반영이 계열별로 다소 다르게 될 수도 있습니다. 하지만 본인이 원래 자연계 열인데 상경 계열(경제, 경영, 무역, 회계학과 등)을 지원하는 경우에는 높은 수학 성적과 심화 과목 이수가 오히려 플러스 요인이 될 수 있습니다.

한편, 논술이나 면접은 교차지원을 생각한다면 신중하게 고려할 필요가 있습니다. 논술이나 면접 시험은 인문계에서는 인문, 사회과학 분야에서 출 제해서 토론에 대한 찬반, 관련 내용에 대한 요약, 재정리를 하거나 이에 대해 논리적으로 서술 또는 답변을 하는 것이라고 한다면, 자연계에서는 수학, 과 학 분야에서 출제해서 자세한 문제풀이 과정과 정답, 원리와 법칙의 개념을 바탕으로 한 응용 위주로 서술하거나 또는 답변해야 하기 때문에 반대 계열에 대한 충분한 기반 학습이 되어 있지 않다면 시험 상황에서 매우 어려움을 느끼거나 당혹스러울 수 있습니다.

  정시로 대표 되는 수능에서도 대학에 따라서는 필수 응시 영역이 있습니다. 계열별로 필수 응시 영역이 맞지 않으면 교차 지원이 불가합니다. 또한 과목별로 가산점이나 가중치도 큰 영향을 미치므로 전략적으로 이것도 고려해야 합니다. 수시든 정시든 자세한 것은 대학의 모집 요강을 참고하고 잘 이해가 안 되면 언제든지 대학의 입학처에 문의 하는 것이 필요합니다.

지구상에서 살아남은 것은 강한 것이 아니라
변화에 순응하는 것들이다

-찰스 다윈-

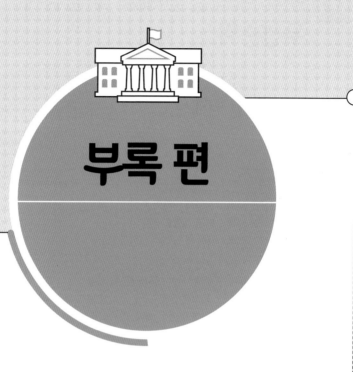

부록 편

01. 주요 대학별 인재상 및 동점자 우선순위

02. 주요 대학교 학생부 평가 요소 및 항목별 중요 사항

03. 주요 대학 슬로건 모음

01 주요 대학별 인재상 및 동점자 우선순위

1 주요 대학별 인재상

(출처: 각 대학 모집요강)

대학	인재상
건국대	• 성(誠): 전인적 인격의 지성인 • 신(信): 미래 지향의 전문인 • 의(義): 공동체 발전의 선두자
경희대	• 세계인: 세계 시민 의식, 글로벌 역량 • 창조인: 융합적 전문 지식, 창의적 문제 해결 역량 • 문화인: 문화 예술적 소양, 의사소통 능력
고려대	학교생활에 충실하고 성실성, 리더십, 공선사후정신, 전공 적합성, 창의성 을 갖춘 인재
서강대	• 도덕적으로 건전하며 정의롭고, 남을 위하여 봉사하는 인성을 두루 갖춘 인재 • 남과 함께, 남을 위하여, 남을 통하여 봉사하는 삶을 살아가려는 시대적 사명을 지닌 인재 • 언어, 역사, 문화, 지리적인 한계를 넘어서 국제 사회에 능동적으로 참여 할 수 있는 세계화된 인재
서울대	**세계를 선도하는 창의적 지식 공동체** • 학교 교육과정을 성실히 이수하고 학업 능력이 우수한 학생 • 학교생활에서 적극적이고 진취적인 태도를 보이는 학생 • 글로벌 리더로 성장할 수 있는 자질을 가진 학생 • 다양한 교육적, 사회적, 문화적 배경과 경험을 지닌 학생 • 사회적 약자에 대한 배려와 공동체 의식을 가진 학생

서울과학기술대	• 현장형 인재: 학교생활에 충실하며, 진로에 대한 적극적인 탐색을 통하여 실용적 지식과 전공 적합성을 갖춘 인재 • 글로벌 인재: 공동체의식과 다문화에 대한 이해를 바탕으로 포용력과 리더십을 갖춘 인재 • 윤리적 인재: 올바른 인성과 가치관으로 배려, 나눔, 협력을 실천하는 인재 • 창의적 인재: 탐구 활동에 적극적이며 창의적 사고력을 갖춘 미래지향적인 인재 • 융합형 인재: 학업뿐만 아니라 다방면에 관심을 가지고 논리적이며 통섭적인 사고력으로 다양성을 추구하는 인재
연세대	• 대학 교육에 적합한 학업 능력 및 학문적 수월성 추구에 대한 열정 • 관용, 다양성에 대한 존중, 적극적인 사회 참여를 기반으로 한 민주적 시민의식 • 국제화에 대한 균형 잡힌 시각을 기반으로 한 글로벌 리더십 • 건학 이념인 진리, 자유의 정신을 갖춘 리더로 성장 잠재력이 있는 학생
이화여대	• 기독교적 진선미의 교육 이념을 바탕으로 국가와 인류 사회의 발전에 공헌 하는 여성 • 주도하는 인재 – 지혜로운 인재 – 실천하는 인재
중앙대	• 의와 참의 정신을 바탕으로 진리탐구의 정신을 갖춘 자율적 교양인, 실용 적 전문인, 실험적 창조인과 사회정의 구현을 위해 실천적으로 참여 • 봉사하는 실천적 봉사인, 개방적 문화인

2 동점자 처리 세부 기준(우선순위) 정리

(출처: 각 대학 모집요강)

대학	인재상
가톨릭대	① 서류 평가 전공 적합성 영역 우수자 ② 서류 평가 인성 영역 우수자 ③ 면접고사 우수자 ④ 연소자
광운대	① 면접 평가 성적 우위자 ② 면접 평가 상위 배점(전공 적합성) 우위자 ③ 서류 평가 상위 배점(전공 적합성) 우위자
경희대	① 학생부 등 서류 종합 평가 성적 우위자 ② 인성 면접 성적 우위자 ③ 최근 졸업자
국민대	① 면접 고사 성적 상위자 ② 연소자
동국대(서울)	① 면접 고사 성적 상위자 ② 면접 고사(인성, 사회성) 항목 성적 상위자
숭실대	① 면접성적 ② 연소자
아주대	① 면접 평가 총점 ② 서류 평가 총점
인하대	① 종합 평가 영역 ② 인성 평가 영역 ③ 적성 평가 영역 높은 순
연세대	① 서류 평가 점수 높은 자 ② 면접 평가 점수 높은자
한양대	① 종합 평가 적성 영역 성적 우위자 ② 인성 및 잠재력 영역 성적 우위자
서울교대	① 심층 면접 고사 성적 고득점자 ② 서류 평가 성적 고득점자
청주교대	① 면접 고사 성적이 높은 자 ② 학생부 성적 총점이 높은 자 ③ 학생부교과 성적이 높은 자
춘천교대	① 발전 잠재력 영역 점수 높은 자 ② 변혁적 지성 영역 점수 높은 자 ③ 탁월한 품성 영역 점수 높은 자
부산교대	① 1단계 전형 성적 높은 자 ② 교직 적·인성 면접 성적이 높은 자 ③ 집단 면접 성적 높은 자 ④ 연소자

*동점자 처리 우선순위를 통해 각 대학이 중요시하는 항목별 가중치나 변별도를 알 수 있다.

주요 대학별 서류 평가 요소 및 평가 항목별 중요 사항

1 일반 4년제 대학교

* ( ) 안의 숫자는 서류 평가 요소 개수임

대학	서류 평가 요소
건국대(2)	전공 수학 역량(전공 적합 역량, 학업 역량), 인성(성실성)
가천대(4)	인성 > 전공 적합성 = 기초 학업 능력 = 성장 가능성
경희대(5)	전형 적합성, 학업 역량, 전공 적합성, 인성, 발전 가능성
고려대(5)	성실성, 리더십, 전공 적합성, 공선사후 정신, 창의성
국민대(3)	자기 주도성 및 도전정신(50), 전공적합성(30), 인성(20)
동국대(4)	지원 동기 및 진로 계획(20), 학교생활 충실도(30), 전공 적합성(30), 자기 주도적 학습 능력(20)
단국대(3)	인성적 자질(개인 · 사회), 학업 역량(자기주도 · 전공 적합성), 창의역량
동덕여대(5)	통찰적 사고력, 주도적 리더십, 전인적 품성, 사회적 공감력, 예술적 감성
서울대(3)	학업 능력 & 지적 성취 / 지적 호기심 & 주도성(자기 주도적 학업 태도), 적극성 및 열정(전공 분야 관심) / 개인적 특성 & 학업 외 소양
시립대(5)	학업 역량, 전공 적합성, 전형 적합성, 인성(사회 역량), 잠재 역량
서울여대(5)	전공 적합성, 인성(공동체의식), 인성(리더십), 학업 역량(자기주도 학습 능력)
성균관대(6)	소통 역량, 인문 역량, 학문 역량, 글로벌 역량, 창의 역량, 리더 역량
세종대(4)	학업 능력, 전공 적합성, 창의성, 인성
숙명여대(4)	학업 수행 역량, 전형 적합성, 전공 적합성, 인성

숭실대(3)	학업 역량(25점), 창의 역량(55점), 잠재 역량(20점)
중앙대(5)	학업 역량, 지적탐구 역량, 성실성, 자기 주도성/창의성, 공동체의식
이화여대(3)	학업 역량, 학교활동 우수성, 발전 가능성
아주대(5)	성실성, 공동체의식, 목표의식, 활동 역량(60%) / 학업 역량(40%)
인천대(5)	전공 적합성, 자기 주도성, 발전 가능성, 창의융합성, 인성·사회성
인하대(3)	인성, 적성(≒전공 적합성), 지성(≒학업 역량, 주도성)
한양대(3)	적성(소질과 적성에 따른 다양한 경험 및 활동 평가), 인성(타인과의 소통, 협력, 공동체 의식), 성장 잠재력(성장 환경, 교육 여건, 성장 모습 평가)
한국외대(7)	학업 역량, 전공 적합성, 학교생활 충실도, 자기 주도성, 공동체의식, 도전개 척정신, 글로벌 소양

2 교육대학교 (초등교육과 포함)

대학	서류 평가 요소
경인교대(2)	(교직 기초 지식 역량) 학생부교과영역 (교직 인적성 역량) 학생부비교과 + 자기소개서
한국교원대(5)	학업 역량, 지적 잠재력, 전공 적합성, 교직 적·인성, 의지 및 열정
춘천교대(3)	변혁적 지성, 탁월한 품성, 발전 잠재력
청주교대(3)	잠재적 발전 가능성(40), 학업 수행 능력(30), 지도자적 품성(30)
광주교대(3)	학업 성취, 전공 적합성, 비교과 활동
진주교대(3)	학업 수행 능력, 교육 잠재력, 태도 및 자질
부산교대(5)	다양한 재능, 인성 I, II(교직 리더십), 교직 적성, 학업 성실성
제주대(3)	전공 적합성(40), 자기 주도성(30), 인성·공동체 기여도(30)

3 사례 예시 ① _성신여대 항목별 평가 자료

(◎ 아주 중요, ○ 중요)

평가 항목			인성	전공 적합성	발전 가능성
학교 생활 기록부	학적 사항		○		
	출결 사항		◎		
	수상 경력		◎	◎	◎
	자격증 및 인증 취득 상황			○	
	진로 희망 사항			○	
	창의적 체험 활동	자율 활동	◎		○
		동아리 활동	◎	◎	◎
		봉사활동	○		○
		진로 활동		○	
	봉사활동 실적		◎		
	교과 학습 발달 상황			◎	
	교과 세부 능력 및 특기사항		○	◎	○
	체육 · 예술(음악/미술)		○	○	
	독서 활동 상황			○	◎
	행동 특성 및 종합 의견		◎	◎	◎
자기 소개서	1. 학업 성취 노력 및 학습 경험			◎	
	2. 진로 · 관심 분야 자기 주도적 학습 활동				◎
	3. 인성 및 대인관계		◎		
	4. 목표(꿈) 설정 및 입학 후 진로 계획			○	◎
교사 추천서 (사범대)	1. 학업 관련 영역	5점 척도	1) 학업에 대한 목표의식과 노력		○	○
			2) 자기 주도적 학습 태도			◎
			3) 수업 참여도	○	○	
		학업 관련 종합 의견	◎	◎	◎
	2. 인성 및 대인관계	5점 척도	1) 책임감	○		○
			2) 성실성	○		○
			3) 리더십	○		○
			4) 협동심	○	○	
			5) 나눔과 배려	○		○
		인성 및 대인관계 관련 사례	◎		○
	3. 종합 의견	지원자에 대한 교사의 평가	◎	◎	◎

4 사례 예시 ② 한국산업기술대 학생부 평가 시 항목별 중요도

평가 요소	학교생활기록부	중요도
인성	출결 사항	★★★★
	수상 경력	★★
	봉사활동 실적	★★★★★
	예·체능 활동	★★
	창의적 체험 활동 상황	★★★
	행동 특성 및 종합 의견	★★★★
잠재력	수상 경력	★★★★★
	창의적 체험 활동 상황	★★★★
	교과 학습 발달 상황	★★★
	세부 능력 및 특기사항	★★★
	독서 활동 상황	★★
	행동 특성 및 종합 의견	★★
전공적합성	수상 경력	★★★★★
	진로 희망 사항	★★★
	창의적 체험 활동 상황	★★★
	교과 학습 발달 상황	★★★★
	세부 능력 및 특기사항	★★★★
	독서 활동 상황	★★★
	행동 특성 및 종합 의견	★★

대학	인재상
서울대	누군가 조국의 미래를 묻거든 고개를 들어 관악을 보게 하라.
포항공대	100%를 위한 1%. 포항공대와 함께 한국 과학의 미래를
연세대	오라! 연세로. 가자! 세계로 / 세계 속에 자랑스러운 연세
고려대	민족의 고대에서, 세계의 고대로 / 자유, 정의, 진리
서강대	그대 서강의 자랑이듯, 서강 그대로의 자랑이어라 (Be as proud of Sogang, As Sogang is proud of you)
성균관대	한국지성 600년, 미래인재의 산실 / 인의예지
한양대	세계를 향하여! 미래를 향하여! / 사랑의 실천
이화여대	이화! 즐겁게 세상을 흔들어라
한국외대	내 꿈에, 세계를 플러스
시립대	서울을 보다, 세계를 보다, 내일을 보다
중앙대	한국의 중앙에서, 세계의 중앙으로
경희대	뉴밀레니엄, 평화와 공존의 대학 / 그대 살아 숨쉬는 한 경희의 이름으로 전진하라
동국대	동국 사랑 아름답게 동국 미래 희망차게
건국대	시대를 앞선 지성, 세계를 향한 도전
홍익대	산업과 예술의 만남
아주대	다이나믹 투모로우 아주
인하대	인하에서 배우고 세계에서 펼치자
부산대	한국을 대표하는 세계 속의 명문대학
숙명여대	세상을 바꾸는 부드러운 힘

국민대	21세기 글로벌 시티즌을 양성하는 국민대학교
숭실대	진리와 봉사를 세계로
단국대	민족애를 바탕으로 인류사회에 공헌하는 전문인 양성
항공대	세계를 향한 날개짓의 시작!
성신여대	성신의 네가지 약속! 변화, 성장, 이상, 완성 / 브라이트 성신
덕성여대	나의 브랜드 파트너, 덕성여자대학교
동덕여대	변화를 꿈꾼다면, 변화의 시작은 동덕과 함께, 세상 앞에 한 발짝 더 / 그녀가 가는 곳이 길이 됩니다.
서울여대	나를 깨우고, 사회를 깨우고, 미래를 깨우는 대학
광운대	동북아 IT 최강 대학
명지대	명지대학교는 나무처럼 늘 푸른 마음으로 사람을 키웁니다
상명대	색깔있는 대학, 푸른 꿈을 꾸는 대학
세종대	넓은 세계로 나를 이끄는 대학교
가톨릭대	각기 다른 세 캠퍼스, 하나의 큰 대학. / 3.0을 지향하는 대학
한성대	다르다 그래서 멋지다
삼육대	사람을 변화시키는 교육, 세상을 변화시키는 대학
경기대	뉴 스타트! 뉴 경기 / 한국의 얼을 지닌 세계와 미래를 위한 창조적 인재양성
가천대	한계를 깨고 더 높은 곳을 향하는 대학
총신대	세상의 빛이 되는 젊은 지성
성공회대	인권과 평화의 대학

입학사정관이 공개하는
학생부종합전형
제대로
학종 준비법

2019년 8월 15일 발행

저　　　자	류영철
발 행 인	이미래
발 행 처	씨마스
등 록 번 호	제301-2011-214호
주　　　소	서울특별시 중구 서애로 23 통일빌딩
전　　　화	02)2274-1590
팩　　　스	02)2278-6702
홈 페 이 지	www.cmass21.net
기　　　획	정춘교
책 임 편 집	신재웅, 양병수
마 케 팅	김진주
디 자 인	표지_이기복, 내지_박상군
ISBN	｜ 979-11-5672-339-4(43370)

Copyright©김창규 2019, Printed in Seoul, Korea

정　가　18,000원